111 GRÜNDE, DEN VFB STUTTGART ZU LIEBEN

Klaus Schlütter

111 GRÜNDE, DEN VFB STUTTGART ZU LIEBEN

Eine Liebeserklärung an den großartigsten Fußballverein der Welt

Aktualisierte und erweiterte Neuausgabe mit elf Bonusgründen

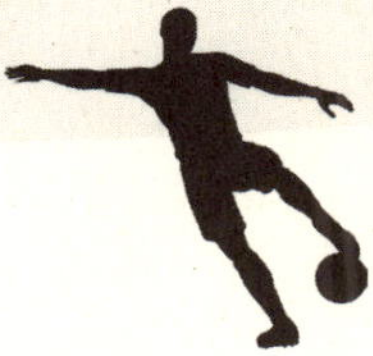

WIR SIND DER ZWÖLFTE MANN,
FUSSBALL IST UNSERE LIEBE!

INHALT

Nur der Schwabe hat die Gabe

Vorwort zur Neuausgabe

Längst ist erkannt, dass der schwäbische Stamm der schwierigste, rätselhafteste aller deutschen Stämme ist«, schrieb der Pädagoge und Sprachforscher Fritz Rahn aus Schorndorf 1962 in *Der schwäbische Mensch und seine Mundart.* Tatsächlich besteht der Schwabe aus einem Sack voller Widersprüchen. Aus einer seltsamen Mischung von Zurückhaltung und Zutraulichkeit, von Träumerei und Scharfsinn, von Nesthockerei und Weltoffenheit. Aber etwas vereint all diese Individuen: ihre Begeisterung für den Fußball, ihre Liebe für den VfB. Als die Mannschaft 2007 zum vorläufig letzten Mal Deutscher Meister wurde, säumten über 250.000 Menschen die Straßen der Landeshauptstadt und jubelten ihren Helden zu. Die Euphorie für den Fußball im wilden Süden kennt anscheinend keine Grenzen. Selbst bei den Bundesligaspielen ist die riesige Arena auf dem Cannstatter Wasen in der Regel bis an den Rand gefüllt. Heilig's Blechle!

Als typischer Vertreter seines Volksstamms schwankt der VfB oft zwischen den Extremen. Beim Verein für Bewegungsspiele geht es auf und nieder wie auf einem Trampolin. Fünfmal gewann er die begehrte Meisterschale, dreimal den DFB-Pokal. Er war jahrzehntelang Stammgast in den europäischen Wettbewerben, erreichte zweimal das Finale, 1989 im UEFA-Cup gegen den SSC Neapel, 1998 gegen Chelsea London im Europacup der Pokalsieger. Vorher verbrachte er zwei bittere Saisons in der Zweitklassigkeit (1974/75 – 1976/77), rappelte sich wieder hoch, blieb jedoch nach dem letzten Titelgewinn erneut unter seinen Möglichkeiten. In unschöner Regelmäßigkeit kämpfte er wieder ums nackte Überleben. Mit unnatürlich vielen Trainerwechseln – allein zehn zwischen 2013 und

2017 – und ebenso zahlreichen Veränderungen in der Führungsetage führte der »Verein für Bewegungsspiele« seinen Namen ad absurdum. Belege für eine sportliche Krise, die 2016 im erneuten Abstieg aus dem Oberhaus gipfelte.

Doch die Mannschaft und das Team hinter dem Team arbeiteten mit Hochdruck daran, zu alter Stärke zurückzufinden. Fußball ist schnelllebig. Das passende Konzept. Die geeigneten Männer an der Spitze, die an den richtigen Stellschrauben drehen. Eine Formation auf dem Platz, deren Einstellung und Mischung stimmt. Dazu der geeignete Trainer – und schon wendete sich alles blitzschnell zum Guten. Nach nur einer »geparkten« Saison in der zweiten Liga kehrte der fußballerische Stolz der Schwaben wieder auf seinen angestammten Platz in Liga eins zurück. Schließlich zählte der VfB schon immer zu den Fixsternen am deutschen Fußballhimmel, ist die Nummer vier in der ewigen Bundesliga-Bestenliste. Das erklärte Ziel nach dem sofortigen Wiederaufstieg, der Klassenerhalt, wurde souverän geschafft. Nun gilt es, neue Reize zu setzen. Auf absehbare Sicht kann das nur heißen, national wieder im vorderen Drittel der Tabelle mitzumischen und sich international mit den ganz Großen Europas zu messen.

Als Autor dieses Buches begleite ich den Verein seit über fünf Jahrzehnten hautnah. Ich habe alle Höhen und Tiefen miterlebt. Ich lasse die großen Spiele und Siege, die vielen Trainer und zahlreichen Stars, die das VfB-Spiel im Laufe der langen Jahre prägten, die Macher und Macharten des Vereins Revue passieren. Garniert mit Dutzenden lustigen Anekdoten. Ein kurzweiliges Buch für alle Fußballfans im wilden Süden, die den VfB Stuttgart schon fest ins Herz geschlossen haben oder einfach nur sympathisch finden.

Klaus Schlütter

1. KAPITEL

MEISTERSCHAFTEN UND POKALSIEGE

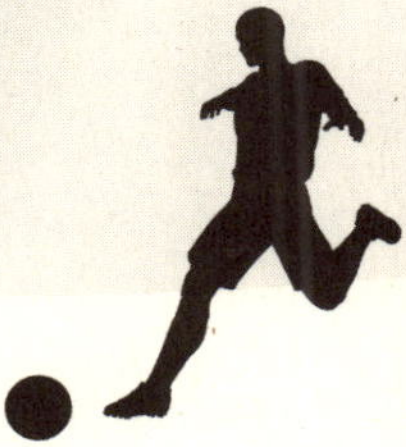

1. GRUND

Weil 300.000 den ersten Meistertitel feierten

Berlin, Berlin, sie fuhren nach Berlin. Nicht erst 2013 zum Pokalendspiel gegen die Bayern. Schon 63 Jahre zuvor bestritt Stuttgart ein Finale in der Bundeshauptstadt – das Endspiel um die Deutsche Meisterschaft gegen Kickers Offenbach, mit dem für die Weiß-Roten eine große Ära begann. Aber welch ein Kontrast von heute zu damals! Er hätte extremer nicht sein können.

Am Freitag, den 25. Juni 1950, reiste die Mannschaft im Sondertriebwagen der Bundesbahn bis Frankfurt, von dort mit einer Propellermaschine über die DDR in das zerbombte Berlin. Mit an Bord gerade mal drei Zeitungs- und zwei Rundfunkreporter. Dazu der VfB-Vorstand und eine Handvoll privilegierter Schlachtenbummler. Die Mannschaft wohnte im Gästehaus am Kleinen Wannsee außerhalb der geteilten Stadt. 16 Mannschaften hatten im K.-o.-System um den Einzug ins Endspiel gekämpft. Darunter Teams, die heute längst in der Versenkung verschwunden sind, wie Preußen Dellbrück, Horst Emscher oder TuS Neuendorf. Der VfB schaffte den Sprung ins Finale mit Siegen gegen VfL Osnabrück (2:1), 1. FC Kaiserslautern (5:2) und SpVgg Fürth (4:1).Trainer Georg Wurzer konnte dabei immer auf dieselbe eingespielte Mannschaft zurückgreifen, auch dann gegen Offenbach. Ein unschätzbarer Vorteil.

Hörfunkreporter Gerd Krämer schilderte die erste Halbzeit: »Vor Tausenden aus Ostberlin – es existiert noch keine Mauer – erstickt der VfB Offenbachs Startwirbel. Er operiert im Angriff zielstrebiger und in der Deckung kälter. Offenbach dagegen optisch kunstvoller.«[1] Ein als Flanke gedachter 30-Meter-Ball von Rechtsaußen Erwin Läpple senkt sich über Kickers-Torwart Schepper hinweg zum 1:0 ins Netz und Walter Bühler markiert aus der Drehung das 2:0. Mit diesem beruhigenden Vorsprung geht es in die Halbzeitpause.

Krämer in seiner blumigen Sprache über den weiteren Verlauf des Spiels: »Zwei Minuten nach Wiederanpfiff weckt Horst Buhtz mit dem 1:2-Anschlusstreffer mit den Lebensgeistern seiner eigenen Mannschaft auch Berlins anfeuernde Stimmen. Berauscht vom Getöse des Stadions wie von der nun gelösten eigenen Spielkunst tanzen die Männer um Buhtz einen Kombinationswalzer. Beschwingt, sprühend, begeisternd schön. Unwiderstehlich bis hin zum Strafraum. Dort fängt sich der Elan in einem federnden Netz und was an schweren Brocken dennoch die Deckung durchdringt, scheitert an Torwart Schmid.«[2] Otto Schmid, den sie »Gummi« nennen, fliegt, fängt, faustet und wird zum Matchwinner.

Der VfB feiert seinen ersten Meistertitel im Stripteaselokal »Remdes St. Pauli« am Berliner Zoo. Nach der Rückkehr umjubeln in Stuttgart 300.000 Menschen ihre Helden. Die Bahnsteige sind dicht umlagert, als der Sondertriebwagen aus Frankfurt einfährt. Oberbürgermeister Dr. Arnulf Klett und WFV-Präsident Friedrich Strobel heißen die ersten Gratulanten. Torwart Schmid bekommt einen riesigen Lorbeerkranz umgehängt und die Schulbuben texten den Schlager vom Theodor im Fußballtor um: »Beim Gummi-Schmid, beim Gummi-Schmid, da kommt der Theo nicht mehr mit.« Der Autokorso mit den Spielern wird eine Triumphfahrt durch die Stadt, vom Bahnhof über den Hindenburgplatz, durch die Königstraße, am Tagblattturm vorbei, die lange Neckarstraße hinunter bis nach Cannstatt, der Heimat des VfB. Bundespräsident Theodor »Papa« Heuss ist stolz auf seine schwäbischen Landsleute und stiftet den Siegern das erste silberne Lorbeerblatt.

Die Meisterelf 1950: Otto Schmid, Erich Retter, Richard Steimle, Ernst Otterbach, Josef Ledl, Karl Barufka, Erwin Läpple, Robert Schlienz, Walter Bühler, Otto Baitinger, Rolf Blessing.

2. GRUND

Weil Karl Bögelein über sich hinauswuchs

1952 ergab sich eine kuriose Situation. Das Saarland nahm mit einer eigenen Mannschaft an den Olympischen Spielen in Helsinki teil und bestritt die Qualifikationsspiele zur Fußball-WM 1954 in der Deutschland-Gruppe. Aber die Vereinself des 1. FC Saarbrücken spielte in der deutschen Südwestliga mit, gewann dort den Titel und durfte an der Endrunde um die Deutsche Meisterschaft teilnehmen. Unter der Regie von Herbert Binkert, der vom Neckar an die Saar gewechselt war, drangen die Außenseiter sogar ins Endspiel vor, was vielen Nationalisten sauer aufstieß.

Südmeister VfB musste im ersten Gruppenspiel zum VfL Osnabrück. Im Sturmlauf der Platzherren wuchs ein Mann über sich hinaus, der den berühmten »Gummi-Schmid« im Tor abgelöst hatte: Karl Bögelein. Er hielt einfach alles, brachte die Norddeutschen beim 0:0 zur Verzweiflung. Den Ball zum 3:0-Heimsieg gegen Tennis Borussia überreichte Film- und Revue-Idol Marika Rökk, Spielführer Robert Schlienz bedankte sich galant mit einem Kuss. Nach dem 5:3 gegen die mit Nationalspielern wie Rahn, Wewers, Gottschalk, Kwiatkowski oder Termath gespickte Elf von Rot-Weiß Essen durfte der VfB schon einmal vom Endspiel träumen. Der Traum erfüllte sich im letzten der drei Rückspiele mit einem 3:1 gegen Osnabrück.

Die beiden Finalgegner verband eine langjährige Freundschaft, aber auf neutralem Platz im Ludwigshafener Stadion wird trotzdem verbissen gekämpft. Stopper Erich Retter wird gleich zu Spielbeginn hart attackiert, muss mit Schmerzen weitermachen. Die heutige Möglichkeit, einen verletzten Spieler auszuwechseln, gibt es noch nicht. Robert Schlienz springt in die Bresche. Er bremst den gefährlichen Binkert und kurbelt im nächsten Moment das eigene Angriffsspiel an. Nach dem 1:0 durch Schreiner gleicht Schlienz mit einem satten 16-Meter-Schuss aus. Hörfunk-Reporter Gerd Krämer schilderte den weiteren Verlauf der ersten Halbzeit so: »Der VfB-Sturm übertrifft seinen Gegner an Energie. In beschwingter Entschlossenheit stoßen die Flügelzangen Blessing und Baitinger zu, schuftet und trickst der junge Krieger, variiert Kronenbitter seine gescheiten Pässe. Blessing überdribbelt Berg, Baitinger verwandelt seine Flanke volley zum 2:1.«[3]

Doch nach dem Wechsel schlagen die Saarbrücker zurück. Binkert auf Martin – 2:2. Die Schwaben geraten nun unter Dauerdruck. In dieser kritischen Phase wächst Karl Bögelein über sich hinaus, wird zum Endspiel-Helden. An seiner Leistung richten sich die Vorderleute wieder auf. Ein Konter, von Pit Krieger eingeleitet und von Otto Baitinger mit einem Solo übers halbe Feld vollendet, bringt das 3:2. Der zweite Deutsche Meistertitel nach 1950 ist perfekt. Und wieder ist ganz Stuttgart aus dem Häusle.

Bei der Rückfahrt verlassen die Spieler schon in Asperg, 30 Kilometer vor den Toren der Landeshauptstadt, den gläsernen Sonderzug, werden dort mit Musik und Ehrenjungfrauen empfangen. In offenen Wagen geht die Fahrt durch ein vieltausendfaches Spalier von Menschen durch Ludwigsburg und Zuffenhausen nach Stuttgart zum neuen Schlosshof und weiter nach Bad Cannstatt. Die Begeisterung stellt selbst jene von 1950 in den Schatten. Auch deshalb, weil sich die Fans hundertprozentig mit den Spielern identifizieren können. Sie bejubeln eine Schwabenmannschaft unter Trainer Georg Wurzer, die nur aus einheimischen Spielern ohne einen einzigen Legionär besteht.

Die Meisterelf 1952: Karl Bögelein, Rolf Krauss, Richard Steimle, Robert Schlienz, Erich Retter, Karl Barufka, Otto Baitinger, Leo Kronenbitter, Roland Wehrle, Pit Krieger, Rolf Blessing.

3. GRUND

Weil die nackte Ulla ein Sektbad nahm

Das Schwabenland stand Kopf. Nach 32 Jahren erkämpfte sich der VfB 1984 wieder eine Meisterschaft, seine dritte. Vereinspräsident Gerhard Mayer-Vorfelder standen die Tränen in den Augen, als er endlich den Meisterwimpel in der Hand hielt und versicherte: »Den gebe ich nicht mehr her. Mit dem gehe ich heute schlafen.«

Spieler und Fans feierten die ganze Nacht. Hermann Ohlicher paffte mit Masseur Charly Braun eine dicke Zigarre und verkündete stolz: »Das ist die Krönung meiner Laufbahn. Ich bin der glücklichste Mensch der Welt.« In Schwaikheim ließ ein Wirt sein Gasthaus spontan weiß-rot anstreichen. In der Gaststätte Cronmüller in Bad Cannstatt setzte sich eine junge Dame namens Ulla splitterfasernackt in eine Badewanne und ließ sich vom Club der VfB-Freunde mit 96 Flaschen Schampus taufen. Das »Badewasser« wurde anschließend weggekippt. Und da heißt es immer, die Schwaben seien geizig …

Inmitten des Jubels saß ein einsamer, trauriger HSV-Fan mit blau-weißem Schal. Sein Lieblingsklub war trotz eines 1:0-Sieges im letzten Saisonspiel als Deutscher Meister abgelöst worden. Denn der VfB hatte sein Meisterstück bereits eine Woche vor den Feierlichkeiten im Bremer Weserstadion gemacht.

Stuttgart am vorletzten Spieltag im Fernduell mit HSV und Bayern. 16.47 Uhr knallt Sigurvinsson den Ball aus 20 Metern mit links zum 0:1 unter die Latte. Zehn Minuten später: fragwürdiger Freistoß für Bremen. Wütende VfB-Proteste, vergeblich. Ordenewitz hoch in den Strafraum, Möhlmann köpft in die lange Ecke – 1:1. Der VfB muss gewinnen, wenn er Hamburg (0:2 gegen Frankfurt) und Bayern (1:1 in Dortmund) hinter sich lassen will. 17.07 Uhr: Ordenewitz foult Schäfer. Den Freistoß kann Burdenski nur abklatschen. Ohlicher ist zur Stelle, staubt zum 1:2 ab. 17.17 Uhr

Abpfiff. Trainer Benthaus rennt auf den Platz, drückt den Kopf des knienden Ohlicher und schreit dazu: »Wir sind Meister, Hermann. Wir sind Meister.«

Später analysierte er nüchtern die Erfolgsformel: »Die Mannschaft war hungrig. Einmal Vizemeister, zweimal Dritter, einmal Vierter. Sie hatte nicht dieses gefährliche satte Gefühl, wenn man schon mal ganz oben gestanden hat.« Als die Schlüsselspiele auf dem Weg zum Titel bezeichnete er den Sieg in Hamburg und die beiden Erfolge gegen Bremen. »Die Tür endgültig aufgestoßen haben wir mit dem 2:2 bei Bayern. Danach konnte ich meinen Spielern sagen: Wir packen es.«

Die Stuttgarter Meistersaison wurde von einer starken Abwehr geprägt. Der VfB kassierte in 34 Spielen nur 33 Tore, die wenigsten in der Liga. Torwart Helmut Roleder hielt drei Elfmeter und schaffte den Sprung in die Nationalelf. Von seinen Vorderleuten ragte Karlheinz Förster heraus, für Bundestrainer Jupp Derwall einer der Weltbesten seines Fachs. Der Vorstopper bildete zusammen mit seinem älteren Bruder Bernd, Günther Schäfer, Hans-Peter Makan und Kurt Niedermayer einen schlagkräftigen Abwehrverbund. Im Mittelfeld war Guido Buchwald der aufgehende Stern, Karl Allgöwer der Spezialist für den ruhenden Ball mit dem härtesten Schuss und der Isländer Ásgeir Sigurvinsson der torgefährliche Chef-Regisseur. Er wurde von den Bundesliga-Kollegen zum »Mann des Jahres« gewählt. Hermann Ohlicher lief und lief – ins zwölfte Jahr. Andreas Müller galt als der ideale Joker. Vorne wirbelten Walter Kelsch, Peter Reichert und der Schwede Dan Corneliusson.

Nur schade, dass es der VfB verpasste, sich in der Folgezeit einen Stammplatz an der Sonne zu sichern. Einerseits fehlte der Mut zum finanziellen Risiko. Andererseits ließ die Bereitschaft Einzelner nach, für das große Ganze einzutreten. Helmut Benthaus, der 1985 nach einem enttäuschenden zehnten Tabellenplatz nach Basel zurückkehrte: »Einzelne Leute dachten nicht mehr in erster Linie an die gemeinsame Aufgabe, sondern an den persönlichen Nutzen.«

4. GRUND

Weil Daum sich seiner Tränen nicht schämte

Die Meisterschaft 1992 ging als die spannendste, die es je gab, in die Annalen der Bundesliga ein. Auf der Zielgeraden waren drei Mannschaften mit jeweils 50:24 punktgleich: Frankfurt, Stuttgart und Dortmund. Am 16. Mai kam es zum Wimpernschlag-Finale. Die Eintracht mit sieben Toren Vorsprung mit der scheinbar leichtesten Aufgabe bei Absteiger Hansa Rostock. Der VfB musste in Leverkusen unbedingt gewinnen und auf einen Ausrutscher der Hessen hoffen. Die Borussen konnten nur dann Meister werden, wenn die Konkurrenten Federn gelassen hätten.

Nach 20 Minuten der erste Schock für den VfB. Dubajić fällt bei einer Rangelei mit Jorginho mit beiden Händen auf den Ball. Elfmeter. Eike Immel fliegt nach links, der Ball nach rechts zum 1:0 ins Tor. Drei Minuten später ein gekonnter Heber von Thom, aber Günther Schäfer rettet mit einem akrobatischen Fallrückzieher auf der Linie. Eine großartige Rettungstat.

Drei Minuten vor der Pause. Wieder Elfmeter im Haberland-Stadion. Diesmal für Stuttgart, weil »Wiggerl« Kögl im Strafraum von Wörns unsauber vom Ball getrennt wird. Fritz Walter trifft unten links zum 1:1.

In der 80. Spielminute ein neuer Tiefschlag für den VfB. Hitzkopf Matthias Sammer meckert, sieht Gelb. Klatscht höhnisch Beifall, sieht Gelb-Rot. Die Schwaben nur noch zu zehnt. Aber im Glück. In der 86. Minute flankt Kögl von links. Guido Buchwald steigt hoch und rammt den Ball mit der Stirn zum 1:2 ins Netz. Das Meistertor! Denn Frankfurt hat an der Ostsee 1:2 verloren. Und Dortmund geht trotz des 1:0-Siegs in Duisburg leer aus.

Für die Fans gibt es in Leverkusen schon lange vor Spielschluss kein Halten mehr. Tausende klettern über den Zaun, überfluten den Rasen. An Weiterspielen ist nicht zu denken. Schiedsrichter

Dellwing hat keine andere Wahl, als eineinhalb Minuten zu früh abzupfeifen. Die Spieler tauchen in einem weiß-roten Fahnenmeer unter. DFB-Schatzmeister Egidius Braun überreicht die Meisterschale an den Siegtorschützen und Mannschaftskapitän Guido Buchwald. Der DFB hat eine gute Nase gehabt, es ist die Originalschale. Fritz Walter schnappt sich die »Salatschüssel«, küsst sie vor Freude. Mit 22 Toren hat er zum ersten Mal die Torjäger-Kanone gewonnen, die ihm aber erst Wochen später überreicht wird. Seine berechtigte Frage an diesem Tag wurde legendär: »Wo isch mei Kanon?«

Einer der Glücklichsten ist Matthias Sammer. Nach seinem Platzverweis hat er sich in der Kabine verkrochen, sitzt dort wie ein Häufchen Elend: »Ich dachte, ich habe dem VfB die Titelchance genommen.« Plötzlich reißt Vereinsarzt Thomas Frölich die Tür auf und ruft: »Junge, komm raus! Wir sind Deutscher Meister!«

Über die ganze Saison gesehen hatten die Frankfurter spielerisch mehr Glanzlichter gesetzt. Auch Dortmund spielte begeisternden Fußball. Mit dem VfB hat sich schließlich die Mannschaft ohne Skandale, aber mit der besten Abwehr (nur 32 Gegentore), mit dem erfolgreichsten Torjäger und mit der größten Siegermentalität durchgesetzt.

Trainer Christoph Daum und Manager Dieter Hoeneß, die beiden Meistermacher, schämten sich in der Kabine ihrer Tränen nicht. »Das Wir-Gefühl, die Homogenität im Spiel, die Disziplin und der unglaubliche Wille zum Sieg«, formulierte Hoeneß die großen Qualitäten der Mannschaft. Hoeneß hatte den Verein saniert, das andere ist ein Verdienst von Daum. »Unter ihm spielen wir auf Topniveau«, lobte Kapitän Buchwald. Und Präsident Mayer-Vorfelder sagte: »Großartig vor allem sein psychologisches Einfühlungsvermögen.« Doch wie schon 1984 gelang es dem Meister nicht, für Nachhaltigkeit zu sorgen. Infolge des Wechselfehlers in Leeds schied der VfB in der ersten Runde des Europapokals aus und beendete die Saison auf einem enttäuschenden siebten Tabellenplatz.

5. GRUND

Weil die Übergangslösung die beste Lösung war

Der Spieler Armin Veh hätte beim Trainer Armin Veh nichts zu lachen gehabt. »Ich war ein schlampiges Genie«, sagt der gebürtige Augsburger. Als Bundesligaspieler bei Borussia Mönchengladbach bestach er durch seine feine Technik. Warum er trotzdem nur auf 65 Einsätze gekommen ist, begründete sein damaliger Mitspieler Lothar Matthäus so: »In Augsburg haben sie Armin immer in Watte gepackt. Deshalb hat er aus seinem Talent nicht das herausgeholt, was möglich gewesen wäre.«

Weil Veh als Spieler die nötige Zielstrebigkeit vermissen ließ, sollte das den Schützlingen des Fußballlehrers Veh nicht passieren. Deshalb ging er gleich mit harter Hand ans Werk, als er im Februar 2006 in Stuttgart Nachfolger von Giovanni Trapattoni wurde. Mit einer erfolgreichen Rückrunde widerlegte er alle, die ihn als ersten Rauswurf-Kandidaten gehandelt hatten. Von Aufsichtsratschef Dieter Hundt war der neue Trainer gar als »Übergangslösung« bezeichnet worden. Veh überzeugte die Skeptiker mit einem Vorstoß von Platz zwölf auf vier. Auch Hundt, der sich für seine Fehleinschätzung entschuldigte: »Die Handschrift des Trainers ist deutlich erkennbar. Er hat den Erfolg endlich wieder nach Stuttgart gebracht.«

Unbeirrt ging Veh weiter seinen Weg. Gemeinsam mit Manager Horst Heldt wagte er den großen Umbruch. »Mit dem alten Kader konnten wir unmöglich weitermachen. Die bisherige Mannschaft hat die Leute ja aus dem Stadion gespielt«, war Heldts Begründung. Publikumsliebling Zvonimir Soldo wurde aufs Altenteil geschickt. Die Dänen Grønkjær und Tomasson aus der Trap-Ära mussten gehen. Hinkel verabschiedete sich nach Sevilla, Tiffert nach Salzburg.

Aus Mexiko kamen Pável Pardo und Ricardo Osorio. Beide erwiesen sich als Volltreffer. Aus der eigenen Talentschmiede rückten Sami Khedira und Serdar Taşçi auf, aus Fürth gesellte sich Roberto

Hilbert dazu. Mit diesen erfolgshungrigen Jungen und dem aufstrebenden Mario Gomez stimmte die Mischung. In der Mannschaft herrschte nun eine klare Hierarchie. Der Portugiese Fernando Meira war der Boss, Pardo Chef im Mittelfeld. Dazu gesellten sich erfahrene Nationalspieler wie Hitzlsperger, Magnin, Babbel, Delpierre oder Cacau.

Die Sommereinkäufe waren auf Vehs 4-4-2-System mit Raute ausgerichtet. Jedes Mosaiksteinchen passte, die Laufwege stimmten, die Automatismen griffen. Durch aggressives Forechecking blieb dem Gegner nicht viel Zeit, sein Spiel aufzubauen. Schon die Stürmer stürzten sich im Höchsttempo auf die ballführenden Verteidiger, unterstützt von den Mittelfeldspielern. Der VfB spielte begeisternden Offensivfußball mit großer Leidenschaft und mannschaftlicher Geschlossenheit. So, wie ihn Veh bei all seinen Mannschaften immer fordert.

Dabei leistete sich der runderneuerte VfB einen kapitalen Fehlstart in die Saison. 0:3 zu Hause gegen Nürnberg, Tabellenletzter. Die Scharte wurde in Bielefeld gleich wieder ausgewetzt. Obwohl nach Platzverweisen von da Silva und Osorio nur noch zu neunt, erzielte Cacau den 3:2-Siegtreffer. Nach einer Serie von neun ungeschlagenen Spielen eroberte der VfB am zwölften Spieltag die Tabellenspitze.

Weil es mit der sprießenden Haarpracht so gut lief, ging der abergläubische Veh nicht mehr zum Friseur – bis zur 1:2-Niederlage bei Bayern München. Er trug immer denselben grauen Anzug. Drei Tage vor den Spielen nahm er keinen Rasierapparat mehr in die Hand. Bei Heimspielen verlegte er die Auswechselbank von rechts nach links und ließ in den roten Auswärtstrikots spielen, weil die ersten beiden Heimspiele in Weiß verloren gegangen waren. Bei Veh haben diese Rituale Tradition: »Ich habe schon in der Jugend immer erst den linken Schuh angezogen.«

Als der VfB bei Spitzenreiter Schalke 0:1 unterlag, betrug sein Rückstand sieben Punkte. Gegen Aachen hängten Fans ein Transparent mit dem Zitat des schwäbischen Dichters Eduard Mörike auf, das die weitere Richtung angeben sollte: »Wer aufhört besser zu werden, hat aufgehört gut zu sein.« Die Spieler nahmen es sich zu Herzen, legten eine neue Serie von sieben gewonnenen Spielen hin. Darunter ein gefeiertes 2:0 gegen den FC Bayern. Cacau glänzte als zweifacher Torschütze.

Der Showdown gegen Cottbus gestaltete sich zunächst als Zitterpartie. Der VfB musste mindestens unentschieden spielen, um den Angriff von Schalke abzuwehren. Als Radu die Gäste 1:0 in Führung brachte, waren die Königsblauen acht Minuten Meister. Thomas Hitzlsperger besorgte mit einem fulminanten Volleyschuss den Ausgleich und Sami Khedira köpfte in der 63. Minute zum 2:1 ein.

Am 19. Mai 2007 gegen 17.20 Uhr lagen sich im Gottlieb-Daimler-Stadion die Spieler auf dem Rasen und wildfremde Menschen auf den Rängen in den Armen. Der VfB war zum fünften Mal in der Vereinsgeschichte Deutscher Meister. »Wenn du mit Stuttgart den Titel holst, ist das doch etwas anderes als mit Bayern oder Schalke«, sagte der strahlende Meistermacher. Das größte Kompliment kam vom geschlagenen Favoriten. Bayern-Trainer Ottmar Hitzfeld sagte: »Ich habe den VfB nicht auf der Rechnung gehabt. Ich habe auch gesagt, dass wir am Ende vor ihm liegen. Aber der VfB war zu stark für uns und die anderen Mannschaften. Er ist ein verdienter Meister, weil er auch in kritischen Situationen die Nerven bewahrt und gut gespielt hat.«

Eigentlich war der Gewinn des DFB-Pokals das erklärte Saisonziel. Aber das – und damit das Double – verpasste die Mannschaft knapp. In einem hochklassigen Finale unterlag der VfB dem 1. FC Nürnberg mit 2:3. Nach der Roten Karte für Cacau kämpften zehn Weiß-Rote eine Stunde lang bis zur Erschöpfung und wurden nicht belohnt.

6. GRUND

Weil ihm Coups im Cup gelangen

»Der Weg über den DFB-Pokal ist der schnellste nach Europa«, konstatierte Trainer Bruno Labbadia, als der VfB 2013 schon nach fünf gewonnenen Pokalspielen im Finale gegen Bayern München stand. Damit hatte er sich bereits für die Europa-League-Saison 2013/14 qualifiziert, weil die Bayern als Deutscher Meister in die lukrativere Champions League einzogen. In seinen goldenen Fünfzigerjahren holte der VfB zweimal den Pott. Aber für diese beiden Coups gab es noch kein Ticket nach Europa als Belohnung. Die europäischen Klub-Wettbewerbe wurden von der UEFA erst 1963 mit dem Pokal der Landesmeister eingeführt.

In Ludwigshafen, wo er vier Jahre zuvor Deutscher Meister geworden war, traf der VfB Stuttgart am 17. April 1954 im Pokalendspiel auf den 1. FC Köln. Die Abwehrreihen dominierten, keine Mannschaft ging ein Risiko ein. »Die sin so defensiv. S'is kee guts Spiel« meinte Bundestrainer Sepp Herberger.

Großen Anteil daran, dass die Kölner Stürmer nicht zum Zuge kamen, hatte Erich Retter. Der harte und schnelle VfB-Verteidiger stellte Nationalspieler Hans Schäfer kalt. »Ich glaube, das Spiel machte ihm nicht allzu viel Freude. Es war eines meiner besten Spiele überhaupt«, erinnert sich Retter. Nach dieser Leistung war er bei Herberger endgültig für die WM 1954 gesetzt. Doch schon eine Woche später musste Retter den Traum von der Weltmeisterschaft begraben. Beim Länderspiel gegen die Schweiz im Basler St. Jakobstadion blieb er mit den Stollen im Rasen hängen – Meniskus eingerissen, OP im Karl-Olga-Krankenhaus, WM gelaufen. Jupp Posipal übernahm seinen Verteidigerposten und der Pechvogel musste sich mit einer goldenen Uhr trösten, die er vom DFB geschickt bekam.

Zurück zum Pokalendspiel. In der 87. Minute hielt Karl Bögelein einen Elfmeter von Herbert Dörner und rettete den VfB in die Verlängerung. Kurios: Ein falscher Einwurf von Kölns Nationalspieler Fritz Mebus leitete in der 95. Minute die Entscheidung ein. Krieger nahm den Ball, warf ihn zu Schlienz. Der schickte Waldner mit einem genialen Steilpass auf die Reise. Ballannahme mit dem rechten Fuß, ein kurzer Haken und ein Linksschuss aus spitzem Winkel zum 1:0. Kölns Torwart Frans de Munck hatte keine Chance.

Die Pokalsieger 1954: Karl Bögelein, Erich Retter, Richard Steimle, Pit Krieger, Robert Schlienz, Karl Barufka, Ludwig Hinterstocker, Otto Baitinger, Walter Bühler, Rolf Blessing, Erwin Waldner.

Mit einer stark veränderten Mannschaft wurde der VfB vier Jahre später erneut deutscher Pokalsieger. Vom 54er-Team waren nur noch Schlienz, Blessing und Waldner dabei, als am 16. November 1958 in Kassel der Gegner Fortuna Düsseldorf hieß. Der VfB diesmal der Außenseiter. Nach schwachen Punktspielen und einem enttäuschenden elften Platz in der Oberliga Süd konnte nur noch ein Finalsieg die verkorkste Saison retten – eine Parallele zur Situation 2013. Es war ein spannendes Endspiel. Erst verschoss Blessing einen Foulelfmeter. Dann fiel doch das Führungstor durch Praxl. Nach der Pause drehten die Fortunen mit dem späteren Bundestrainer Jupp Derwall die Partie mit einem Doppelschlag. Den erneuten Ausgleich besorgte Geiger und fünf Minuten später verwandelte Waldner einen Foulelfmeter zum 3:2. Düsseldorf raffte sich noch einmal auf, konterte mit dem 3:3. Verlängerung.

Die Entscheidung fiel in der 112. Minute. Noch heute streiten sich die alten VfB-Fans, wer der Torschütze war. In der Dämmerung war nicht auszumachen, wer den Kopfball zum 4:3 versenkt hatte. Erst in der Kabine einigte man sich auf Weise. Aber manche behaupten immer noch, es sei Praxl gewesen …

Die Pokalsieger 1958: Günther Sawitzki, Hans Eisele, Günther Seibold, Oskar Hartl, Theo Hoffmann, Robert Schlienz, Erwin Waldner, Rolf Geiger, Lothar Weise, Rolf Blessing, Dieter Praxl.

7. GRUND

Weil der »nette Herr Löw« den Pott holte

Wer sagt denn, dass Jogi Löw keinen Titel gewinnen kann? Gut, als Spieler war ihm das nicht vergönnt. Und als Trainer der Nationalmannschaft hat es acht Jahre gedauert, bis es mit der WM geklappt hat. Dafür ging es mit dem VfB viel schneller. 1997 war's, als die Roten mit einem 2:0 gegen Energie Cottbus zum dritten Mal nach 1954 und 1958 den DFB-Pokal nach Stuttgart holten. Es war der erste große Erfolg mit einer Vereinsmannschaft für den späteren Bundestrainer. 2002 folgte der zweite, die österreichische Meisterschaft mit dem FC Tirol Innsbruck, der unmittelbar danach Konkurs anmelden musste.

Als Rolf Fringer 1995 einen Vertrag als Trainer beim VfB Stuttgart unterschrieb, folgte Löw seinem einstigen Vorgesetzten beim FC Schaffhausen (»Von ihm habe ich am meisten gelernt«) als Co-Trainer. Damit kehrte er zu dem Verein zurück, für den er in der Saison 1980/81 schon gespielt hatte. Wegen eines Schien- und Wadenbeinbruchs gleich zu Saisonbeginn war er jedoch nur auf vier Bundesliga-Einsätze gekommen.

Zu Saisonbeginn 1996/97 nahm Fringer ein Angebot des Schweizerischen Fußballverbandes an und wurde Nationaltrainer. Joachim Löw rückte als Interimscoach auf, aber VfB-Boss Mayer-Vorfelder ließ keinen Zweifel daran, dass er einen renommierten Trainer holen wolle. Doch der »nette Herr Löw« – dieses Etikett hängten ihm die Medien an – eilte von Sieg zu Sieg und entfachte eine lange nicht gekannte Euphorie im Schwabenland. Das VfB-Präsidium kam nicht umhin, den »Notnagel« Löw offiziell zum Chef zu befördern.

MV's Vorbehalte blieben. Der freundliche Südbadener entsprach nicht seinem Bild von einem Wunschtrainer. Er stand mehr auf Lautsprecher wie Christoph Daum oder Haudraufs wie Werner »Beinhart« Lorant. Löw war ihm zu gutmütig, zu nachsichtig mit den Spielern: »Sie sind wie Kinder, ihnen muss man immer die Grenzen aufzeigen.« Nach dem ersten Jahr mit Löw, das der VfB als Zehnter unter Wert abschloss, wollte Mayer-Vorfelder seinen Liebling Daum zurückholen. Der hatte den VfB 1992 zur Meisterschaft geführt. Doch sein Engagement scheiterte am Veto des Verwaltungsrats. »Ist es eigentlich schlimm, dass ich ein normaler Mensch bin«, fragte sich Löw irritiert.

Allen Bedenken zum Trotz feierte der Mann der leisen Töne mit dem VfB den Pokalsieg 1997, mit dem er MV Lügen strafte. Den Meistertitel hatte die Mannschaft um das »Magische Dreieck« wegen des Ausfalls einer kompletten Abwehr und etlichen unglücklichen Schiedsrichter-Entscheidungen knapp verpasst. Umso intensiver wurde deshalb der Pokalcoup gefeiert. Beim Bankett in Berlin drückte der überglückliche Präsident dem zweifachen Torschützen Giovane Elber mit rot gefärbten Haaren einen Kuss auf die Stirn. Zu Hause auf dem Marktplatz wollten 20.000 nicht mehr aufhören, Jogi Löw zu feiern, als ihm Gerhard Poschner seinen dunklen Haarschopf bis zur Glatze abrasierte. Erst recht, als der Erfolgstrainer sich mit seiner Prognose für die folgende Saison weit aus dem Fenster lehnte: »Unser Ziel liegt im Bereich der Champions League.«

Ohne den nach München abgewanderten Elber lief es jedoch nicht mehr so rund wie zuvor. Im Winter-Trainingslager in Dubai gab es erste Differenzen zwischen Spielern und Trainer. Mayer-Vorfelder sah sich in seinen alten Bedenken bestätigt. »Jogi hat an Autorität verloren« sagte er und verlängerte dessen Vertrag nicht. Löw wechselte zu Fenerbahçe Istanbul. In der Zwischenzeit hat sich die Meinung des großen Vorsitzenden über den heutigen Bundestrainer allerdings grundlegend geändert: »Er hat sich die notwendige Härte bei seinen späteren Jobs erarbeitet. Jetzt ist er der richtige Mann für die Nationalmannschaft.«

2. KAPITEL

GROSSE SPIELE

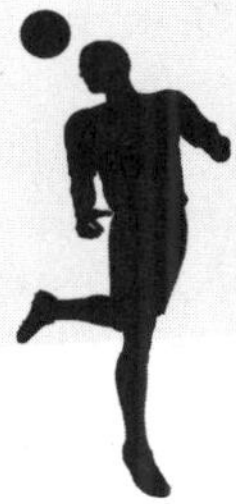

8. GRUND

Weil Kiew die größte Abenteuerreise war

Auf dem Weg zum UEFA-Cup-Hinspiel bei Dynamo Kiew im November 1973 wurde der VfB vom russischen Winter überrascht. 40 Stunden durch Eis und Schnee waren die Spieler von Stuttgart in die Hauptstadt der Ukraine unterwegs, bis sie missmutig, hungrig und übernächtigt ihr Ziel erreichten.

Samstagabend begann die Abenteuerreise. Der Flug von Echterdingen nach Westberlin verhieß schon nichts Gutes. Bei schlechtem Wetter geriet die Maschine in heftige Turbulenzen. Hermann Ohlicher, kreidebleich: »Ich gehe freiwillig in die Amateurliga zurück. Da muss ich keinen Angstschweiß beim Fliegen vergießen.«

Nach der Übernachtung in der Hauptstadt fuhr die Mannschaft mit dem Bus zum Flughafen Schönefeld in Ostberlin. Einen Direktflug nach Kiew gab es damals nicht. Es blieb nur der Umweg über Moskau mit einem mehrstündigen Zwischenstopp. Die Spieler besichtigten den Roten Platz, das Kaufhaus Gum, die Basilius-Kathedrale. Beim Wachwechsel der Garde am Lenin-Mausoleum begann ein verhängnisvolles Schneetreiben.

Der Bus brachte die immer noch gut gelaunte Truppe zum Inlandflughafen Wnukowo. Es schneite ununterbrochen. Dazu fegte ein eisiger Wind. Start- und Landebahnen waren im Nu schneebedeckt. Räumfahrzeuge schafften es nicht, die Piste startklar zu machen. An einen Weiterflug war vorerst nicht zu denken. Für die Mannschaft blieb nur die Hoffnung, dass sich der Schneesturm bald legen würde. Doch diesen Gefallen tat Petrus ihr nicht. Die Stimmung im VfB-Lager sank von Minute zu Minute.

Nach sechs Stunden Wartezeit kam das endgültige »Njet« der Flugleitung. Kurz nach Mitternacht wurden die Spieler in einen eiskalten Bus verfrachtet und in die Stadt zurückgefahren. Die Heizung funktionierte nicht, die Scheiben waren mit Eisblumen überzogen. Alles bibberte. Aus der Kälte ging's dann rein in völlig überhitzte Zimmer eines drittklassigen Hotels. Die Koffer blieben am Flughafen.

Der nächste Morgen. Mit dem Bus wieder raus zum Flughafen. Nach weiteren drei Stunden Wartezeit endlich Start Richtung Kiew. Am Ziel beim Auspacken die nächsten Überraschungen: Die Klamotten waren steif gefroren, sogar die Zahnpasta. Koffer und Sporttaschen hatten die Nacht im Freien verbracht.

Unausgeschlafen und gerädert hatte der VfB im Zentralstadion gegen die Startruppe von Kiew keine Chance. Blochin, Onitschenko und die restlichen Nationalspieler wirbelten die Roten durcheinander. Es war dem kleinen Torwart Gerhard Heinze und seinen Vorderleuten Reinhold Zech und Willi Entenmann zu verdanken, dass sich die Niederlage mit 0:2 in Grenzen hielt.

Heinze präsentierte sich auch im Rückspiel in Galaform. Mehrfach verhinderte er einen frühen Rückstand. Erst als der ungarische Schiedsrichter Palotai ein Tor von Handschuh wegen angeblichen Handspiels annullierte, wachten die Stuttgarter auf. Unaufhörlich brandeten nun die Angriffe gegen die Dynamo-Deckung, die so unüberwindlich schien wie die Kreml-Mauer. Als Erster knackte sie Hermann Ohlicher, das zweite Tor erzielte »Charly« Handschuh.

Die Vorlage dazu lieferte »Buffy« Ettmayer. Der Österreicher wurde von einem Kiewer Kickstiefel am Kopf getroffen, blutete aus einer fünf Zentimeter langen Risswunde. In der Kabine nähte Vereinsarzt Dr. Stumpf die Wunde mit drei Stichen. »Buffy« kam mit einer weißen Haube zurück und wurde ungewollt die Attraktion der zweiten Halbzeit. »Die haben mich hergerichtet wie a Kasperl«, brabbelte er. Für das Happy End sorgte Bernd Martin. Der 18-jährige Benjamin, kurz vorher eingewechselt, erwischte zwei Minuten vor Schluss einen Pass von Entenmann und jagte den Ball, unhaltbar für Nationaltorwart Rudakow, zum 3:0 in die Maschen. Der VfB war eine Runde weiter und scheiterte erst im Halbfinale an Feyenoord Rotterdam.

9. GRUND

Weil die Prager Schwejks besser tricksen

Albert Einstein war ein Schwabe, auch Gottlieb Daimler, Robert Bosch, Ferdinand Graf Zeppelin, Friedrich Schiller, Eduard Mörike. Die Liste heller schwäbischer Köpfe ist lang, sehr lang. Einen knitzen Schwaben übers Ohr zu hauen ist schier unmöglich. Es sei denn, es kommen ein paar schlitzohrige Schwejks daher und überlisten ihn mit unlauteren Mitteln. So wie im Dezember 1978 in Prag, als der VfB sang- und klanglos aus dem Europapokal ausschied. Es war die dritte Runde im UEFA Cup. Stuttgart hatte den FC Basel und Torpedo Moskau ausgeschaltet, das Heimspiel gegen Dukla Prag locker mit 4:1 gewonnen. Ein beruhigendes Polster für das Rückspiel. Entsprechend gut gelaunt und zuversichtlich flog die Mannschaft an die Moldau.

Der Tag dort stand schon von Anfang an unter schlechten Vorzeichen. Dragan Holcer musste mit Rückenschmerzen passen, für ihn spielte Roland Hattenberger Libero. Der Platz war schneebedeckt, es herrschte klirrende Kälte. Das Barometer zeigte 20 Grad Minus. Die Tschechen hatten den Platz erst in letzter Minute geräumt. Darunter war alles vereist.

Die VfB-Spieler fanden keinen Halt auf dem gefrorenen Boden, rutschten aus, lagen pausenlos auf dem Eisparkett. Kein Wunder, unter ihren Fußballschuhen trugen sie 10 bis 13 Millimeter breite Lederstollen. So, wie sie es aus der Bundesliga gewohnt waren. Andere Stollen hatten sie nicht dabei.

Die Prager dagegen schraubten Aluminium-Stollen mit nur sechs Millimeter Durchmesser auf. Um die Standfestigkeit zusätzlich zu verbessern, spitzten sie diese Stollen nach der Schuhkontrolle durch den Schiedsrichter mit der Feile heimlich zu, was natürlich verboten war. Das Unheil für den VfB nahm seinen Lauf. Erst unterlief Dieter Hoeneß ein Kopfball-Eigentor. Dann ermöglichte ein

Fehlpass des ausgerutschten Ersatz-Liberos Hattenberger das zweite Tor durch Vizek. Pelc per Foulelfmeter und Stambacher kegelten den VfB mit den nächsten beiden Toren zum 4:0-Endstand aus dem Wettbewerb. Ein Protest bei Schiedsrichter van Langenhove aus Belgien war nutzlos. Was der VfB nicht wusste: Im Gegensatz zur Bundesliga waren die schmalen Alu-Stollen im Europapokal erlaubt. »Das hätte man uns doch sagen müssen«, moserte Präsident Mayer-Vorfelder und kündigte einen Beschwerdebrief bei der UEFA an. Vielleicht hätte er vorher besser die Regeln studiert …

Um das Maß voll zu machen, wurde Nationalspieler Georg Volkert auch noch bestohlen. Während des Spiels drangen Diebe in sein Hotelzimmer ein und entwendeten alle Kreditkarten sowie 1000 Mark in bar.

10. GRUND

Weil er der Hölle von Turin entronnen ist

Der AC Turin hat einen Stier im Vereinswappen, der zum Angriff übergeht. Wie treffend. Wie die Stiere gingen die Italiener am 3. Oktober 1979 in der ersten Runde des UEFA Cups auf den VfB los.

Stuttgart fuhr nach dem Hinspiel mit einem mageren 1:0-Vorsprung zum Rückspiel nach Turin. Schon bevor es losging, machten die Tifosi Randale. Steine, Feuerwerkskörper, Nebelkerzen und Wasserbeutel flogen, als sich die VfB-Spieler im Stadio Communale zum Warmmachen auf den Rasen wagten. Zeugwart Jochen Seitz wollte ein paar Flaschen Wasser zur Bank tragen. Ordner versperrten ihm den Weg, schlugen auf ihn ein. Hinterher lief der arme Kerl tagelang mit einer Beule am Kopf durch die Gegend.

Auch auf dem Platz ging es brutal zur Sache. Walter Kelsch wurde von Verteidiger Vullo zweimal umgesäbelt. Mannschaftsarzt Dr. Laschner wollte ihn behandeln, da zog ihn Schiedsrichter

Azim Azim-Zade aus Baku am Mantelkragen hoch und wies ihn vom Feld. Graziani foulte VfB-Libero Dragan Holcer – Gelb für den Turiner. Das war Roland Hattenberger zu wenig. Er griff dem Schiri in die Tasche, fingerte nach der Roten Karte. Azim-Zade, früher Boxer, drehte sich um und schlug zu. Mit der flachen Hand erwischte er den unschuldigen Bernd Klotz – Hattenberger hatte sich blitzschnell geduckt.

Eine Stunde lang hielt der VfB dem Druck der Turiner stand, dann erzielte Claudio Sala per Kopfball das 1:0. Ausgerechnet Sala, der sich eine Minute zuvor beim Sturz auf einen Fotografen-Koffer den Kopf blutig geschlagen hatte. Verlängerung. In der 104. Minute knallte Graziani den Ball gegen den Innenpfosten, von dort spritzte er zum 2:0 ins Netz. Stuttgart schien geschlagen.

120 Minuten waren abgelaufen, die Nachspielzeit lief. Hattenberger flankte hoch in den Strafraum, drei Turiner wehrten ab. Klotz köpfte den Ball zurück. Hermann Ohlicher kam von hinten, fetzte das Ding mit links ins Tor. »Handspiel«, reklamierten die Italiener. Vergeblich. Es blieb beim 2:1. Stuttgart war aufgrund des auswärts erzielten Tores in der nächsten Runde.

Nun brachen im Stadion alle Dämme. Die Ultra-Fans mit ihren Totenkopffahnen rissen die Umzäunung ein. Zogen die Plane vom Gitter, das den Spielerausgang sicherte. Im Steine-, Stangen- und Bolzenhagel rannten die VfB-Spieler um ihr Leben. Eine Hundertschaft Carabinieri rückte an, schoss Tränengas in die Menge.

Vor dem Stadion ging die Schlacht weiter. Ein junger VfB-Fan wurde niedergestochen, ein anderer zusammengeschlagen. Zwei Autos mit Stuttgarter Kennzeichen wurden zertrümmert. Als Reporter war ich mittendrin im Geschehen. Gehandicapt durch eine Knieverletzung aus dem »Vorspiel« (6:1 für die Stuttgarter Sportjournalisten gegen die Kollegen aus Turin) geriet ich auf der Straße zwischen zwei Fronten. Von der einen Seite feuerten die Carabinieri Gummigeschosse ab, von der anderen flogen die Pflastersteine der Ultras. Ich robbte auf allen vieren in eine Nische an der Stadionmauer und harrte zitternd und bangend aus, bis die Polizei endlich die Oberhand gewonnen hatte. »Eine Stunde lang schlossen wir uns in der Kabine ein, dann wagten wir uns in den Bus. Im Geleitschutz von vier Polizeiwagen und mit verhängten Fensterscheiben fuhren wir zurück ins Quartier«, erinnert sich Hattenberger. »In der Nacht danach brauchte keiner ein Bett.«[4]

Ein paar Tage später fällte die Disziplinarkommission der UEFA die Urteile. Überraschend kam der AC Turin ohne Platzsperre mit einer Geldstrafe von 75.000 Schweizer Franken davon. Vorsitzender Richter war der Italiener Dr. Barbé, UEFA-Präsident sein Landsmann Artemio Franchi. »Dann ist ja alles klar«, kommentierte Libero Dragan Holcer ironisch. Auch der VfB musste noch einmal bluten – 33.000 Franken Strafe für zu hartes Einsteigen.

Wie wichtig das Gegentor in allerletzter Sekunde war, erwies sich im weiteren Verlauf des Wettbewerbs. Der VfB eliminierte nacheinander Dynamo Dresden, Grasshopper Zürich, Levski/Spartak Sofia und scheiterte erst im Halbfinale an Borussia Mönchengladbach.

11. GRUND

Weil Maradona das Stadion rockte

Maradona – dieser Name elektrisierte die Massen. Diego Armando Maradona, das Ball-Genie. Der kleine pummelige Zauberkünstler aus Argentinien führte 1989 den SSC Neapel über Bayern München ins Finale um den UEFA Cup. Gegner: der VfB Stuttgart. International noch ein ziemlich unbeschriebenes Blatt. Klar, dass der italienische Meister von 1987 mit weiteren Stars wie Alemao, Carnevale oder Careca als klarer Favorit in die beiden Endspiele ging.

Das Hinspiel am Fuße des Vesuv – ein heißer Tanz. Trainer Arie Haan hatte Jürgen Hartmann bestimmt, Maradona zu bewachen, und der löste seine Aufgabe mit Bravour. »Diego, Diego, ha, ha, ha«

höhnten 3000 mitgereiste Fans. Nicht dem Hexer gelang das erste Tor, plötzlich führte der VfB! Torschütze war ausgerechnet Maurizio Gaudino, Sohn eines italienischen Gastarbeiters aus Frattamaggiore bei Neapel. Für die Italiener der »Maradona tedesco«. Beim Mitternachts-Diner im Mannschaftshotel »La Sonrisa« belegten die Gaudinos den größten Tisch. Der ganze Clan, 20 an der Zahl, hatte sich versammelt, um Maurizios Tor und den 59. Geburtstag von Mama Maria Antonia zu feiern.

Den Sieg aber bejubelten die Neapolitaner. Hartmann hatte das Duell gegen seinen großen Widersacher fast schon gewonnen. Doch am Ende entschied Maradona das Spiel. Und zwar wieder mit der »Hand Gottes«, wie bei der WM 1986 in Mexiko, wo der »Göttliche« gegen England mit der Hand sogar ein Tor erzielte. Obwohl jeder im Hexenkessel des Stadions San Paolo sah, dass Maradona den Ball mit der Hand mitgenommen hatte, ignorierte der Schiedsrichter den Regelverstoß. Er pfiff erst, als Maradona Günther Schäfers angelegte Hand anschoss – Elfmeter. Maradona zum 1:1. Guido Buchwald bekam auch noch unverdient die zweite Gelbe Karte. Fiel damit fürs Rückspiel aus und klagte: »Der Schiri hat mir das Endspiel geklaut.«

Gerassimos Germanakos hieß der Mann an der Pfeife. Ein Grieche bei seinem letzten internationalen Einsatz. »Was der sich geleistet hat, war unglaublich«, tobte Arie Haan. Maurizio Gaudino war sich sicher: »Ein abgekartetes Spiel.« Bestechung? Flugs machte das Gerücht die Runde, der SSC Neapel habe dem Griechen ein Ferienhaus an der Adria versprochen. Möglich auch das, was italienische Zeitungen später berichteten: Das Schiedsrichtergespann verschwand gegen 2.30 Uhr auf den Zimmern im vierten Stock des Hotels Excelsior. Fünf Minuten später fuhren drei Damen mit dem Fahrstuhl in dieselbe Etage …

Der VfB verzichtete auf einen offiziellen Protest. Gegen die Tatsachenentscheidungen eines Schiedsrichters war bei der UEFA noch nie ein Kraut gewachsen. Präsident Mayer-Vorfelder ließ es mit einer brieflichen Beschwerde bei UEFA-Boss Jacques Georges bewenden, in der er »die seltsamen Entscheidungen des Herrn Germanakos« kritisierte.

Bis zum Rückspiel herrschte kalter Krieg zwischen den beiden Klubs. In Neapel mussten das VfB-Präsidium und die Spielerfrauen eine Stunde lang stehen. Der SSC hatte ihnen Tickets für eine Stuhlreihe gegeben, die gar nicht existierte. Der VfB revanchierte sich. Als Neapels Trainer Bianchi und Manager Moggi nach Stuttgart zum Spiel gegen den KSC kamen, wurden sie nicht vom Flughafen abgeholt und durften auch nicht im Ehrenblock sitzen. Statt 75 italienischen Journalisten, die berichten wollten, wurden nur 50 zugelassen.

Im Neckarstadion wollten sie Maradona niederpfeifen. Sie wollten den arroganten Argentinier für sein gemeines Handspiel, das das Hinspiel entschieden hatte, bestrafen. Aber als der 1,68 Meter kleine Zauberkünstler schon beim Warmmachen den Ball auf Fuß, Kopf und Schulter tanzen ließ, nahmen sie die Finger aus dem Mund. Statt Missfallen gab's Standing Ovations – am Ende nach dem 3:3 auch für den verdienten UEFA-Cup-Sieger SSC Neapel. Er war einfach reifer, technisch besser als der kreuzbrave VfB. Jürgen Klinsmann weinte nach dem Spiel, anerkannte aber: »Neapel war einfach abgeklärter. Maradona hat seine Extraklasse bewiesen. Es ist keine Schade, gegen so eine Truppe zu verlieren.«

12. GRUND

Weil die Party ins Wasser fiel

Der VfB und sein italienisches Trauma. 1989 verloren die Schwaben ihr erstes europäisches Finale gegen Neapel. Im zweiten Anlauf 1998 im Europapokal der Pokalsieger gegen den FC Chelsea London versetzte ihnen der Italiener Gianfranco Zola mit einem

Blitztor genau 23 Sekunden nach seiner Einwechslung den Todesstoß. Dabei war auf neutralem Platz im altehrwürdigen Rasunda-Stadion von Stockholm bis zur 70. Minute alles offen. Das Spiel von Beginn an bissig, mit Kampf um jeden Zentimeter Boden. Chelsea vor 34.000 Zuschauern – darunter 4000 VfB-Fans – feldüberlegen, aber die größte Chance hatten die Roten. Nach einem Super-Solo scheiterte Krassimir Balakov am Blitz-Reflex von Torwart-Krake de Goey.

Nach der Pause gab's dann keine echte Tormöglichkeit mehr für Stuttgart. Aber für Chelsea. Spielertrainer Gianluca Vialli wechselte seinen Landsmann Gianfranco Zola ein. Ein kleiner, wuseliger Stürmer. Der Nationalspieler vollstreckte eiskalt aus 14 Metern ins rechte Eck. 0:1, die Entscheidung. »Aufgrund der zweiten Halbzeit ein verdienter Sieg für Chelsea. Der VfB hat zu wenig gemacht, das Spiel der Engländer zu stören«, urteilte Günther Netzer und fügte hinzu: »Balakov war ein Ausfall. Auch über die Flügel ging nichts.«

Nur in der Abwehr spielte einer überragend: Thomas Berthold gegen Vialli. Er ließ nach dem Schlusspfiff seinem Ärger über das Versagen der Stürmer freien Lauf: »In so einem Finale hat man nur zwei, drei Großchancen. Und die muss man halt rein machen.« Sein Abwehrkollege Thomas Schneider meinte: »Die Enttäuschung ist umso größer, weil Chelsea kein Übergegner war.«

Auf dem nostalgischen Raddampfer »Dixi Queen«, auf dem der VfB eine Siegerparty für 400 geladene Gäste vorbereitet hatte, herrschte anschließend Katerstimmung. Eigentlich sollte das Schiff auf der nächtlichen Kreuzfahrt durch die Schären bis zum frühen Morgen nicht mehr anlegen. Auf Wunsch der Führungsspieler kehrte der Kapitän bald an die Landungsbrücke zurück. Die meisten Spieler zogen sich rasch auf ihre Hotelzimmer zurück. Zu tief saß der Frust über die bittere Niederlage.

Der größte Verlierer des Europacup-Abends war Jogi Löw. Trotz Gewinns des DFB-Pokals 1997, des Erreichens des Euro-Endspiels 1998 und der Qualifikation für den UEFA Cup wurde der Trainer nach wochenlangem Eiertanz von Präsident Mayer-Vorfelder entlassen. Obwohl sich immer mehr Spieler für ihn stark gemacht hatten. Fredi Bobic kündigte sogar eine Protestaktion an: »Wir Spieler werden uns zusammensetzen und beraten, was zu tun ist. Ich persönlich bin der Meinung, dass es nicht notwendig ist, den Trainer zu entlassen.« Dazu kam es nicht mehr. MV hatte zu diesem Zeitpunkt schon mit Winfried Schäfer verhandelt, der beim Absteiger KSC vorzeitig entlassen worden war. Doch mit dem ungeliebten Trainer vom badischen Erzrivalen wurde der VfB nicht glücklich. Die Ehe hielt nicht einmal eine Saison.

13. GRUND

Weil eine »Daumheit« milde Richter fand

Es war das Spiel, nach dem sich Christoph Daum viel Hohn und Spott gefallen lassen musste und seine Autorität als Meistermacher 1992 schwer beschädigt wurde. »Die Daumheit des Jahres« bescheinigte ihm Moderator Jörg Wontorra in Sat.1. Und *Bild* taufte ihn in einer Schlagzeile auf Seite eins gar in »Christoph Dumm« um.

Der VfB war im Europapokal der Landesmeister mit einem beruhigenden 3:0-Sieg im Rücken zum Rückspiel bei Leeds United geflogen. Der Tag begann schon mit einer bösen Überraschung. Vereinsmitarbeiter unternahmen mit dem Mannschaftsbus eine Stadtrundfahrt in Manchester. Bei einem kurzen Besichtigungsstopp wurde der Kofferraum aufgebrochen – 13 Gepäckstücke weg! Neben Lederjacken und Mänteln fehlten Geldbörsen, Reisepässe und Kreditkarten. Rund 30.000 Mark Schaden.

Doch das war nur ein kleiner Vorgeschmack auf das, was in der folgenden Horrornacht noch auf dem Spielfeld passieren sollte. Sofort ging bei den Engländern die Post ab. Spiel auf ein Tor. Heilloses Durcheinander im VfB-Strafraum und eine schnelle 1:0-Führung von Leeds. Mitten in die Drangperiode das 1:1 durch Andy Buck. Das müsste es für den Deutschen Meister doch gewesen sein, oder? Nach der Pause machte Leeds noch mehr Druck. 2:1, 3:1, 4:1 – Abpfiff. Die VfB-Spieler fielen sich um den Hals. Trotz der Niederlage eine Runde weiter! Pro Mann 20.000 Mark Prämie verdient.

Doch war alles mit rechten Dingen zugegangen? Unmittelbar nach dem Spiel erste Zweifel bei Manager Dieter Hoeneß: »Wir haben am Ende mit vier Ausländern gespielt. Ist das eigentlich erlaubt?« Zusammen mit Finanzchef Ulrich Ruf studierte er das gelbe Heftchen mit den neuen UEFA-Regeln. Da wurde zur Gewissheit, was sie befürchtet hatten: Daum hatte einen Fehler gemacht, als er kurz vor Schluss mit dem serbischen Vertragsamateur Jovo Simanić den vierten Ausländer einwechselte. Drei waren nur erlaubt. Die standen mit dem Isländer Eyjólfur Sverrisson, dem Serben Slobodan Dubajić und dem Schweizer Adrian Knup schon auf dem Platz.

Auf dem Rückflug herrschte im vorderen Bereich, wo die VfB-Delegation saß, gespenstische Stille. Mayer-Vorfelder, Hoeneß und Ruf steckten die Köpfe zusammen. Sie setzten auf die vage Hoffnung, dass die UEFA den Fehler vielleicht nicht entdecken könnte. Im hinteren Bereich des Flugzeugs war die Stimmung ausgelassen. Die ahnungslosen Fans feierten das Weiterkommen, zumal sie der Flugkapitän Terry Butcher über Bordmikrofon auch noch animierte: »Bedienen sie sich an der Bordbar, bis nichts mehr da ist. Ich kümmere mich schon ums Fliegen.«

Mitten in der Nacht landete die Maschine in Echterdingen. Am Gepäckband trommelte Mayer-Vorfelder die Medienvertreter zusammen, die inzwischen alle Bescheid wussten. Seine inständige Bitte: »Wenn ihr uns einen Gefallen tun wollt, schreibt nichts über den Wechselfehler. Bleibt er 24 Stunden unentdeckt, ist die Einspruchsfrist des Gegners verstrichen und wir sind eine Runde weiter.« Die Europäische Fußball-Union kam den Journalisten zuvor. Noch am selben Vormittag ließ UEFA-Sekretär René Eberle den Spielberichtsbogen, den UEFA-Beobachter Edgar Obertüfer aus

Leeds durchgefaxt hatte, in Zürich durch den Computer laufen. Beim vierten Ausländer blinkte der Bildschirm. Eberle: »Ein eindeutiger Verstoß. So einen Fall gab's noch nie«.

Nachdem der Lapsus aufgedeckt worden war, wagte der VfB die Flucht nach vorn. Bei der Beerdigung von DFB-Präsident Hermann Neuberger am selben Tag in Saarbrücken zeigte sich MV bei den anwesenden UEFA-Vertretern selber an – in der Hoffnung auf Milde und ein drittes Spiel, um die düstere Vision eines Acht-Millionen-Schadens abwenden zu können. Die Kontroll- und Disziplinarkommission unter Vorsitz des Italieners Dr. Alberto Barbé erhörte die Bitte und fällte ein mildes Urteil. Das 1:4 wurde in ein 0:3 umgewandelt. Das bedeutete bei Punkt- und Torgleichheit: K.-o.-Spiel auf neutralem Platz in Barcelona. Der VfB jubelte, die Engländer spuckten Gift und Galle. Die *Sunday Times* schrieb: »Die UEFA hat ihr eigenes Regelbuch zerrissen.« Der *Sunday Telegraph*: »Eine Ohrfeige für den unschuldigen Englischen Meister.« Und der 80-malige Nationalspieler Gary Lineker unkte: »Wer den Einfluss der Deutschen beim Fall des britischen Pfundes beobachtet hat, darf sich über ihren Einfluss bei der UEFA nicht wundern.« Im Gegensatz dazu empfand MV das Urteil sogar noch als zu hart: »Schließlich lag keine Absicht vor.« Für Daum und Hoeneß, die beiden Hauptverantwortlichen des Schwabenstreichs von Leeds, gab es keine Konsequenzen. MV: »Menschliche Fehler passieren. Man sollte nicht vergessen, dass beide viel Positives für den Klub bewegt haben.«

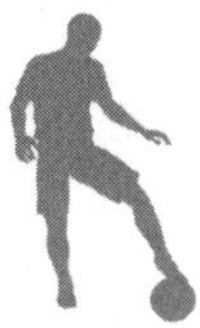

14. GRUND

Weil er besser Flamenco tanzte

»Wir müssen einfach abschalten, die letzten Tage total vergessen«, hämmerte Christoph Daum seinen Spielern nach dem Reinfall von Leeds immer wieder ein. Vor dem Entscheidungsspiel in Barcelona gegen den englischen Meister um den Einzug ins Achtelfinale der Champions League schottete er die Mannschaft von der Öffentlichkeit ab. Keine Fans. Keine nervenden Journalisten, die mit bohrenden Fragen ihre Finger in noch nicht verheilte Wunden legen könnten. Heimlich, still und leise wollte der VfB dem Hohn und Spott der letzten Tage davonfliegen. Der Abflug war so geheim, dass ihn der verspätete, als Cantona-Bewacher vorgesehene Uwe Schneider beinahe verpasst hätte.

Keiner sollte wissen, in welchem Hotel die Stuttgarter Delegation abgestiegen war. Der VfB wollte vor dem wichtigsten Spiel des Jahres nicht gestört werden. Alle Beteiligten wurden zur Verschwiegenheit vergattert, alle hielten sich daran. Umso größer war die Überraschung, als plötzlich eine Meute Journalisten das Mannschaftshotel stürmte. Die findigen Schreiberlinge hatten alle größeren Häuser der Stadt abgeklappert und waren fündig geworden. Grund: Der Mannschaftsbus parkte als Blickfang direkt vor dem Eingang des Fünf-Sterne-Hotels Juan Carlos I. Der Busfahrer war der einzige, der von der Geheimhalteaktion nichts wusste.

So unerwünscht wie dieser »Besuch«, so ungewöhnlich war die Vorbereitung auf die Partie. Am Vorabend ging's ab zum Schnupperkurs ins Stadion Nou Camp. FC Barcelona empfing Schlusslicht Albacete. Die Platzherren führten 3:0, am Ende hieß es 3:3 – wie nach Hin- und Rückspiel zwischen VfB und Leeds. Danach hieß es olé statt o weh: Abstecher ins Flamenco-Lokal. Heißblütige Tänzerinnen weihten erst Junioren-Nationalspieler Marc Kienle, danach weitere Spieler und Manager Hoeneß in die Kunst des spanischen Volkstanzes ein. So wie auf der Showbühne wollte der VfB am nächsten Tag die Briten austanzen.

Doch daraus wurde nichts. Der VfB ging zu zaghaft ans Werk, die Nerven spielten nicht mit. Der kleine Gordon Strachan machte mit einem unhaltbaren 20-Meter-Knaller das 1:0. Selbst nach dem 1:1 durch Golke ging es fahrig weiter. Ausgerechnet als die langen Kerls in der Abwehr, Buchwald, Dubajić und Frontzeck, nach vorn marschierten, kam das Aus. Ballbesitz von Andy Buck in der eigenen Hälfte. Dribbelversuch – gescheitert. Carl Shutt, Sekunden vorher eingewechselt, jagte ihm den Ball ab und schoss das 2:1. Ein dummer Fehler. Einer war aus der Reihe getanzt und das war der Spieler, der vorher gegen Leeds zweimal als Torschütze gefeiert worden war. Buck untröstlich: »Innerhalb von einer Woche bin ich vom Helden zum Verlierer geworden.«

Der Katzenjammer war groß. Das Ausscheiden stürzte den VfB in ein tiefes Loch. Vier Millionen Gewinn war für die nächste Runde veranschlagt, weitere acht Millionen in der Endrunde. Der Verein wäre auf Jahre hinaus saniert gewesen. Verspielt, verschenkt, verloren. Christoph Daum gestand nach der Niederlage: »Im Augenblick geht's mir saudreckig. Ich weiß nicht, wie's weitergeht.« Eine Kurzschlussreaktion wie den sofortigen Rücktritt schloss er jedoch ebenso aus wie der am Dilemma mitschuldige Dieter Hoeneß: »Das würde keinem etwas nützen.« So sah es auch der Präsident. Auf dem Heimflug sagte er über Bordlautsprecher: »Wir werden unseren Weg genauso weitergehen. Ich erwarte, dass die Mannschaft mehr als ihre Pflicht tut. Dann holen wir das verlorene Terrain zurück.«

15. GRUND

Weil ein Ersatzmann die Hauptrolle spielte

Am Tag nach dem Reinfall von Leeds, beim ersten Training, richteten sich alle Mikrofone und Kameras auf einen Spieler, der vorher beim VfB so gut wie keine Rolle gespielt hatte. Ein Nebendarsteller, dem plötzlich eine Hauptrolle zuteil geworden war: Vertragsamateur Jovica (»Jovo«) Simanić. Trainer Daum hatte den baumlangen Serben sieben Minuten vor Schluss als zusätzlichen Abwehrspieler für Maurizio Gaudino eingewechselt. Mit seiner Kopfballstärke half er mit, den letzten Ansturm der Engländer zu stoppen. Als der Abpfiff ertönte, war Simanić der glücklichste Mensch. Er, der sonst in der Regel bei den Amateuren spielte, weil er im Profikader als Ausländer überzählig war, hatte maßgeblich dazu beigetragen, dass der VfB die nächste Runde erreichte. Vom bösen Erwachen, das später folgte, ahnte zu diesem Zeitpunkt noch niemand.

Erst beim Heimflug machte der Regelverstoß die Runde. Mitspieler flüsterten Simanić zu, dass er der vierte Ausländer gewesen war, der nach den Statuten nicht hätte spielen dürfen. »Das war wie ein Schlag vor den Kopf«, erinnert sich der Serbe. Unfreiwillig war er zur Hauptfigur einer Tragödie geworden. Tragödie? Ein viel strapaziertes Wort, oft deplatziert im Fußball. Es gibt Schlimmeres als solche Tragödien. Simanić musste es noch in dieser Nacht leidvoll erfahren. Als er wieder zu Hause in Stuttgart war, empfing ihn seine Frau Gordana mit der Schreckensnachricht: »Dein Bruder ist tot«. Zelijko Simanić , 32, litt an Lymphdrüsenkrebs. Er starb in der Stunde, als sein fünf Jahre jüngerer Bruder in Leeds erst seinen größten Triumph, dann seine bitterste Enttäuschung erlebte.

Jovo Simanić war seelisch am Boden. Mit dem Brandmal Leeds auf der Stirn war ihm klar: Er musste weg aus Stuttgart, wo ihn das Pech von Anfang an förmlich an den Kickstiefeln klebte. Schon beim ersten Oberligaspiel mit den VfB-Amateuren gegen Pforzheim kassierte er eine folgenschwere Rote Karte. Er hatte Ex-Profi Karlheinz Bührer mit dem Ellbogen getroffen und einen Elfmeter verursacht. Zu zehnt ging die Partie verloren und Simanić wurde für acht Spiele gesperrt. Nach eineinhalb Jahren verließ Simanić frustriert und ernüchtert den VfB. Sein Traum vom Stammspieler blieb unerfüllt, auch bei seiner nächsten Station Benfica Lissabon. Er spielte noch bei drei weiteren portugiesischen Klubs, bevor er 1997 zu seinem Stammverein Proleter Zrenjanin zurückkehrte. 2000 beendete er als 35-Jähriger seine Spielerkarriere und übernahm 2007 als Trainer die unterklassige Mannschaft von Radnički Zrenjanin.

16. GRUND

Weil gegen ManU das Herz aufging

Das ganze Schwabenland lag im ManU-Fieber, als der englische Meister im Oktober 2003 in der Gruppenphase der Champions League in Stuttgart aufkreuzte. »Das ist ein Feiertag für mich, da geht mir das Herz auf«, schwärmte VfB-Präsident Erwin Staudt. 150.000 Fans wollten Karten für dieses Topspiel, nur 50.348 durften rein ins Daimler-Stadion. Der Schwarzmarkt blühte wie noch nie. 20-Euro-Tickets wechselten für 300 Euro und mehr den Besitzer.

ManU-Mann, dieses Spiel war mega-geil! Der VfB präsentierte sich eindrucksvoll als starke, geschlossene Truppe. Die Abwehr – sie stand wie die Bank von England. Zvonimir Soldo – ein Fels in der Brandung. Aleksandr Hleb – ballverliebt und ein Bollwerk im Mittelfeld. Die jungen Wilden – unermüdlich und zum richtigen Zeitpunkt brandgefährlich. Jeder einzelne Spieler wuchs über sich hinaus, zeigte ein großes Kämpferherz. Der VfB hatte eine der besten Fußballmannschaften der Welt fest im Griff.

Dabei war das Wetter »very british« – Dauerregen, nasskalt. Aber der »Spätzle-Catenaccio« um den überragenden Marcelo Bordon (Note 1) hielt gegen Tormaschine Ruud van Nistelrooy dicht. Der für 17,5 Millionen Euro von Sporting Lissabon geholt Cristiano Ronaldo verdribbelte sich kläglich in den Duellen mit Andreas Hinkel. Bis zur Pause blieb die Partie torlos.

Nach dem Wechsel staunte der sieggewohnte Sir Alex Ferguson auf der ManU-Bank noch mehr als zuvor: Paul Scholes musste einen Kopfball von Kevin Kurányi von der Linie kratzen. In der 50. Minute die VfB-Führung. Philipp Lahm verlängerte einen Pass von Fernando Meira, Imre Szabics lief aufs Tor zu und schob aus 17 Metern ein. Zwei Minuten später: Fehlpass von Roy Keane, blitzschneller Konter. Szabics direkt in den Lauf von Kurányi. Der schoss aus 16 Metern an die Unterkante der Latte, von dort prallte der Ball zum 2:0 ins Tor. Schiri Bolognino aus Italien hielt Manchester am Leben: Witz-Elfer nach einer Schwalbe von Ronaldo. Van Nistelrooy nagelte die Kugel zum 2:1 ins Tor. Dann wurde Kurányi von Ferdinand umgesenst. Strafstoß auf der anderen Seite. Meira schoss, Ami-Keeper Tim Howard hielt. In der Schlussminute rettete »Timonator« Hildebrand mit einer Wahnsinnsparade den sensationellen Sieg. Danach prasselte Lob von allen Seiten auf die Mannschaft. »Toll, was sie geleistet hat. Das war einer meiner schönsten Tage als Spieler und als Trainer. Ich bin total überwältigt«, strahlte Felix Magath. ManU-Coach Alex Ferguson machte dem VfB ein großes Kompliment: »Ich bin überrascht. Stuttgart war wirklich sehr, sehr stark.« Andreas Rettig, damals Manager beim 1. FC Köln, saß mit der ganzen Mannschaft im Geißbock-Heim am Fernseher: »Wir sind alle vom VfB begeistert.«

Drei Tage später in der Bundesliga trotzten die Kölner dem VfB in Stuttgart ein 0:0 ab. Aber es gab dennoch wieder Grund zu feiern: Timo Hildebrand entriss »Titan« Oliver Kahn den Bundesliga-Rekord. Der »Timonator« blieb 825 Minuten ohne Gegentor und übertraf die bisherige Bestmarke um 23 Minuten. Im folgenden Spiel in Bremen (3:1) schraubte er den Rekord sogar auf 885 Minuten, bevor er nach einem Schuss von Angelos Charisteas erstmals wieder hinter sich greifen musste. Es war ein irreguläres Tor, das die Serie beendete, denn vor der Flanke von Ernst war der Ball im Aus.

17. GRUND

Weil er einmal mit Heynckes Jo-Jo spielte

VfB-Siege gegen die Bayern sind so selten wie Oasen in der Wüste. Seit Bestehen der Bundesliga konnten die Schwaben nicht mal jedes fünfte Spiel gegen den bajuwarischen Nachbarn gewinnen. Ein besonderer Bayern-Fluch lastet auf Fredi Bobic. Als Spieler kam er auf 23 vergebliche Versuche, den Rekordmeister zu bezwingen. In seiner Eigenschaft als Manager und Sportdirektor setzte es in neun Spielen sogar lauter Niederlagen. Die letzte im Pokalfinale 2013.

In zehn DFB-Pokalspielen seit 1965 gelang dem VfB ein einziger Sieg. Als echte Rarität soll dieses denkwürdige Ereignis an dieser Stelle noch einmal gewürdigt werden. Es war der 9. November 1989. Der Tag, an dem die Berliner Mauer fiel. Das Spiel begann wie eine Kinderparty. Hektisch, nervös, alle rannten wild durcheinander. Teilweise schüchtern, mit zu viel Respekt voreinander, kreisten Höhenflieger VfB (zuletzt 15:3 Punkte) und die wackelnde Bayern-Concorde (2:4 Punkte und viele Turbulenzen) umeinander. Sie spielten nicht, sie kämpften Fußball. Torszenen? Mangelware. Buchwald und Strehmel meldeten den Bayern-Sturm Mihajlović und McInally total ab. Zwei Minuten vor der Pause rannte Fritz Walter auf die Aschenbahn, fiel auf die Knie, reckte beide Fäuste in den Abendhimmel. Er feierte das 1:0, ein wunderschönes Kopfballtor auf Flanke von Frontzeck. Die prächtige Stimmung auf den Rängen übertrug sich aufs Spielfeld. Sigurvinsson, der isländische Eisblock, taute auf, puschte seinen VfB nach vorn. In der 64. Minute lupfte er den Ball über die Bayern-Abwehr. Hartmann verwandelte aus spitzem Winkel zum 2:0. Den letzten Nerv raubte den Münchnern Fritz Walter mit seinem zweiten Treffer. Basualdo schickte ihn steil, Fritz schob am herausstürzenden Aumann vorbei zum 3:0 ein.

67.750 Zuschauer im ausverkauften Stadion feierten den Einzug ins Viertelfinale. In der Kabine ließ Zeugwart Jochen Seitz den Korken knallen. Er hatte die Sensation geahnt und schon vorher eine Magnum-Flasche Champagner in die Umkleide geschmuggelt.

»Keiner hat mehr Angst gehabt. Der Bayern-Komplex ist weg!«, strahlte Karl Allgöwer. Auf der Gegenseite musste Jupp Heynckes, damals wie bis zum Pokalfinale 2013 Bayern-Trainer, erkennen: »Nach dem 3:0 haben die mit uns Jo-Jo gespielt.« Nur schade, dass der Höhenflug schnell wieder zu Ende war. In der nächsten Pokalrunde kassierte der VfB in Bremen eine 0:3-Schlappe und der bedauernswerte Eike Immel, der eine höhere Niederlage verhinderte, stöhnte: »Ich hab mich beschissen gefühlt. Ich kam mir vor wie eine Schießbudenfigur.« Auch der Bayern-Komplex war bald wieder da. Am 20. Spieltag unterlag der VfB im nächsten Bundesligaspiel 1:2. Alles wieder wie gehabt.

18. GRUND

Weil er die großen Bayern bibbern ließ

So demütig war die Stimmung vor einem Duell mit dem FC Bayern in Stuttgart selten wie vor dem Pokalfinale 2013. Angesichts der totalen Saison-Dominanz der Münchner galt der VfB im Vorfeld als krasser Außenseiter. Bei den Buchmachern war Bayern 10:1-Favorit und Vorstand Karl-Heinz Rummenigge verstieg sich nach der Champions-League-Siegesfeier sogar in die arrogante Behauptung: »Ich glaube, mit 1,8 Promille haben wir trotzdem eine Chance.«

»Die Rollen sind klar verteilt. So gut wie niemand traut uns etwas zu«, sagte Christian Gentner vor dem Spiel. Fügte jedoch gleich hinzu: »Wir müssen an unsere Chancen glauben, sonst brauchen wir erst gar nicht nach Berlin zu fahren.« Auch Trainer Bruno Labbadia wurde nicht müde, seine Jungs zu motivieren: »Griechenland ist auch mal als Außenseiter zur EM gefahren.«

Es wurde ein mitreißendes Finale. In der ersten halben Stunde bewegte sich der VfB auf Augenhöhe und geriet nur durch einen umstrittenen Foulelfmeter von Thomas Müller, verursacht von Ibrahima Traoré an Philipp Lahm, in Rückstand. Bundespräsident Joachim Gauck war genauso überrascht von der Stuttgarter Leistung wie die 70.000 im Olympiastadion und meinte zur Pause: »Ich hatte vorher gedacht, das wird eine klare Angelegenheit. Aber der VfB hält mit Energie und Kraft dagegen, ist total gleichwertig.« Ein Doppelpack ausgerechnet vom verlorenen Sohn Mario Gomez zum

0:3-Rückstand ließ das Schlimmste befürchten. Ein Debakel schien möglich. Doch statt abgeschossen zu werden, brachte Martin Harnik seine Mannschaft mit zwei Toren in ein eigentlich verlorenes Spiel zurück. Der VfB witterte seine Chance. Er drängte vehement auf den Ausgleich, doch die Krönung in Form des 3:3 und einer Verlängerung blieb ihm versagt. Nachher war die Enttäuschung riesengroß. »Wenn du am Pokal schnupperst und er wird dir vor der Nase weggezogen, dann ist das umso bitterer. Ich bin überzeugt, in der Verlängerung hätten wir gewonnen«, stöhnte Taşçi. Gentner kämpfte mit den Tränen: »Wir sind alle brutal enttäuscht, weil wir wissen, wie nah wir dran waren und das es möglich gewesen wäre, den Pokal zu holen.« Der frustrierte Labbadia weigerte sich sogar, sich die Silbermedaille von Gauck umhängen zu lassen. Er steckte sie in die Hosentasche und fasste seine Gefühlslage so zusammen: »Der zweite Platz in so einem Wettbewerb ist immer Mist.« Mit dem Abstand weniger Tage wich die Enttäuschung bei den meisten Beteiligten einem gewissen Stolz über das, was sie geleistet hatten. So, wie es Fredi Bobic bereits unmittelbar nach dem Abpfiff ausdrückte: »Was wir abgeliefert haben, war erste Sahne. Eine Bombenleistung der Mannschaft, die den Verein würdig vertreten hat. Das hat man auch international registriert. Es hat mir diebische Freude bereitet, die Münchner erstmals in dieser Saison zittern zu sehen.«

Neben der erneuten Europa-League-Qualifikation, die schon durch das Erreichen des Pokalendspiels perfekt war, konnte sich der Sportdirektor über Einnahmen von 3,8 Millionen Euro aus dem DFB-Pokal freuen. Mit seinem Lob stand Bobic nicht alleine da. Auch die Medien erkannten die starke Leistung des VfB an. *Süddeutsche Zeitung*: »Sollte der VfB Stuttgart in Zukunft öfter so auftreten wie in Berlin, dann stehen bessere Zeiten an.« *Kicker*: »Der krasse Außenseiter brachte den Riesen zum Wanken.« *Frankfurter Allgemeine Zeitung*: »Der Beitrag des VfB zu diesem rauschenden Endspiel war immens. Er machte daraus einen sehenswerten Fight, dann sogar einen Thriller.«

3. KAPITEL

DIE STARS

TEIL 1

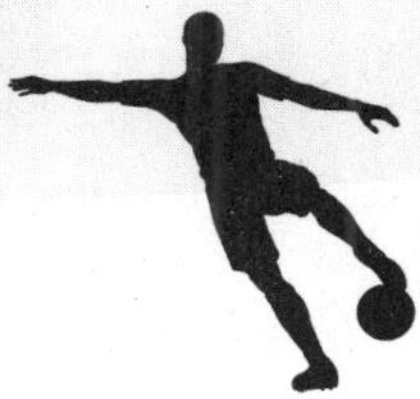

19. GRUND

Weil ein Einarmiger der Beste war

Robert Schlienz war in 15 Spieljahren, von 1945 bis 1960, für den VfB das, was Fritz Walter für die Nationalmannschaft war: der Mittelpunkt des Spiels, Regisseur und Torjäger in einer Person. Er war so gut, dass ihn Bundestrainer Sepp Herberger sogar noch in die Nationalelf berief, als er durch einen Unfall seinen linken Arm verloren hatte. Die meisten Leser haben ihn nicht mehr spielen sehen. Sie haben das Pech der späten Geburt. Schlienz, aufgewachsen im Vorortverein FV Zuffenhausen, war als Kapitän der Mittelpunkt der Mannschaft, ein Chef, ein Antreiber par excellence. Wehe, einer seiner Mitspieler ließ sich hängen! Dann brüllte er ihn an, dass es die Zuschauer bis unterm Tribünendach hörten, und machte ihm wieder Beine. Er selbst ging stets mit gutem Beispiel voran, war ein absoluter Siegertyp. Motor im Mittelfeld und gefährlichster Stürmer. Als kurz nach dem Krieg die Süddeutsche Oberliga im Herbst 1945 startete, hat er in 30 Spielen 46 Tore geschossen. Ein Rekord für die Ewigkeit.

Aber nach nur drei Jahren auf höchstem spielerischem Niveau kam ein rabenschwarzer Tag für Robert Schlienz. Es war der 14. August 1948 und der VfB hatte ein Pokalspiel in Aalen zu bestreiten. Schlienz kam zu spät zum Treffpunkt der Mannschaft, die mit dem Bus auf die Ostalb fuhr. Was tun? Ein Freund half dem Verzweifelten aus der Patsche: Er lieh ihm sein Auto, ein altes, klappriges Vorkriegsmodell. Wegen der Hitze fuhr Schlienz mit offenem Fenster und hängte seinen Ellenbogen raus. In einem riesigen Schlagloch passierte es. Der Wagen kippte um und zermalmte den linken Arm. Zwei Stunden später war der Arm amputiert. Für 99 von 100 Fußballern wäre die Karriere beendet gewesen. Nicht für den eisernen Robert. Bereits zwei Monate später feierte der Einarmige beim Meisterschaftsspiel gegen 1860 München im prall gefüllten

Neckarstadion sein Comeback. Großen Anteil an der zweiten Karriere hatte Trainer Georg Wurzer. Der »Schorsch« überzeugte seinen Lieblingsspieler, dass der VfB ohne ihn nicht denkbar sei. Sie übten jeden Tag die neuen Bewegungsabläufe eines Fußballers mit nur einem Arm. Schlienz musste lernen sich bei einem Sturz abzurollen, um nicht auf den Stumpf des Arms zu fallen. Eine besondere Herausforderung war es, bei vielen Aktionen das Gleichgewicht zu halten. Wurzer veränderte die Position des einstigen Halbstürmers, holte ihn aus dem Getümmel des Strafraums zurück auf den Posten des Außenläufers, wie es damals hieß. Schlienz war ein guter Schüler und machte das Beste aus seinem Schicksal. Nach einem Spiel der Stuttgarter gegen die spanische Nationalelf in Madrid lobte Weltstar Alfredo di Stefano: »Der beste Mann auf dem Platz war der Einarmige. Was der gezeigt hat, war für mich bisher unvorstellbar.«

So sah es auch Sepp Herberger. Er berief Robert Schlienz zu drei Länderspielen gegen Nordirland, Holland und England. Ein Einarmiger für Deutschland – das hatte es vorher nie gegeben und das wird sich wohl auch nie wiederholen. 1985 erlag die VfB-Legende einem Herzinfarkt.

20. GRUND

Weil zwei Italien-Legionäre Heimweh hatten

Italien, das alte Sehnsuchtsland der Deutschen. Wo immer in den Fünfzigerjahren Rudi Schurickes Welterfolg *Die Capri-Fischer* mit der Textzeile »Wenn bei Capri die rote Sonne im Meer versinkt« erklang, sangen, summten oder pfiffen die Leute begeistert mit. Und der nächste Urlaub an den Gestaden südlich der Alpen kam bestimmt. Bella Italia war lange Zeit auch das Sehnsuchtsland deutscher Fußballprofis. Sie lockten weniger die Sonnenstrände des Stiefels als europäische Topklubs wie Inter und AC Mailand, Juventus Turin, AS Rom oder SSC Neapel, die nicht nur für guten Fußball standen, sondern auch reichlich Lira im Angebot hatten.

Vom VfB zogen im Laufe der Jahre sechs Profis über den Brenner, aber keiner wurde so richtig glücklich. Hansi Müller kam bei Inter wegen eines kaputten Knies nicht richtig zum Zug und wurde nach Como in die Provinz abgeschoben, bevor er in Innsbruck mit dem FC Tirol endlich Meister wurde. Auch Jürgen Klinsmann konnte sich bei Inter nicht richtig in Szene setzen. Nach einer schweren Saison wechselte er zum AS Monaco an die Cote d'Azur. Matthias Sammer hielt es gar nur ein halbes Jahr bei Inter aus, kehrte etwas zerknittert in die Bundesliga zurück und wurde nach 1992 mit Stuttgart 1995 mit Borussia Dortmund erneut Deutscher Meister.

Die ersten beiden schwäbischen Italien-Legionäre hießen Rolf Geiger und Erwin Waldner. Um Geiger rankten sich viele Geschichten. So hatte er bei den Kickers ein Monatsgehalt von 700 Mark und kassierte 10.000 Mark Handgeld, als er zum VfB wechselte. Damit galt er nach den Statuten als Profi. Das kam aber erst ein Jahr später ans Tageslicht, als er bereits an den Olympischen Spielen 1956 in Melbourne teilgenommen hatte, die damals nur für Amateure offen waren. Für den bauernschlauen Geiger kein Problem: »Ich bin nicht zur Eröffnungsfeier ins Stadion gegangen. Ich wollte keinen Meineid leisten.« Die DFB-Justiz sah es anders: Sieben Monate Sperre für Geiger, Punktabzug für die Kickers, zwei Jahre Funktionärsverbot für den Präsidenten. 1961 ging er zum AC Mantua nach Italien, 1963 pünktlich zum Start der Bundesliga kehrte er im weißen Alfa Romeo zurück, den Kofferraum voller Geld. Er baute sich sein erstes Haus. Später als Chef einer Immobilienfirma folgten Hunderte von Häusern und Tausende von Eigentumswohnungen.

Dass es der trickreiche und schussstarke Halbstürmer nur auf acht Länderspiele brachte, ist auf einen dummen Zufall zurückzuführen. Es war am 11. Mai 1964 kurz vor dem Länderspiel gegen Schottland. In einem Zimmer in der Sportschule Barsinghausen drückte der Schalker Willi Koslowski dem Stuttgarter eine Whisky-Flasche in die Hand. In dem Moment öffnete sich die Tür – Sepp Herberger auf Kontrollgang. Von da an sprach der Bundestrainer nie mehr ein Wort mit ihm. Das war's dann mit der internationalen Karriere von Rolf Geiger.

Etwas häufiger, immerhin 13-mal, kam der schnelle Außenstürmer Erwin Waldner in der Nationalmannschaft zum Zug. Mit 19 wechselte er vom TB Neckarhausen bei Nürtingen zum VfB, machte sich 1961 für ein Jahr auf zum FC Zürich und verlängerte seinen Auslandsaufenthalt um eine weitere Saison bei Spal Ferrara in Norditalien. Doch rechtzeitig zum Bundesligastart parkte sein VW-Käfer mit dem Kennzeichen »NT – EW 19« wieder auf dem Parkplatz beim VfB-Trainingsgelände. Seine Ersparnisse legte er in einem Ausflugslokal an, dem »Burrenhof« bei Hülben auf der Schwäbischen Alb.

21. GRUND

Weil man Sawis Mütze sogar in China kennt

Günther Sawitzki – er ist als »der Mann mit der Mütze« in die Vereinsgeschichte eingegangen. Die Schiebermütze war sein Markenzeichen. Keine fixe Idee. Die typische Kopfbedeckung des herausragenden Torwarts der Fünfziger- und Sechzigerjahre hatte einen praktischen Grund. »Sawi« trug sie, um seine streng nach hinten gekämmten Haare während des Spiels in Zaum zu halten. »Wenn ich etwas nicht leiden kann, dann sind das Haare in der Stirn«, sagt er.

Schiebermützen setzt er heute noch auf, wenn's kalt ist. In der Art sind es dieselben wie damals, aber die letzte, die er in einem Spiel trug, hat er 1970 nach dem verlorenen Endspiel um die Deutsche Amateurmeisterschaft dem Torwart des SC Jülich geschenkt.

»Sawi« hatte mit 38 noch einmal bei den Amateuren ausgeholfen, weil die Kollegen alle verletzt waren, und danach seine Karriere endgültig beendet.

Sawitzki ist ein »Beute-Schwabe«. 1956 war's, als ihn VfB-Trainer Georg Wurzer überredete, an den Neckar zu wechseln. Der Mann mit der Mütze stand erst in Holthausen, dann in Sodingen, einem Stadtteil von Herne, im Kasten – wenn er frei hatte. Seinen Lebensunterhalt musste er sich als Schlosser in einer Zeche unter Tage hart erarbeiten. In Stuttgart wurde er sofort mit offenen Armen aufgenommen. Einerseits wegen seiner guten Leistungen und der sympathischen, zurückhaltenden Art, wie er damit umging. Andererseits, weil er tagtäglich bei Hahn & Kolb einem geregelten Job nachging – bis zu seiner Pensionierung 1992. Das kam bei den arbeitsamen Schwaben gut an.

Vom ersten Tag an war er konkurrenzlos im VfB-Tor. Bis 1967 war er immer die Nummer eins. Ein Schlussmann ohne Mätzchen. Kein Flieger, wie sein Nachfolger Gerhard Heinze, sondern ein Torwart mit einem überragenden Stellungsspiel. Wohin der Ball auch kam, »Sawi« war schon da. Seinen größten Erfolg mit dem VfB feierte er 1958 als DFB-Pokalsieger.

In der Nationalmannschaft musste er oft anderen den Vortritt lassen, kam »nur« zehnmal zum Einsatz. Erst hatte Fritz Herkenrath die besseren Karten bei Sepp Herberger, dann Hans Tilkowski. Bei der WM 1962 in Chile zog der Bundestrainer den jungen Wolfgang Fahrian vor. »Ich war Rekordspieler auf der Bank«, witzelt Sawitzki, »dafür habe ich viel von der Welt gesehen.«

Inzwischen ist er Uropa und seine Welt kleiner geworden. Er bewegt sich zwischen Stuttgart-Heumaden, wo er mit seiner Frau den Lebensabend verbringt, und Machtolsheim auf der Schwäbischen Alb, wo er schöne Sommertage auf einem Campingplatz verlebt. Bei den Heimspielen ist er regelmäßig im Stadion anzutreffen. Das, was der VfB in jüngster Zeit dort geboten hat, war für ihn als kritischer Beobachter »fußballerisch zu wenig«. Lob gibt's nur für

Sven Ulrich, den jungen Mann auf seiner einstigen Position: »Nach einem Durchhänger hält er seit Längerem klasse. Er hat dem VfB manchen Punkt gerettet.«

Zu 80. Geburtstag hat ihm der Verein ein Geschenk gemacht, über das er sich sehr gefreut hat: »Sawi« wurde vom VfB feierlich zum Ehrenmitglied ernannt. Bei den Fans ist die Torwart-Legende ebenfalls unvergessen. Der Hochbetagte erzählt: »Die Leute wollen immer noch Autogramme von mir. Kürzlich habe ich sogar einen Brief aus China bekommen. Der Mann wusste mehr von mir als ich selber«.

22. GRUND

Weil »Schillbär« seine Beatle-Mähne opferte

Der Franzose Gilbert Gress war der erste Franzose beim VfB und der erste Beatle in der Bundesliga. Ein Genie, ein Künstler am Ball. Liebling der Fans in den 149 Bundesligaspielen zwischen 1966 und 1971, bevor er in einer Nacht-und-Nebel-Aktion an Olympique Marseille verkauft wurde. Der VfB brauchte dringend Geld.

Bei seiner Verpflichtung hatte sich Gress vertraglich zusichern lassen, dass er immer montags nach Straßburg zu seinen Eltern fahren durfte. Albert Sing, der in Abstiegsgefahr Trainer Rudi Gutendorf ablöste, strich den »blauen Montag«. Gress fuhr trotzdem über den Rhein. »Montags frei«, so stand es ja in seinem Vertrag. Der VfB schickte ein Telegramm hinterher, doch Gress reagierte nicht. Er fuhr seinen Peugeot in die Reparaturwerkstatt anstatt auf den Cannstatter Wasen zurück. Da platzte Sing der Kragen. Als der kleine Franzose am nächsten Morgen pünktlich zum Training erschien, schickte ihn Sing wieder nach Hause.

Der VfB steckte mitten im Abstiegskampf und konnte in dieser prekären Lage auf seinen besten Mann nicht verzichten. Nachdem der erste Zorn verraucht war, baute ihm der Trainer zwei Brücken. Die erste: Der Elsässer musste sich nackt auf die Massagebank legen. Jeder Mitspieler durfte mit einem Schlag seine Handschrift auf dem Po hinterlassen. Strafe zwei: Gress musste Haare lassen, die weit schlimmere Strafe für den bekennenden Beatle.

Es war an einem Donnerstagvormittag kurz nach zehn. Eine VfB-Abordnung betrat den Friseursalon Grathwohl in Cannstatt. Als letzter Gress, kreidebleich und gesenkten Hauptes. Er nahm im Kundensessel Platz, bekam den Umhang umgelegt. Als Sing befahl »Holt mal die Heckenschere«, zuckte er zusammen. Theo Hoffmann, Hans Arnold und Hans-Otto Peters zogen Gress die Haare lang, Horst Köppel schnippelte sie mit der Riesenschere ab. Schnipp, schnapp, weg war die Mähne. Die Mannschaft sammelte Monsieur »Schillbärs« ganzen Stolz, steckte alles in einen Umschlag und überreichte ihn mit den Worten: »Als Andenken für deine Beatrice«. Sing steckte sich eine besonders schöne Locke als Schnauzer unter die Nase und feixte: »Jetz wirsch no schneller. Jetz hasch koin Luftwiderstand mehr.«

Die Aktion schweißte Trainer und Star wieder zusammen. Gress wirbelte wie eh und je, wurde zum Garant für den Klassenerhalt. Nach seiner Spielerkarriere mauserte er sich zu einem ehrgeizigen und erfolgreichen Trainer. Mit Neuchâtel Xamax wurde er zweimal Schweizer Meister, mit seinem Heimatverein Racing Straßburg holte er den französischen Titel, bevor er zum Schweizer Nationaltrainer berufen wurde.

Gut, dass Haare wieder nachwachsen. Obwohl längst aus der Mode gekommen ist Gress in all den Jahren seiner geliebten Beatlefrisur treu geblieben. Noch heute im fortgeschrittenen Alter eines Pensionärs ist er mit seiner Mähne zu bewundern, wenn er im Schweizer Fernsehen fachkundige Kommentare zu Europapokalspielen abgibt. Nur die Farbe der Haare hat sich verändert. Statt in Dunkelbraun strahlt der kluge Kopf jetzt in einem hellen Weiß.

23. GRUND

Weil die Entenmänner einmalig waren

Brüderpaare, die beim VfB Stuttgart gegen den Ball traten, gab es hin und wieder. Sami und Rani Khedira waren die jüngsten Beispiele, bevor der Ältere von beiden zu Real Madrid wechselte. Zuvor trugen Karl und Ralf Allgöwer, Bernd und Karlheinz Förster, Günther und Werner Haaga, Murat und Hakan Yakin das Trikot mit dem roten Brustring. Nils und Olaf Schmäler waren Zwillinge. Mit Karlheinz und Steffen Handschuh gab es beim VfB auch eine Vater-Sohn-Story in der Bundesliga. Und mit Michael, Christian und Thomas Gentner ein Familientrio, allerdings zu verschiedenen Zeiten in unterschiedlichen Funktionen.

Drei spielende Geschwister auf dem Wasen gab's nur einmal in den Vereinsannalen – die Brüder Entenmann. Alle drei begannen ihre Laufbahn beim TSV Benningen und setzten sie beim VfB fort. Rudi, der Älteste, hatte schon seit 1961 einen Stammplatz als rechter Läufer, bevor die Bundesliga begann. Willi diente sich als Stürmer in der Amateurmannschaft hoch und feierte 1965 in Gladbach sein Ligadebüt an der Seite seines Bruders. Werner, der Jüngste, blieb Amateur.

Willi war der Erfolgreichste. Er bestritt 245 Bundesligaspiele für den VfB und erzielte 28 Tore. Er stand 1970 sogar im vorläufigen WM-Kader, wurde aber von Bundestrainer Helmut Schön im letzten Moment wieder gestrichen. »Damals flossen bei mir die Tränen«, erinnerte er sich. Von 1976 bis 1978 ließ er seine Spielerkarriere bei der TSG Backnang ausklingen und kehrte als Amateurtrainer zum VfB zurück. Zwei Jahre später gewann er mit seinen Jungs die deutsche Amateurmeisterschaft. Als Helmut Benthaus 1982 die Profis übernahm, ernannte er Entenmann zu seinem Co-Trainer. Gemeinsam führten sie den VfB 1984 zur Deutschen Meisterschaft.

Nach dem missglückten Zwischenspiel mit Dampfplauderer Otto Barić beförderte Präsident Mayer-Vorfelder Willi Entenmann zum Cheftrainer. Lang gezogene »Williiii-Williiii«-Rufe hallten durchs Stadion, denn unter ihm blieb die Mannschaft zehn Spiele ungeschlagen. Sie zog sogar ins Pokalfinale ein. Dass der VfB damals schon die Überlegenheit der Bayern (2:5) anerkennen musste, tat Entenmanns Popularität keinen Abbruch. Die Fans protestierten heftig, als er durch Egon Coordes ersetzt wurde. Es half nichts. Willi musste wieder zu den Amateuren.

Coordes scheiterte, für ihn kam Arie Haan. Die erste Maßnahme des Holländers: Er holte Willi als Assistent zurück zu den Profis. Zwei total verschiedene Typen. Hier der Lebemann. Der bunte Hund, der virtuos auf der Klaviatur der Medien spielte. Dort der bodenständige Willi. Ein Mann mit Prinzipien, eiserner Disziplin und Pünktlichkeit. Er trank keinen Alkohol und rauchte nicht. Dafür qualmten die Socken, wenn er radelte, joggte oder mit der Familie auf Klettertour in die Berge ging. Keine Frage: Willi war fitter als die meisten Spieler.

Haan und Entenmann bildeten die »Geflügelbank« der Bundesliga. Sie ergänzten sich in ihren Extremen und hatten Erfolg. Unter ihrer Regie erreichte der VfB 1989 das Finale im UEFA Cup, das er gegen Neapel mit Diego Maradona nur knapp verlor.

Nach seiner langen Ära bei den »Roten« zog Entenmann als Trainer durch halb Süddeutschland. Gleich zweimal betreute er den 1. FC Nürnberg, dazwischen erneut die VfB-Amateure, danach Unterhaching, Sandhausen, Aalen, Freiberg und am Ende wieder die VfB-Amateure. 2004 zog sich der Vater von zwei Kindern mit seiner Frau Ulrike nach Affalterbach zurück. Ironie des Schicksals, dass ausgerechnet er, stets Sinnbild für ein gesundes und sportliches Leben, beim Skilanglauf mit seinem Sohn im Tannheimer Tal zusammenbrach. Willi Entenmann verstarb am 2. Januar 2012 im Alter von 68 Jahren an Herzversagen.

24. GRUND

Weil Hansi nicht nur Teenies entzückte

Heute heißen sie Draxler, Götze, Reus oder Gomez. Vor mehr als 30 Jahren war Hansi Müller der Liebling der Bundesliga. Der *Bravo*-Boy, ein angehimmeltes Teenie-Idol. Er bekam mehr Post als der Bundeskanzler, allein 6000 Karten, Briefe und Telegramme an seinem 21. Geburtstag. Sieben Leute – Mutter, Oma, Tante und Bekannte – bewältigen die Waschkörbe voller Verehrer(innen)post. In einem Jahr musste er sagenhafte 250.000 Autogrammkarten drucken lassen. Absoluter Rekord.

Auf dem Platz war der »schöne Hansi« die schwäbische Antwort auf Kölns Ballkünstler Wolfgang Overath. Der Ideengeber, Spielmacher und Freistoßspezialist. Im zweiten Jahr nach dem Wiederaufstieg wurde der VfB unter seiner Regie Vizemeister knapp hinter dem HSV. »Wir hatten eine gesunde Mischung aus erfahrenen Spielern wie Holcer, Ohlicher oder Volkert und großen Talenten wie die Förster-Brüder, Kelsch oder Elmer. Unser Anheizer war Jürgen Sundermann, der uns nach zwei Jahren in der zweiten Liga wieder nach oben geführt hatte. Der richtige Mann zur richtigen Zeit am richtigen Ort«, erinnert sich Hansi. Als Linksfuß mit der Nummer zehn bildete er mit Schorsch Volkert ein Traumpaar auf dem linken Flügel.

Hansi war kein pflegeleichter Typ. Er konnte sein überschäumendes Temperament kaum zügeln, handelte sich viele Gelbe und Rote Karten ein. Zu Trainer Lothar Buchmann hatte er ein gestörtes Verhältnis. Die beiden waren wie Hund und Katz. Als ihn der Trainer einmal vom Platz holte, zog Hansi sein Trikot aus und warf es ihm demonstrativ vor die Füße. Dann kritzelte jemand mit grünem Filzstift auf den Trainingsanzug unter den Namen Lothar Buchmann »… in Frage gestellt« – eine Lieblingsphrase des Trainers. MV rief die Spieler zusammen, forderte den Übeltäter auf, sich zu stellen. Wer's war (und auch zugab)? Dreimal dürfen Sie raten.

Im Frühjahr 1982 saßen sie zu dritt im Kaminzimmer des roten Klubheims und pokerten bei einem Glas Trollinger um einen neuen Vertrag: Gerhard Mayer-Vorfelder, Hansi und sein Vater Hermann, selbst vom Sohn nur »Sheriff« genannt. Den Müllers war gerade ein Super-Angebot von Inter Mailand ins Haus geflattert. Der »Zehner« des VfB verdiente damals 450.000 Mark im Jahr. Mit dem Faustpfand Inter in der Hand reizte der Sheriff seine Karten aus. MV hielt dagegen: »Graziani verdient in Italien auch nur 450.000 Mark.« Das wusste er deshalb so genau, weil ihm der Mittelstürmer des AC Turin für diese Summe angeboten worden war. Sheriff: »Ja, aber netto! Bei 60 Prozent Abzügen muss man in Deutschland diese Summe brutto verdienen, um auf dasselbe Geld zu kommen.«

Auf einen Bierdeckel schrieb Hermann Müller seine Forderung: Eine Eins mit sechs Nullen. Eine Million im Jahr! MV: »Zuviel für uns.« Sheriff: »Gut, dann kündigen wir.« Wenige Tage später war der Wechsel von Hansi Müller zum italienischen Spitzenklub Internazionale Mailand perfekt.

Hansi nahm ein lädiertes Knie mit nach Italien. Der Grund dafür, dass er bei Inter nicht richtig zum Zug kam und in die Fußballprovinz nach Como abgeschoben wurde. Nach 42 Länderspielen und dem Gewinn der Europameisterschaft 1980 war auch die Karriere im Nationaltrikot beendet. Erst mit 32 holte er in Innsbruck mit dem FC Tirol seinen zweiten und letzten Titel.

Als Medienschaffender in diversen TV-Anstalten, Zeitungskolumnist, Repräsentant großer Firmen und später als Marketing-Mann des VfB kehrte Müller zurück. Heute ist der Weltmann vom Wasen, der einige Sprachen beherrscht, ehrenamtlicher Aufsichts- und Sportbeirat bei seinem alten Klub. Er organisiert Firmenevents im Stadion und bringt sich mit Motivationsvorträgen ein. In Feuerbach vermietet er zwei große Mehrfamilienhäuser – seine wichtigste Einnahmequelle.

2005 starb seine Frau Claudia an Krebs. Aus dieser Ehe stammen Tochter Sabrina und Sohn Leif. Mit seiner neuen Lebensgefährtin Elke ist Hans Müller, der ewig der Hansi bleiben wird, noch einmal Vater eines Sohnes namens Sandro geworden. Familienleben und Unabhängigkeit in seinen freiberuflichen Tätigkeiten sind ihm wichtig. Deshalb hat er das Angebot des VfB, sich zum Präsidenten wählen zu lassen, bis auf Weiteres abgelehnt.

25. GRUND

Weil Buffy der pfundigste Ligaspieler war

Das Wiener Fußball-Original Ettmayer wurde auf den Namen Johann getauft. Aber das wissen die wenigsten. Der 30-malige österreichische Nationalspieler, der zwischen 1971 und 1975 das VfB-Trikot trug, ist im ganzen Schwabenland nur als »Buffy« bekannt. Dieser Name passt viel besser zum pfundigsten Spieler, den der Verein je hatte. »Buffy« heißt Dickerchen und ist der Spitzname, den ihm Österreichs ehemaliger Nationaltrainer, der Tscheche Leopold Šťastný, einst verpasst hat.

»Buffy« führte sein ganzes Fußballerleben lang einen Kampf gegen das Übergewicht – er hat ihn immer verloren. Er war und ist heute erst recht einer, bei dem jede Waage stöhnt, wenn er sie betritt. Er raucht nicht und trinkt keinen Alkohol. Aber seine Vorliebe für Knödel, Mehlspeise und Kuchen haben seine Figur negativ beeinflusst. Es stört ihn nicht mehr und er kann sich dabei selber auf den Arm nehmen. Er meint, er habe mit Marilyn Monroe viel gemeinsam und beschreibt eine ausladende Kurve. Er sagt: »I bin der einz'ge Österreicher, der sein' Rucksack vorne trägt.« Als ihn HSV-Trainer Kuno Klötzer einmal fragte: »Was wiegen sie jetzt eigentlich?«, grinste Buffy: »I weiß net. I geh' net auf die Wag'n. I hob immer Angst, dass der Zeiger durchdraht.«

Vor einem Bundesligaspiel gegen den HSV logierte der VfB in einem Hotel in Sindelfingen. Wie immer am Vorabend schrieb Trainer Albert Sing die Aufstellung an die Tafel. Ettmayer war nicht dabei. Buffy fragte: »Trainer, warum bin ich nicht dabei?« Schwabe Sing: »I han di im Fernseha g'seha. Du bisch zu dick.« Buffy konterte: »Die müssen mich mit einer Schmalfilmkamera aufgenommen haben.« Dafür gab's 1000 Mark Strafe mit der Begründung, er habe die Autorität des Trainers untergraben.

Zwei Wochen später war er wieder dabei. Stuttgart schlug Köln 2:0, Ettmayer schoss beide Tore. Schon nach dem ersten Treffer rannte er zur Bank und rief Sing zu: »Trainer, zählt das Tor?« Sing: »Natürlich, warum net?« Ettmayer: »Weil ich's geschossen habe, der Dicke.« Als er nach dem zweiten Tor wieder zur Trainerbank wollte, hielten ihn die Mitspieler zurück.

Das Laufen war nie seine Lust. Er ließ laufen, am liebsten den Ball, seinen besten Freund. Flanke von der Eckfahne mit der Hacke – kein Problem. Wenn er den Ball stoppte, als habe er Uhu-Kleber am Fuß, stellte er sich schon mal drauf und salutierte. So wie bei seinem späteren Einstand in Hamburg, als er beim 4:0 gegen Schalke zwei Tore schoss. Seine linke Klebe war ein Hammer, der jeden Torwart zusammenzucken ließ. Weltmeister Sepp Maier hat er mal einen Freistoß aus 30 Metern in den Bayern-Giebel »eini g'haut«. Buffy: »Ohne Netz wär' die Kugel heut' noch unterwegs – im Orbit.«

Am 23. Oktober 1974 machte der VfB seinem Trainer Hermann Eppenhoff mit einem 6:1 gegen Borussia Mönchengladbach ein Geburtstagsgeschenk. Buffy erinnert sich: »Beim fünften Tor habe ich dem Berti Vogts durch die Schnürsenkel gespielt, dann noch drei Gladbacher vernascht und am Ende Torwart Kleff. Beim sechsten Tor habe ich die Kugel volley getroffen, da hat sogar der Kleff applaudiert.«

Dinosaurier wie er sind nahezu ausgestorben. Im modernen stromlinienförmigen Fußball gibt es keine Weidegründe mehr für sie.

26. GRUND

Weil Hitzfeld einen Torrekord aufstellte

Der fußballbegeisterte Vater Hitzfeld, ein Zahnarzt, hatte einen guten Riecher, als er sein jüngstes von fünf Kindern auf den Vornamen von Kaiserslauterns Mittelstürmer Ottmar Walter taufen ließ. Sein Ottmar war später ebenfalls Torjäger. Erst in der Jugend bei seinem Heimatverein TuS Stetten, dann beim benachbarten FV Lörrach an der Schweizer Grenze. Mit den ersten von 66 Toren in 92 Spielen für den FC Basel empfahl sich der schnelle Stürmer für die deutsche Amateurnationalmannschaft. Bei den Olympischen Spielen 1972 spielte er an der Seite von Uli Hoeneß fünfmal von Beginn an und schoss in jedem dieser Spiele ein Tor.

Hitzfeld war 26, als er 1975 zum gerade abgestiegenen VfB wechselte. Er hatte schon einige Meriten aufzuweisen. Sportlich als zweimaliger Schweizer Meister mit dem FC Basel und als Torschützenkönig in der Schweiz 1972/73. Beruflich mit dem Staatsexamen in Mathematik und Sport für das Lehramt an Realschulen an der Pädagogischen Hochschule in Lörrach.

Doch vorerst war das Toreschießen weiter sein Beruf. In 55 Spielen in der zweiten Bundesliga war er 33-mal für den VfB erfolgreich, davon allein 22-mal in der zweiten Saison als Teil des sogenannten »100-Tore-Sturms« – der VfB kam 1976/77 auf ein Torverhältnis von 100:36. Hitzfeld leistete damit einen entscheidenden Beitrag zum Wiederaufstieg. Das Tüpfelchen auf dem i setzte er am 13. Mai 1977 im letzten Heimspiel. Beim 8:0 gegen Jahn Regensburg stellte Hitzfeld vor 43.000 Augenzeugen im Neckarstadion einen deutschen Rekord für die zweite Liga auf – sechs Tore auf einen Streich. Dieses Kunststück schaffte nur noch Dieter Müller ebenfalls 1977 in der Bundesliga beim 7:2 seines 1. FC Köln gegen Werder Bremen.

»Es war mir fast peinlich«, sagt Hitzfeld heute noch schmunzelnd, wenn er daran denkt. »Bis zur Halbzeit hatte ich schon vier

Tore geschossen. Danach wollte ich mich etwas zurückhalten, aber der Ball fiel immer wieder auf meinen Kopf oder vor die Füße. Ich konnte gar nicht anders, als noch zweimal zu treffen. Es war wie ein Sechser im Lotto.«

Hitzfeld blieb noch ein Jahr in Stuttgart. Bevor er zum FC Lugano in die Schweiz zurückkehrte, ging er zum Abschluss der Saison mit dem VfB auf USA-Reise. Es ging sehr locker zu. Es wurde nicht mehr trainiert, nur gebadet, gesurft, gezockt und ab und zu ein bisschen Fußball gespielt. Nach einer durchzechten Nacht war eine Auswahl von Anaheim in der Nähe von Los Angeles der Gegner eines Freundschaftsspiels. Ottmar Hitzfeld spielte wie gewohnt im Sturm. Er dribbelte sich durch die Abwehr, umspielte auch noch die Eckfahne und flankte drei Meter hinter der Torauslinie in den gegnerischen Strafraum. Trainer Sundermann schüttelte den Kopf: »Wat ist dat dann? Is der bekloppt?« Wenig später eine ähnliche Szene. Wieder flankte Hitzfeld, obwohl der Ball längst im Aus war. Da ging »Sund« ein Licht auf: »Der ist nicht bekloppt, der ist besoffen!«

1983 beendete Hitzfeld seine Spielerlaufbahn und wurde nach ersten Stationen in Zug, Aarau und Zürich zum erfolgreichsten Trainer der Bundesliga. Nach zwei Schweizer Meistertiteln hamsterte er sieben deutschen Meisterschalen, gewann 1997 mit Borussia Dortmund und 2001 mit Bayern München die Champions League. Dass er als Trainer nie bei seinem allerersten Bundesligaklub gelandet ist, scheiterte am Geld. 1987 buhlte VfB-Boss Mayer-Vorfelder um Hitzfeld. Doch dessen Verein FC Aarau verlangte eine Million Franken als Ablöse. MV empfand das als unmoralisches Angebot und stoppte die Verhandlungen.

27. GRUND

Weil Hermann das Herz der Mannschaft war

Karl Stegmaier, Fußball-Abteilungsleiter der Stuttgarter Kickers, saß auf der Tribüne des Neckarstadions und ärgerte sich. »Ich könnte mich mopsen, dass uns der Junge durch die Lappen gegangen ist. Der hätte ideal zu uns gepasst«, sagte er. Die »Blauen« hatten den torgefährlichen Stürmer, der gegen Schalke gerade einen sensationellen Bundesliga-Einstand gab, mehrmals beobachtet. Ihm ein Angebot gemacht und sogar schon einen Studienplatz an der Uni Stuttgart besorgt. Zu ihrem Leidwesen entschied sich der junge Mann aber für den Lokalrivalen VfB.

Hermann Ohlicher hieß das Objekt der Begierde. 23 Jahre alt, aufgewachsen in Mochenwangen in Oberschwaben, ausgebildeter Ingenieur, zuletzt beim FV Ravensburg in der Amateurliga am Ball. VfB-Trainer Hermann Eppenhoff war sich erst unschlüssig, ob er dem Transfer zustimmen sollte. Nicht viele schaffen auf Anhieb den Quantensprung über zwei Spielklassen hinweg. Aber schon nach dem ersten Spiel waren seine Bedenken verflogen.

Ohlicher war beim 3:0 gegen Schalke bundesweit der Mann des ersten Spieltags in der Saison 1973/74. Ein technisch beschlagener Spieler mit einer Pferdelunge. Bei Bullenhitze von 33 Grad rannte er 90 Minuten unentwegt den Platz rauf und runter. Ließ es auf Anhieb dreimal krachen – mit einem Abstauber, per Kopf und das dritte Mal mit einem Rechtsschuss. Die Fans waren entzückt, die Reporter heiß auf den neuen Star. Nach dem Spiel brachten sie ihre Kameras und Mikrofone vor der Kabine in Stellung. Doch ein Fernsehsender war schneller. Ein ZDF-Mann führte Ohlicher durch den Hinterausgang über die Laufbahn des Stadions in Richtung Marathontor. Dahinter wartete ein Hubschrauber für den Flug ins *Aktuelle Sportstudio*.

Der Schreiber dieser Zeilen hatte kurz vor Spielende von seiner Redaktion den Auftrag bekommen, Ohlicher ganz schnell zu interviewen. Was tun? Wild entschlossen kletterte ich über den etwa zwei Meter hohen Zaun, der damals noch den Innenraum von der Tribüne trennte, und rannte hinterher. Ohlicher ließ sich nicht zweimal bitten. Im Laufschritt gab er das erste Interview des Tages.

Es folgten zwölf Jahre VfB, in denen er noch unendlich viele Interviews geben musste. Ohlicher, der ehrliche Malocher, wurde zu einer zentralen Figur der Mannschaft. Ihr langjähriger Kapitän, ihr gutes Gewissen. Anfangs Torjäger, nach dem Abstieg 1975 der strategische Denker im Mittelfeld, dem immer mal wieder sein Temperament als Stürmer durchging. In 318 Bundesligaspielen schoss er 96 Tore. Sein wichtigstes: Der 2:1-Siegtreffer 1984 im Bremer Weserstadion, mit dem er den VfB zum Meister machte.

Nach der Karriere sorgte Präsident Mayer-Vorfelder dafür, dass sein Parteifreund und Lieblingsspieler weich ins bürgerliche Leben fiel. Hermann Ohlicher wurde Bezirksdirektor bei Toto-Lotto für die Bereiche Esslingen, Göppingen und Geislingen. Zwischenzeitlich war er auch Präsidiumsmitglied und Manager beim VfB sowie CDU-Stadtrat in Esslingen. Fußball schaut er fast nur noch im Fernsehen, dafür spielt er leidenschaftlich Golf. Und das mit demselben Talent, mit dem er beim VfB ein Idol wurde. Sein Handicap 3 weist ihn auch mit dem kleinen Ball als Meister aus.

4. KAPITEL

DIE MÄNNER AUF DER TRAINERBANK

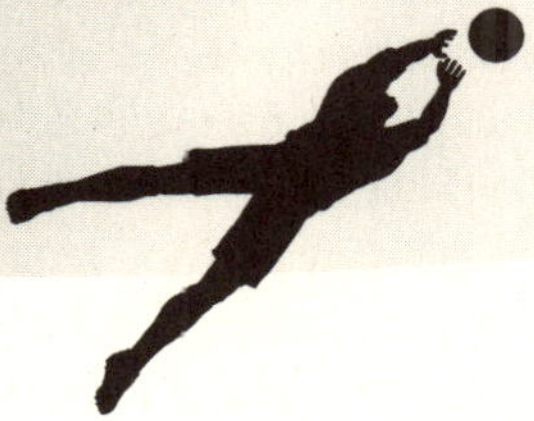

28. GRUND

Weil schon 39 Trainer auf dem Schleudersitz saßen

Am 12. Dezember 2010 übernahm Bruno Labbadia das Traineramt von Jens Keller. Aber auch er schaffte es nicht, den Trainer-Haltbarkeitsrekord beim VfB in 50 Jahren Bundesliga zu brechen. Den hält der verstorbene Kurt Baluses. Der erste Stuttgarter Trainer im neuen Fußball-Oberhaus wurde am 24. Februar 1964 trotz eines respektablen fünften Tabellenplatzes gefeuert. Seine Bestmarke, die es zu schlagen gilt: vier Jahre und sieben Monate.

Trainer kommen und gehen. »Heuern und feuern« ist längst zu einem geflügelten Begriff in der Branche geworden. Auch beim VfB Stuttgart. In einem halben Jahrhundert hat der Verein 39 Übungsleiter verschlissen. Übertroffen wurden die Schwaben nur vom 1. FC Nürnberg (53), Schalke 04 (51) und Hannover 96 (49).

Heute umjubelt, morgen in die Wüste geschickt. Damit muss jeder rechnen, der den Job des Fußballtrainers ausübt. Das liegt in der Natur der Sache, gehört zum Wesen dieses Berufsstands. Die Trainerbank ist ein Schleudersitz. Wer keinen Erfolg hat, wird wegkatapultiert. Das musste schon Rudi Gutendorf erfahren. Der Weltenbummler, der nach einem kurzen Zwischenspiel von Franz Seybold den VfB nach Baluses übernahm, war mit seiner Riegel-Taktik nicht annähernd so erfolgreich wie vorher beim MSV Duisburg. Nach 18 Monaten hatte er »ausgeriegelt«. Urschwabe Albert Sing sprang ein und rettete den VfB 1967 vor dem Abstieg.

Ab 1970 scheuchte der »harte Hund« Branko Zebec die Spieler bis zum Wadenkrampf über den Platz. Gefürchtet war das Rundenlaufen. Der jugoslawische Ex-Nationalspieler nahm ein paar Dutzend Kieselsteinchen in die Hand und ließ bei jeder Runde eines fallen. Ende der Vorstellung war erst, wenn die Hand leer war. Zebec hatte ein Alkoholproblem und verstarb viel zu früh.

Unter Hermann Eppenhoff (ab 1972) ging es aufwärts. Der VfB zog in den UEFA Cup ein und erreichte im zweiten Jahr sogar das Halbfinale. Doch nach dem Verkauf von einigen Leistungsträgern wie »Charly« Handschuh, Wolfgang Frank, Karl Berger oder Dieter Schwemmle geriet die Mannschaft wieder in Abstiegsgefahr. Sing, »der eiserne Albert«, sollte noch einmal den Retter spielen, doch diesmal scheiterte er.

Jürgen »Wundermann« Sundermann führte den VfB 1977 zurück in die Beletage des deutschen Fußballs und entfachte neue Begeisterung zwischen Hohenlohe und Bodensee, zwischen Ostalb und Schwarzwald. Unter dem Schöngeist Helmut Benthaus folgte die dritte Meisterschaft, danach der Absturz auf Platz zehn. Nachfolger Otto Barić war eine Quasselstrippe. Nach jeder Niederlage forderte er neue Spieler. Sein Vorschlag: Man möge den sich permanent drehenden Mercedes-Stern auf dem Bahnhofsgebäude anhalten. Mit den eingesparten Kosten könne man Verstärkungen finanzieren.

Mit Frohnatur Arie Haan ging es lustig ins UEFA-Cup-Finale gegen Neapel, mit Christoph Daum holte die Mannschaft zum vierten Mal die Meisterschale. Aber nach dem Blackout von Leeds, als der Trainer den unerlaubten vierten Ausländer einwechselte und aus dem Europacup flog, bekam auch Daum den Laufpass.

Rolf Fringer, der Österreicher mit dem Schweizer Pass, brachte Joachim Löw als Co-Trainer mit. Nach einem Schnupperjahr übernahm der spätere Bundestrainer das Kommando. Präsident Mayer-Vorfelder blieb skeptisch. Für ihn zeigte Löw den gestandenen Stars gegenüber zu wenig Härte, er war ihm zu nachsichtig. »Jogi« wurde nach dem DFB-Pokalsieg 1997 durch Winfried Schäfer von Erzfeind KSC ersetzt. Ein Fehlgriff. Die Fans akzeptierten den Badener nicht. Auch bei den Spielern stand er bald in der Kritik. Platz elf. MV zog wieder mal die Reißleine.

Aus Ulm kam der frühere VfB-Jugend- und Amateurtrainer Ralf Rangnick. Einer, der damals noch Erfahrung in der Liga sammeln musste. Als die Erfolge ausblieben und sich Rangnick auch noch mit Star Balakov anlegte, erfolgte in der Nacht nach dem Aus im UEFA-Cup bei Celta de Vigo/Spanien die Trennung. Felix Magath, der Neue, schaffte in letzter Minute den Klassenerhalt. Die Kasse war leer, notgedrungen setzte der Retter auf die Jungs aus der eigenen Talentschmiede. Die »Jungen Wilden« zahlten zurück: Vizemeister 2003, Einzug in die Champions League.

Nach der Ära Magath macht Matthias Sammer lange einen guten Trainerjob, brach jedoch in den letzten Spielen ein. Mit »Maestro« Giovanni Trapattoni kam weltmännisches Flair auf den Wasen, die erhofften Erfolge blieben aus. Nach nur sieben Monaten war Trap schon wieder weg. Dafür sorgte Armin Veh mit dem unerwarteten Titelgewinn 2007 für einen Paukenschlag. Die folgende Hinrunde verlief enttäuschend. Der VfB schied als Gruppenletzter in der Königsklasse aus. Nach einer Niederlage in Wolfsburg und Platz elf musste auch der Meistertrainer seinen Hut nehmen. Die Mannschaft blieb eine launische Diva. Daran konnten auch Markus Babbel, Christian Gross und Jens Keller nichts ändern.

Seit der Rückrunde 2010/11 versuchte Bruno Labbadia, Konstanz in die Truppe zu bringen. Aber auch ihm gelang es nicht. Der Torjäger (103 Treffer in 327 Spielen) mit sechs Stationen in zwölf Spielzeiten zweitgrößter Wandervogel der Liga nach dem Stuttgarter Michael Spies (sieben Vereine), wurde nach zwei Jahren und acht Monaten gefeuert.

Bis zum deutschen Rekord von Volker Finke (15 Jahre, elf Monate beim SC Freiburg) bleibt allerdings noch viel Luft nach oben. Unantastbar für ihn und alle Kollegen ist in der immer schnelllebiger werdenden Fußballwelt der Weltrekord des Franzosen Guy Roux (38 Jahre, elf Monate bei AJ Auxerre).

29. GRUND

Weil »Schorsch« Wurzer ein Dauerbrenner war

Der Dauerbrenner war zugleich der erfolgreichste aller VfB-Trainer. 13 lange Jahre leistete Georg (»Schorsch«) Wurzer nach dem Zweiten Weltkrieg für bescheidenes Salär ganze Arbeit auf dem Wasen. In den goldenen Fünfzigern erkämpfte er mit dem VfB zwei Deutsche Meisterschaften (1950 und 1952) und wurde zweimal deutscher Pokalsieger (1954 und 1958).

Der gebürtige Bayer war von großer, kräftiger Statur und behielt stets den Überblick. Er durchkämmte das Ländle auf der Suche nach Talenten und formte nach und nach eine große Mannschaft mit überragenden Spielern. Er holte Erwin Waldner aus Neckarhausen, Rolf Blessing aus Wendlingen, Erich Retter aus Plüderhausen, Robert Schlienz aus Zuffenhausen, lauter Asse und spätere Nationalspieler. Er überzeugte sie alle mit dem gleichen Argument: »Wenn du bei uns bist und gut spielst, haben wir Erfolg. Und du kannst dir bald ein Auto leisten. Bei deinem jetzigen Klub spielst du nur für ein Vesper.«

Zu den Spielern entwickelte er ein Vater-Sohn-Verhältnis. Er kümmerte sich um alles: um familiäre Probleme der Spieler, um ihren Beruf, um ihre Wehwehchen. Er war Seelendoktor und Wundenpfleger in einem. Schon morgens machte er sich mit seinem kleinen Auto auf den Weg, um Spieler zu besuchen, die Pflege körperlicher oder moralischer Art bedurften.

Als Robert Schlienz bei einem Autounfall seinen linken Arm verlor, zeigte ihm Wurzer auf, wie er seine Laufbahn fortsetzen könne. Er tat das so überzeugend und gekonnt, dass Schlienz von Sepp Herberger sogar wieder in die Nationalmannschaft berufen wurde. Wurzer war sich nicht zu schade, seinem Lieblingsschüler vor dem Spiel die Schnürsenkel zu binden. Ein Stratege, aber auch Freund und Helfer am Spielfeldrand. Die zwei ergänzten sich zu einem kongenialen Duo. Schlienz blieb selbst mit dem Handicap des Trainers verlängerter Arm auf dem Platz.

Das Vertrauen der Spieler in ihren Übervater war grenzenlos. Deshalb glaubten sie auch an die Wirkung eines Zaubertranks, den ihnen »Miraculix« Wurzer aus einer Flasche verabreichte. Jeder, der die Kabine Richtung Spielfeld verließ, musste einen Schluck aus der Pulle nehmen. Bei den großen Erfolgen, die sich bald einstellten, waren alle Spieler von der Wirkung des Zaubertranks überzeugt.

Die Flasche gab er nie aus der Hand. Erst viel später hat Wurzer alles aufgeklärt. In der Flasche war nur gesüßter kalter Kaffee. Gewirkt hat er allemal.

Das Schlitzohr Wurzer hatte noch andere Tricks auf Lager. Einmal war Erwin Waldner nach einem Platzverweis in der Oberliga Süd gesperrt. Der Rechtsaußen war schon mit 18 aus der Mannschaft nicht mehr wegzudenken und so wollte der Trainer auch bei einem Freundschaftsspiel im kroatischen Osijek nicht auf ihn verzichten. Er setzte einen Ersatzmann auf den Spielberichtsbogen, »taufte« ihn auf den Namen Waldner und ließ stattdessen den Gesperrten spielen. Der richtige Waldner dankte es ihm mit einem Traumtor.

1960 räumte er den Kommandostand mit dem Verdienst, das Image des Vereins gewaltig aufpoliert zu haben. Der VfB Stuttgart mauserte sich unter seiner Ägide zur Crème de la Crème des nationalen Fußballs. Schade, dass die Europapokale damals noch nicht geboren waren. Sonst hätten schon die Vorfahren der »Jungen Wilden« international für Furore gesorgt. Wurzers Nachfolger wurde Kurt Baluses.

30. GRUND

Weil Sing die Spieler singen ließ

Urschwabe Albert Sing stammte aus Eislingen. Fachlich sehr qualifiziert, menschlich untadelig. Eigentlich war er ein »Blauer«. Mitglied des berühmten 100-Tore-Sturms der Stuttgarter Kickers, bevor er als neunmaliger Nationalspieler zur SpVgg Ceresio Schaffhausen wechselte. Später war er als Trainer in der Schweiz tätig. Am längsten und erfolgreichsten bei den Berner Young Boys, mit denen er viermal Schweizer Meister wurde. 1954 holte ihn Sepp Herberger für die WM in sein Betreuerteam. Ein kluger Schachzug. Sing kannte sich aus bei und mit den Eidgenossen. Er buchte das berühmt gewordene Strandhotel Belvedere am Thunersee als WM-Quartier, in dem der legendäre »Geist von Spiez« geboren wurde. Herberger teilte sogar das Zimmer mit seinem »Attaché«.

An ihn erinnerte sich der VfB, als die Mannschaft in der Saison 1965/66 unter dem Showman Rudi Gutendorf auf den 17. Tabellenrang abgerutscht war. Sing kam, sah und siegte. In der Abgeschiedenheit des Schwarzwalds fand er den »Geist von Besenfeld« und mit neuer Moral folgten den elf Punkten unter Gutendorf 22 unter Sing. Das war die Rettung. Nach getaner Arbeit kehrte der als Messias Gefeierte in seine zweite Heimat zurück. Acht Jahre später, im Dezember 1974, warf Trainer Hermann Eppenhoff nach einer 0:6-Schlappe in Kaiserslautern in Stuttgart das Handtuch. Erneut erinnerte sich der Verein an Sing. Vorstand und Verwaltungsrat pilgerten in die Schweiz, um den »eisernen Albert« als Feuerwehrmann zu gewinnen. Sing ließ sich überreden. Doch diesmal stand sein Rettungsversuch unter einem unglücklichen Stern, gemäß der Lebensweisheit: »Kreuze niemals deinen eigenen Weg.«

Seine erste Fehlentscheidung war, dass er für Torwart Gerhard Heinze (»der isch z' kloi«) einen in Griechenland spielenden Schweizer namens René Deck verpflichtete. Der Neue leistete sich einige Schnitzer, durch die auch sein Mentor in die Kritik geriet. Mehr noch spaltete Sings Dauerfehde mit Buffy Ettmayer Mannschaft und Fans, bei denen der Österreicher sehr beliebt war. Einmal hat ihn der Trainer als »elenden Siach« beschimpft. »Dabei habe ich ihn nur nach dem Sinn seiner seltsamen Trainingsmethoden gefragt«, wehrt sich der Österreicher noch heute.

Wie bei seiner ersten VfB-Mission beschwor Sing den »Geist von Besenfeld«. Eines Tages sagte er nach dem Frühstück: »Jetzt gange mr' schbaschtla«. Schbachtla? Buffy dachte an die schwäbische Umschreibung für essen: »Es kann doch nicht sein, dass wir schon wieder essen gehen.« Groß war die Überraschung, als Sing den Kofferraum seines weißen Mercedes 200 öffnete und 20 Taschenmesser herausholte. Jeder musste sich im Wald passende Hölzchen suchen. Die einen wurden zugespitzt und so geworfen, dass sie im Boden stecken blieben. Mit den anderen Würfen wurde versucht, sie zu treffen. Schlitzohrige Frage von Ettmayer: »Aber Trainer, es ist schon so, dass wir am Samstag Fußball spielen?« Sing angesäuert: »Du musch immer opponiere«. Am nächsten Tag goss es in Strömen. Sing vermaß ein Volleyballfeld, spannte zwischen zwei Stangen eine Schnur. Dann wurde gebaggert, gepritscht und geschmettert. Buffy demonstrierte verstärktes Desinteresse. Sing: »Wenn' d koi Luscht hasch, gasch nei.« Buffy erinnert sich: »Dann hat er MV angerufen und sich beschwert, ich würde das Training boykottieren.«

Berühmt waren auch Sings Gesangsstunden im Trainingslager Origlio im Tessin. Im Besprechungsraum bereitete sein Assistent Fritz Millinger alles vor. Über einen Projektor wurde der Text von *Hoch auf dem gelben Wagen* auf eine Leinwand geworfen. Heinz Stickel musste anstimmen. »Zu tief«, monierte Sing. Mit dem nächsten Anlauf war er einverstanden. Die zweite Strophe ging im allgemeinen Gelächter unter. Sing fühlte sich umzingelt von lauter »Quertreibern«. Er kündigte an, das »Krebsgeschwür auf dem Wasen auszuschwefeln und die Eiterbeulen auszudrücken«. Doch gegen solch ausgebuffte Profis wie Hanjo Weller, »Mucki« Brenninger oder Buffy

Ettmayer zog er den Kürzeren. Seine Mission scheiterte. Der VfB stieg in die zweite Liga ab und Sing zog sich zur Rosenzucht nach Cureglia, einer kleinen Gemeinde vor den Toren Luganos, zurück.

31. GRUND

Weil Sundermann ein Wundermann war

Als neuer Trainer übernahm Jürgen Sundermann 1976 eine Mannschaft, die sportlich auf dem Tiefpunkt angelangt war. Ein Jahr zuvor abgestiegen war ihr Versuch des sofortigen Wiederaufstiegs kläglich gescheitert. Die Spieler hatten den Glauben an sich und ihre eigenen Möglichkeiten verloren.

Neue Begeisterung in die Mannschaft zu bringen, das war für Sundermann die erste und wichtigste Aufgabe. Vor jedem Training setzte er sich mit den Spielern zusammen, impfte ihnen mit emotionsgeladenen Ansprachen neues Selbstvertrauen ein, schweißte eine neue Truppe zusammen. Dabei setzte er verstärkt auf den Nachwuchs, der sich zuhauf auf dem Wasen tummelte. Die Routiniers Hermann Ohlicher, Dragan Holcer und Ottmar Hitzfeld waren die Korsettstangen, um sie herum gesellten sich Helmut Roleder im Tor, die Brüder Bernd und Karlheinz Förster, Markus Elmer und Bernd Martin in der Abwehr sowie Hansi Müller, Dieter Hoeneß und weitere Talente in der Offensive.

Sundermanns »Rasselbande« begeisterte die Zuschauer mit herzerfrischendem Angriffsfußball. Ein Schwabenstreich folgte dem anderen. Der Funke sprang vom Spielfeld auf die Ränge über – die Zuschauer identifizierten sich endlich wieder mit dem VfB. Als die Mannschaft im April 1977 zu 1860 München fuhr, begleiteten sie nicht weniger als 20.000 Anhänger, die das 0:0 wie einen Sieg feierten. Dabei war diese Nullnummer die Ausnahme der Regel. Denn die Ballermänner vom VfB erzielten über 100 Tore, wurden

Zweitligameister und kehrten nach zweijähriger Abwesenheit wieder in die Beletage des deutschen Fußballs zurück.

Was kaum einer für möglich hielt: Die Rasselbande mischte mit ihrem Fußball auch die Bundesliga auf. Mit Platz vier qualifizierte sich der VfB auf Anhieb für den UEFA-Pokal, stellte mit einem phänomenalen Zuschauerschnitt von 54.000 einen neuen Besucherrekord auf. Im Jahr danach folgte eine weitere Steigerung: Deutscher Vizemeister und erneute Qualifikation für den UEFA Cup. Vieles grenzte an ein Wunder, inszeniert von Sundermann-Wundermann in seiner ersten Trainerstation. Bei seinen anderen Arbeitgebern Grasshopper Zürich, Racing Straßburg, Schalke 04, Trabzonspor, Unterhaching, Hertha BSC, VfB Leipzig, Waldhof Mannheim, Sparta Prag, Tennis Borussia Berlin, Club Sportif Sfaxien und Vorwärts Steyr konnte er später nie an diese Erfolge anknüpfen.

Jürgen Sundermann war in Stuttgart der richtige Trainer zur richtigen Zeit am richtigen Ort. Auch deshalb hängt sein Herz immer noch an der Stadt. Seinen Wohnsitz vor den Toren der baden-württembergischen Metropole hat er stets behalten, wo immer er trainierte. Bei den Heimspielen des VfB ist er heute als fachkundiger Fußball-Rentner ein gern gesehener Stammgast.

32. GRUND

Weil der Meistertrainer ein Aussteiger wurde

Weserstadion Bremen, 26. Mai 1984, letzter Spieltag der Bundesliga. Nach 32 Jahren kann der VfB wieder Meister werden. Die Spannung ist zum Greifen. Werder-Trainer Otto Rehhagel turnt am Spielfeldrand herum. Fuchtelt aufgeregt mit den Armen. Schreit Anweisungen aufs Feld, die ungehört verhallen. In diesem brodelnden Hexenkessel sitzt Helmut Benthaus lässig auf der Trainerbank, die Beine übereinandergeschlagen, einen Arm auf der Lehne. Er verzieht keine Miene. Nicht mal, als Bremen zum 1:1 ausgleicht, seine Stürmer jedoch die besten Chancen vergeben.

Das war seine Art. Benthaus war als Coach kein lautstarker Feldwebel und kein Guru, der sich selbstgefällig in die Brust warf. Kein Paradiesvogel im Trainergeschäft. Einer, der so ganz anders war als die meisten seiner Kollegen: korrekt, bedächtig, gereift und gescheit. Einer, der nicht rauchte und nicht trank. Dessen Horizont nicht am Spielfeldrand endete. »Ein Trainer außergewöhnlichen Formats und hohen intellektuellen Niveaus«, vermerkte eine Züricher Zeitung.

Mit seinem Co-Trainer Willi Entenmann konnte er stundenlang über die Erschließung des Weltraums diskutieren. Wenn er mal richtig abschalten wollte, dann vertiefte sich der ehemalige Philologie-Student in ein Buch seines Lieblingsschriftstellers Hermann Hesse. Es schien, als habe sich seine Intelligenz auf die Mannschaft übertragen. Sie spielte abgeklärt, ruhig, aber mit hohem taktischen Einfühlungsvermögen. »Wir hatten nie einen Trainer, der uns so gut eingestellt hat, wie Helmut Benthaus«, versichert Karlheinz Förster noch heute. Gerhard Mayer-Vorfelder: »Mit seinem sachlichen Auftreten und seiner intelligenten, abwägenden Art passte er ideal zur Mannschaft.«

Benthaus verlangte für 90 Spielminuten eiserne Disziplin in taktischer Hinsicht, gab der Truppe größere Freiheiten außerhalb des Spielfelds als seine Vorgänger. Er sagte: »Ich appelliere an das Verantwortungsgefühl der Spieler, gestatte aber nie Zweifel daran, dass ich der Chef bin.« Damit hatte der ehemalige deutsche Nationalspieler aus Herne, 1964 mit dem 1. FC Köln Deutscher Meister, schon in Basel seinen Weg gemacht. In 17 Trainerjahren überlebte er vier Klubpräsidenten und Dutzende kapriziöse Spielerstars. Mit dem FC Basel wurde er siebenmal Schweizer Meister und zweimal Pokalsieger. Nun also mit dem VfB. Das 2:1 in Bremen war das Meisterstück. Danach war er einer der gefragtesten Trainer Europas. Es kamen traumhafte Angebote, zum Beispiel vom FC

Barcelona. Der DFB wollte ihn zum Bundestrainer machen. Doch Benthaus schlug sie alle aus und kehrte nach einer enttäuschenden Saison 1984/85 lieber nach Basel zurück. »Das war ein rein emotioneller Schritt«, sagt er.

Es war ein Schritt ins Nichts. Der Verein FC Basel steckte in einer großen Krise. Es ging abwärts mit der Mannschaft und im Misserfolg drehte sich der Wind. Plötzlich wurde negativ vermerkt, dass er ins Theater und ins Ballett ging und die Bilder von Jean Tinguely liebte. Dass er eine feste Größe in der Basler Kulturszene war. Benthaus: »Die Kritiker warfen mir vor: Der schwebt über der Sache, der ist elitär, der konzentriert sich auf andere Dinge als auf Fußball.«

Benthaus ersparte sich weiteren Stress und hängte kurzerhand den Trainerjob an den Nagel. Kurz vor der Pensionsgrenze wurde er noch einmal Verkaufsleiter der Schweizer National-Versicherung und niemand kratzte mehr an seiner Autorität.

33. GRUND

Weil es Egon auf die Spitze trieb

Egon Coordes, ein ehemaliger VfB-Spieler, kam in der Saison 1986/87 als Trainer zurück. Das Verhältnis zu den Fans war von Anfang an belastet. Übergangstrainer Willi Entenmann hatte zuvor Großartiges geleistet. Zehn Spiele ungeschlagen in der Meisterschaft und das Endspiel im DFB-Pokal gegen die Bayern erreicht. Das ging zwar 2:5 verloren, aber der Empfang der Mannschaft in Stuttgart wurde zu einer Demonstration für den Mann, der sich nun ins zweite Glied zurückziehen musste. Die Fans trugen ihn auf den Schultern vom Bus zum Stadiontor. Sie riefen: »Willi für Deutschland!« Oder: »Willi, wir danken dir«. Aber auch: »Coordes raus!«

Für den Neuen war das Klima schon vergiftet, bevor er den Job überhaupt angetreten hatte. Daran war Coordes selber schuld.

Schon Wochen vorher hatte er verlauten lassen: »Ich brauche keinen Co-Trainer – und einen Willi Entenmann schon gar nicht.« Ein folgenschwereres Eigentor hätte er nicht schießen können. Die negative Wirkung dieser Aussage verstärkte er noch, als er nach dem verlorenen Endspiel Kritik an Entenmanns Taktik übte: »So blöd, wie der VfB gespielt hat, kann man gegen die Bayern nicht gewinnen.« Entenmann war fassungslos: »Was ist das für ein Stil, einen Kollegen so madig zu machen? Das würde ich mir nie erlauben.«

Es kam, wie es kommen musste. Nach dem Pokal-Aus in der ersten Runde gegen Uerdingen und einem enttäuschenden 1:1 gegen Aufsteiger Blau-Weiß Berlin tönte es aus der Cannstatter Kurve unüberhörbar »Willi, Willi«. Der lange Schatten seines beliebten Vorgängers, der nun für den Nachwuchs zuständig war, hatte Coordes schnell eingeholt. Es knisterte im VfB-Gebälk, auch innerhalb der Mannschaft. Coordes legte sich mit einigen Spielern an, darunter mit Karl Allgöwer. Der Führungsspieler hatte Kritik an der medizinischen Betreuung geübt. Der Trainer strafte ihn mit dem Begriff »Nestbeschmutzer« ab. Danach hatten sich die beiden nichts mehr zu sagen. Allgöwer damals: »Unser Verhältnis ist so, dass wir kein Verhältnis mehr haben.« Auch mit Predrag Pašić gab's Krach. Weil er nicht mehr aufgestellt wurde, bat er um ein Gespräch. Coordes ließ ihn abblitzen, Pašić fuhr nach Hause und wurde vorläufig vom Trainings- und Spielbetrieb ausgeschlossen. Sein Kommentar dazu: »Der Trainer mag mich nicht, ich mag den Trainer nicht. Ich kann mit diesem Mann nicht mehr zusammenarbeiten.« Ärger gab's auch mit Jungprofi Michael Spies, den der Coach nach einem Wortgefecht im Training unter die Dusche schickte. Vater Karlheinz Spies war empört: »Was Coordes mit Michael macht, ist eine Demontage in psychischer und physischer Hinsicht.«

Die Leistungen des VfB in der Bundesliga ließen zu wünschen übrig, die Stimmung war gereizt. Nach der 3:5-Heimniederlage gegen Torpedo Moskau, dem Aus im internationalen Wettbewerb, kochte der Kessel über. Im Stadion wurden die ersten Spruchbänder aufgerollt: »Coordes, du Bayern-Sau, raus aus Stuttgart«. Nach dem Spiel verfolgten sie den Trainer bis zu seinem Haus in Aldingen und machten nachts auf der Straße Krach. Wonach sich Coordes zu der Bemerkung hinreißen ließ: »Die Hetzkampagnen erinnern mich an die Personenverfolgung in den schlimmsten NS-Zeiten.« Es fehlte auch nicht der Vergleich mit der »Reichskristallnacht«. Mayer-Vorfelder war entsetzt. Tags darauf musste sich Coordes via Medien für diese Entgleisung entschuldigen.

MV wusste, dass nun ganz schwere Zeiten auf Coordes zukommen würden, aber noch hielt er in Nibelungentreue zu ihm. Mit der präsidialen Rückendeckung teilte der unbeliebte Trainer weiter Rundumschläge aus. Ließ Fernsehinterviews platzen. Beleidigte Fans und Journalisten. Pressekonferenzen wurden regelmäßig zum Tribunal. Er brachte stets einen Ordner mit Zeitungsartikeln mit. Attacken auf seine Person hatte er mit Kopierstift markiert, der jeweilige Autor wurde öffentlich zur Rede gestellt. Eines Tages fragte Otto E. Lackner von den *Stuttgarter Nachrichten*: »Gibt es noch etwas zum Sportlichen zu sagen?« Coordes mit einem geringschätzigen Blick auf den Kollegen, der nicht gerade eine Twiggy-Figur hatte: »Wenn ich sie so anschaue, nicht.« Lackner erhob sich, verließ nach dieser Taktlosigkeit den Raum. Die anderen schlossen sich an. Coordes hatte endgültig geschafft, die gesamte Stuttgarter Sportjournalie gegen sich aufzubringen.

Sogar die Fotografen bekamen seinen Jähzorn zu spüren. Im Frankfurter Waldstadion nahm Herbert Rudel den Trainer auf seiner Bank »unter Beschuss«. Der rief: »Noch ein Bild, dann ist Schluss.« Rudels Konter: »Ich mach so viele Bilder, wie ich will.« Plötzlich schepperte es. Coordes hatte den Kasten mit den Nummerntafeln nach dem Fotografen geworfen. »Ich wollte nur mal prüfen, wie der Wind steht«, erklärte er später ironisch. Zum Glück hatte er noch schlechter gezielt, als seine Stürmer (der VfB verlor 1:3). »Coordes raus«, schallte es aus der Stuttgarter Kurve. Als Rudel die Fans animierte, noch lauter zu rufen, rastete der Trainer vollends aus: »Wart nur, nachher hau ich dir in die Fresse!« Die Ohrfeige bekam Coordes vom Verein. Nur eine Woche später musste er gehen.

34. GRUND

Weil Arie Haan ein Gute-Laune-Trainer war

Am Ende der Saison 1986/87 stand der VfB vor einem Scherbenhaufen. Im DFB-Pokal in der ersten Runde ausgeschieden. Im UEFA Cup in Runde zwei rausgeflogen. In der Meisterschaft auf Platz zwölf abgeschmiert. Dazu ein Loch in Millionenhöhe in der Vereinskasse. Als Sündenbock hatten die Fans Egon Coordes ausgemacht. Der ungeliebte Trainer hatte es sich mit seiner schroffen, unverbindlichen Art mit allen verdorben. In den letzten Heimspielen vor seinem Abgang schlug ihm der blanke Hass entgegen.

In dieser gereizten Stimmung erschien Arie Haan, der zweimalige Vizeweltmeister und Meistermacher von Anderlecht Brüssel, als Nachfolger wie ein Erlöser. Der Holländer war das 180-Grad-Gegenteil seines Vorgängers. Ein Lust- und Spaßtrainer. Sunnyboy und Lebemann. Ein Entertainer des Fußballs. »Der Erfinder der guten Laune«, kommentierte Max Merkel. Bei den Fans war Arie schnell der Hahn im Korb. »Unser Überflieger«, freute sich Präsident Mayer-Vorfelder. Die Spieler schauten auf zu dem ehemaligen Weltklassespieler, der mit Cruyff, Neeskens und Ajax Amsterdam mit dem Gewinn des Europacups Geschichte geschrieben hatte. Wenn er gut aufgelegt war – und das war er meistens –, gab er Kostproben seines Könnens zum Besten. Im alten Sarrià-Stadion von Espanyol Barcelona bereitete sich der VfB auf ein Freundschaftsspiel vor. Haan schlug Eike Immel eine Wette vor: »Ich schieße 20 Elfmeter. Wenn du einen hältst, spendiere ich dir ein Abendessen. Wenn nicht, musst du bezahlen.« Der Torwart grinste und schlug ein. Es war sich sicher: »Einen halte ich bestimmt.«

Haan, schon immer gefürchtet wegen seiner Schusskraft, versenkte einen Elfer nach dem anderen. …18, 19, 20 – keine Chance für Immel. Der Torwart sann auf Revanche. Wieder ging es um ein Abendessen, doch diesmal stellte er die Aufgabe für Haan: 20 Schüsse von der Mittellinie aufs leere Tor. Jeder Ball musste rein, durfte aber vorher nicht aufspringen. »Das schafft er nie«, war sich Immel sicher. Denkste! Haan nahm Maß und zirkelte alle 20 Schüsse in den Kasten. Es wurden zwei lustige Abende auf Kosten von Eike Immel. Haans lockere Art wirkte ansteckend auf die Spieler. Unter seiner Regie bot der VfB wieder anspruchsvollen Offensivfußball. Selbst der *Spiegel* spendete Beifall: »Dieser Mann tut der ganzen Liga gut.« Stuttgart qualifizierte sich wieder für den UEFA Cup, zog 1989 sogar in das Endspiel gegen den SSC Neapel ein.

Seinem Naturell entsprechend ließ Arie Haan die Spieler und sich selber an der langen Leine. Manchmal war sie zu lang. Im Oktober 1989 sollte er nach St. Petersburg fliegen, um den nächsten UEFA-Cup-Gegner zu beobachten. Sekretärin Julia Janik von der Geschäftsstelle war extra nach Bonn gefahren, hatte dem Trainer ein Visum abgeholt. Die Flugtickets lagen bereit. Aber nach einer langen Disco-Nacht verpasste der Trainer den Abflug. Haan besorgte sich Videoaufzeichnungen, stellte die Mannschaft optimal ein und der VfB kehrte mit einem 1:0-Sieg aus Russland zurück.

Im Laufe der Zeit gab es noch mehr solcher Geschichten. Einmal ließ er ein Training aus, um seinen kranken Vater zu besuchen. Auf dem Weg nach Groningen machte er einen kleinen Umweg nach Augsburg, um an einem Prominentenspiel teilzunehmen. Als dann auch noch sein Privatleben in die Schlagzeilen geriet, war das der Anfang vom Ende. Man trennte sich im Guten und Mayer-Vorfelder holte seinen Lieblingstrainer Christoph Daum.

35. GRUND

Weil aus Rebellen 25:0-Sieger wurden

Die größte Spielerrevolte der Bundesliga spielt sich im Herbst 1998 in Stuttgart ab. Nach einem desaströsen 0:2 in Freiburg, dem sechsten Spiel ohne Sieg, trifft sich die Mannschaft am Sonntagmorgen zu einer Krisensitzung im roten Klubhaus. Präsident Mayer-Vorfelder rechnet mit den Versagern ab. Doch die schlagen zurück und erklären Trainer Winfried Schäfer zum Hauptschuldigen der Krise. Ihre Vorwürfe: mangelhafte Menschenführung, taktische Fehler, Selbstdarstellung und ständige Widersprüche. Als MV und Schäfer den Raum verlassen haben, stimmen die Spieler ab. Ergebnis: 25:0 gegen den Trainer. Der Mannschaftsrat um Kapitän Frank Verlaat teilt dem überraschten MV das Ergebnis mit. Sein Kommentar: »Jungs, ihr macht es mir nicht leicht.« Vorerst beugt er sich dem Druck der Mannschaft nicht, hält noch zu Schäfer. Klar, er hat ihn gegen alle Widerstände vom KSC geholt. Ein Rauswurf wäre eine persönliche Niederlage für den mächtigen Präsidenten. Doch gegen eine meuternde Mannschaft haben er und der ungeliebte Trainer auf Dauer keine Chance. Nach nur 157 Tagen beim VfB wirft Winni Schäfer entnervt der Handtuch: »Ich gebe auf, es hat keinen Sinn mehr.« Sein Assistent Wolfgang Rolff übernimmt das Training. Wird abgelöst von Rainer Adrion, dem späteren U21-Bundestrainer, bis der VfB Ralf Rangnick vom Bundesliga-Aufsteiger SSV Ulm verpflichtet. Nie zuvor hat eine Bundesliga-Mannschaft in so breiter Front einen Trainer an die Wand gedrückt. Wie konnte es so weit kommen?

Der »wilde Winni« hatte es von Anfang an nicht leicht. Er kam von Karlsruhe nach Stuttgart. Zwischen beiden Städten ist die Rivalität zwischen Badenern und Schwaben besonders ausgeprägt. Zwölf Jahre lang hatte er als KSC-Trainer dem VfB Pest und Cholera an den Hals gewünscht. Und nun war er selber ein »Roter«, ausgerechnet auch noch der Nachfolger des bei den Fans total beliebten Jogi Löw. Für kurze Zeit ruhten die alten Feindseligkeiten und nach einem 4:0 gegen Kaiserslautern keimte die Hoffnung auf ein erfolgreiches, friedliches Miteinander. Aber die Zuversicht war rasch wieder verflogen. Schäfer machte sich keine Freunde, als er erst Teammanager Karlheinz Förster an den Pranger stellte und gegen das zweite VfB-Denkmal Hansi Müller zündelte. Nach einer 1:3-Heimpleite im UEFA Cup gegen Feyenoord Rotterdam grätschte er die Spieler ab. Besonders Fredi Bobic bekam sein Fett weg. Alles mit Rückendeckung von MV, der vorbehaltlos hinter Schäfer stand. Erst recht nach dem überraschenden 3:0-Triumph im Rückspiel gegen die Holländer, mit dem der VfB eine Runde weiter kam.

Mit einer blamablen Niederlage in Duisburg war das Zwischenhoch schnell wieder beendet. Schäfer degradierte Torwart Franz Wohlfahrt ohne ersichtlichen Grund zum Bankdrücker. Der bangte um seinen Platz in der österreichischen Nationalelf und muckte auf. Schäfer legte sich auch mit Thomas Berthold und Gerhard Poschner an. In der Mannschaftssitzung nach dem 2:2 gegen den Club flogen die Fetzen. Die Führungsspieler motzten, stellten die Trainerqualitäten Schäfers infrage. Fredi Bobic fiel in Ungnade, weil er erklärte: »Die Grundstimmung ist negativ. Wir gehen die Schritte zurück, die wir in den letzten Jahren nach vorn gegangen sind.«

Das Verhältnis zu Krassimir Balakov ging ebenfalls in die Brüche. Der Star rebellierte offen. Brüskierte den Trainer vor der Mannschaft: »Herr Schäfer, Sie sind jetzt vier Monate hier, und ich habe noch nichts gelernt.« Starker Tobak. Vor dem Bayern-Spiel, für das er nicht vorgesehen war, setzte Balakov noch eins drauf: Er stand mitten in der Mannschaftsbesprechung auf und verließ den Raum.

Der Machtkampf eskalierte. Die Kluft zwischen Teilen der Mannschaft und dem Trainer war unüberbrückbar. Die Fans trugen ihren Teil dazu bei. Dem Trainer schlug Hass entgegen. Nach dem 1:1 gegen Rostock rüttelten Ultras aus dem A-Block am Haupttor des Stadions. Die Polizei musste mit Schlagstöcken dazwischengehen. In dieser Atmosphäre blieb Schäfer keine andere Wahl als sich zu ergeben.

36. GRUND

Weil die Mannschaft nach Trap auf Trab kam

Mit mehr als 20 Titeln ist Giovanni Trapattoni einer der erfolgreichsten Fußballtrainer der Welt. Als ihn VfB-Präsident Erwin Staudt 2005 endlich überredet hatte, nach Stuttgart zu kommen, wurde er wie ein Heilsbringer empfangen. Mit »Habemus Mister« eröffnete der Vereinschef seine Vorstellungsrede und der weißhaarige Coach witzelte: »Gute Tag, iche schon wieder da.« Mit der Verpflichtung der Trainer-Ikone versprach sich der VfB Glamour und Erfolg. Die Verantwortlichen dachten auch an die Vermarktungsmöglichkeiten, die sich durch die Bundesliga-Rückkehr des ehemaligen Bayern-Trainers (1994 und 1996) boten.

Trap wirbelte, der beseelte Staudt ließ ihn gewähren. Er glaubte fest, ihm sei ein großer Coup gelungen. Der Italiener machte Weltmeister Andy Brehme zum Co-Trainer und nebenbei zu seinem Dolmetscher. Er brachte zwei Landsleute als Konditions- beziehungsweise Torwarttrainer mit und blähte das Trainerteam auf rekordverdächtige sieben Mann auf. Er holte zwei teure dänische Nationalspieler, die für die nötigen Tore sorgen sollten: Jesper Grønkjær und Jon Dahl Tomasson.

Doch Trapattonis Aktionismus sorgte für Verwirrung und einigen Ärger. Gleich zu Saisonbeginn lieferte er sich mit zwei der wichtigsten Spieler, Kapitän Zvonimir Soldo und Torwart Timo Hildebrand, irritierende Machtkämpfe. Hildebrand wollte seinen Torwarttrainer Eberhard Trautner behalten, der ihn von der B-Jugend an begleitet hat. Sein Wunsch stieß bei Trap auf taube Ohren. Er bestand darauf, dass Hildebrand mit Adriano Bardin trainierte. Es gab Zoff. In der Kabine schrie der Trainer den Torwart aus Klinsmanns WM-Kader an: »Sie können gehen, sofort!«

Den 37-jährigen Soldo setzte er auf die Ersatzbank, was in den eigenen Reihen auf Unverständnis stieß. Der Kapitän war derjenige, der im Mittelfeld als »Sechser« die Abwehr stabilisiert hatte. Das Ergebnis: sechs Gegentore in zwei Spielen ohne Soldo. Trap musste seine Fehlentscheidung korrigieren. Doch damit nicht genug. Der Trainer änderte ständig seine Aufstellung und ließ klare taktische Anweisungen vermissen. Die Spieler fühlten sich »wie Kleinkinder behandelt«, wenn er das Training unterbrach und mit großer Geste bis zu einer halben Stunde auf sie einredete, ohne dass sie seinen bizarren Sprachmix verstanden. Brehme, der eigentlich übersetzen sollte, war überfordert und brachte oft nur ein »si, si« über die Lippen. Bald hielten die VfB-Profis den Gentleman-Trainer nur noch für einen rüstigen Großvater, der bei den Dehnübungen auf der Isomatte problemlos mithalten konnte. Mit seinen Methoden war er für sie jedoch ein Mann von gestern.

Die Mannschaft wurschtelte sich durch die Vorrunde, die erhofften Erfolge blieben aus. Der Star-Trainer büßte schnell jene Strahlkraft ein, die ihn einst unangreifbar machte. »Schlappattoni«, ätzte die *Bild* nach einem weiteren Anfall von Rumpelfußball und auch die anderen Medien hielten sich mit Kritik nicht zurück. Noch nahm Staudt den Maestro vehement in Schutz. Sprach von »Unverschämtheit sondergleichen, so eine Persönlichkeit mit Stil und Charisma einfach fertigzumachen« und mahnte Geduld an.

Nach dem Fehlstart in die Rückrunde mit einer 0:1-Heimpleite gegen Duisburg und einem 0:0 gegen Bremen hatte Trapattoni »fertig«. Seine Bilanz in sieben Monaten: fünf Siege, zwölf Unentschieden, drei Niederlagen. Platz sieben. Selten wurde ein Trainer nach seiner Entlassung derart gelobt wie er. Staudt ließ kein schlechtes Wort über den Italiener kommen: »Giovanni Trapattoni ist ein absoluter Gentleman und der erfolgreiche Vereinstrainer der Welt. Trotzdem hat sich seine Arbeit mit der Mannschaft nicht so effizient und erfolgreich wie von uns allen erhofft gezeigt.«

Sein Nachfolger Armin Veh machte es besser. Ein Jahr später führte er den VfB zur Deutschen Meisterschaft.

5. KAPITEL

DIE STARS

TEIL 2

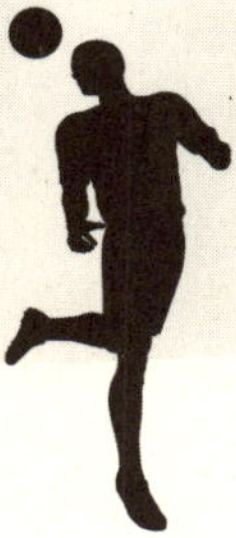

37. GRUND

Weil Dieter Hoeneß ein Schnäppchen war

Nach heutigen Maßstäben hätte Dieter Hoeneß als Nationalspieler einen Marktwert in zweistelliger Millionenhöhe. Für den VfB Stuttgart war der große Blonde ein Schnäppchen. Und das gleich zweimal: Als er 1975 vom VfR Aalen kam und als er vier Jahre später zum FC Bayern München ging. Hans Blickensdörfer, verstorbener Sportjournalist und Schriftsteller (u.a. *Die Baskenmütze*), entdeckte das noch ungeschliffene Juwel und überzeugte Präsident Mayer-Vorfelder, Dieter Hoeneß zu verpflichten. Der 22-jährige Metzgersohn aus Ulm hörte auf den Rat seines ein Jahr älteren und im Profifußball schon erfahrenen Bruders Uli und nahm nach einigem Zögern die Herausforderung an.

Der VfB war gerade abgestiegen, aber für Dieter war auch der Wechsel in die zweite Liga ein gewagter Sprung ins kalte Wasser. Angefangen hatte er als Torwart in der D-Jugend des VfB Ulm. Uli Hoeneß erinnert sich mit einem Schmunzeln daran: »Ich habe vorne die Tore geschossen, die er hinten reingelassen hat.« Irgendwann hatte Dieter keine Lust mehr, die Bälle aus dem Netz zu fischen. Er wandte sich dem Basketball und der Leichtathletik zu. Fing erst mit 18 konsequent an, Fußball zu spielen. Bei den Amateurklubs TSG Ulm 1846 und VfR Aalen machte er sich einen Namen als Kämpfernatur und Kopfballspezialist.

Unter Trainer István Sztani war Dieter Hoeneß noch keine Bereicherung für das VfB-Spiel. Bei seiner Körpergröße wirkte er hüftsteif und hatte technische Probleme im Umgang mit dem Ball. Nach einem seiner unglücklichen Auftritte schimpfte Hans Weitpert, der Vorgänger von Präsident »MV«: »Wenn dieser Mann noch einmal aufgestellt wird, gebe ich meine Dauerkarte zurück.«

Der VfB verfehlte den angepeilten Wiederaufstieg , Sztani wurde durch Jürgen Sundermann ersetzt. Der »Wundermann« entfachte neue Begeisterung in Stuttgart. Es ging steil aufwärts, auch mit Hoeneß, der zuvor als »Antikicker« verschrien war. Max Merkel hatte ihn in *Bild* sogar als »Briefbeschwerer« abqualifiziert. Doch der Trainer stärkte ihm den Rücken. Mit neuem Selbstvertrauen lauerte Hoeneß nun im Sturmzentrum. Stürzte sich wie ein Habicht in die Flanken der Außenverteidiger Bernd Martin und Markus Elmer, von Spielmacher Hansi Müller oder von Flügelflitzer Walter Kelsch, und hielt die hohe Stirn hin. Die Medien verpassten ihm das Gütesiegel »Schwabenpfeil«.

Die Stuttgarter Rasselbande entfachte eine nie gekannte Euphorie im ganzen Schwabenland. Der VfB kehrte im Hurrastil in die Bundesliga zurück, wurde auf Anhieb Vierter und im folgenden Jahr Vizemeister. Seinen Bundesliga-Einstand gab Hoeneß am 6. August 1977 beim 3:3 gegen den FC Bayern. Sein erstes Erstligator für den VfB erzielte er drei Wochen später im Heimspiel gegen den Hamburger SV (1:2). In 64 Erstligaspielen kam er auf die respektable Quote von 25 Treffern. An der Seite seiner Mannschaftskollegen Bernd und Karlheinz Förster, Hansi Müller, Walter Kelsch und Bernd Martin stürmte Hoeneß sogar bis in die Nationalmannschaft, in der er mit drei Treffern gegen Irland und Island seinen Ruf als Torjäger bestätigte. Später als Bayern-Profi wurde er nach siebenjähriger Pause noch sechsmal ins Nationalteam berufen und kam 1986 als Vizeweltmeister aus Mexiko zurück.

Mitten in die Stuttgarter Hochstimmung platzte die Nachricht, dass Dieter Hoeneß zum FC Bayern wechseln wolle. Der VfB versuchte alles, ihn zu halten. Im Zorn sprach Präsident Mayer-Vorfelder von »Landesverrat«. Doch alles Lamentieren nützte nichts. Der Verein, bei dem er groß geworden war, musste ihn als Schnäppchen abgeben – für die lächerliche Ablösesumme von 175.000 Mark. Eine entsprechende Klausel hatte der clevere Uli Hoeneß bei den Verhandlungen vier Jahre zuvor in den Vertrag des Bruders schreiben lassen.

38. GRUND

Weil ein Brüderpaar hinten dicht machte

Es gab schon zahlreiche Brüderpaare in der Nationalmannschaft und in der Bundesliga. Bis auf wenige Ausnahmen hatte meistens der Ältere im Duo mehr Erfolg. Das traf bei Fritz und Ottmar Walter zu, bei Uli und Dieter Hoeneß, Karl-Heinz und Michael Rummenigge, Klaus und Thomas Allofs, in Stuttgart bei Karl und Ralf Allgöwer. Umgekehrt war es bei den Seelers, wo der jüngere Uwe dem älteren Dieter den Rang ablief. Rüdiger Abramczik (19 Länderspiele) heimste mehr Lorbeeren ein als Volker, der es nur auf drei Ligaeinsätze brachte. Und bei den Schweinsteigers hat der später geborene Bastian gegenüber Tobias die Nase vorn.

Zu den wenigen Ausnahmen zählten auch die Brüder Förster beim VfB. Bernd, zwei Jahre älter, brachte es auf 33 Länderspiele, Karlheinz auf 81. Gemeinsam wurden sie Europameister, Vizeweltmeister 1982 und Deutscher Meister 1984 mit dem VfB, aber Karlheinz setzte noch zwei Highlights drauf: Deutschlands Fußballer des Jahres 1984 und 1986 erneut Vizeweltmeister.

Privat zwei sympathische Burschen, bodenständig, familienbezogen, heimatverbunden und trotz aller Erfolge immer auf dem Teppich geblieben. Als die Söhne eines Maurermeisters aus dem Örtchen Schwarzach im Odenwald die Werbeprospekte zu ihrem eigenen Buch sahen, stoppten sie die Auslieferung. »An uns kommt keiner vorbei« lautete die Schlagzeile. »Das ist uns viel zu großkotzig«, sagten sie. Das Buch kam dann mit dem unverfänglicheren Titel *Die Zwei aus Schwarzach*, der viel besser zu ihrem Image passte, auf den Markt.

Auf dem Platz waren die zwei blonden Jungs wie verwandelt. Als Abwehrspieler gingen sie mit unbändigem Einsatz zur Sache, dass die Fetzen flogen. Sie schonten weder sich noch die Gegner und waren eine Art Lebensversicherung für den VfB. Hart, härter,

Förster. Der Slogan »Wer an Förster vorbei will, ist selber schuld« wurde zum geflügelten Wort in der Branche. Max Merkel sagte einmal: »Wer gegen die spielt, befindet sich im Kriegszustand.«

Dabei hatten sie einen weichen Kern. Wie weich mag eine Anekdote unterstreichen, die ihre Mutter Marianne einmal zum Besten gab. »Als sie noch kleiner waren und wir noch eine Landwirtschaft hatten, wollten sie auf einem Ferkel reiten. Doch plötzlich streckte das arme Tiere alle viere von sich. Genickbruch – die Buben waren zu schwer. Das hat ihnen so leid getan, dass sie heulten wie die Schlosshunde. Das Fleisch vom toten Ferkel haben sie auch nicht gegessen.«

Karlheinz Förster beendete seine glanzvolle Karriere bei Olympique Marseille und wurde von »France Football« als »le Kaiser« gefeiert. Nach drei Jahren kehrte er 1989 als Manager zurück, erst bei Waldhof Mannheim, dann beim VfB und bei der TSG Hoffenheim. Er war Repräsentant bei Adidas und wurde schließlich Spielerberater. Bernd betreibt eine große Autowaschanlage in Deizisau und investiert in Tankstellen. Der Fußball hat sich für die beiden gelohnt. »Wir haben die richtigen Leute kennengelernt, und wir haben einen Namen, mit dem wir überall anklopfen können«, sagen sie. Für die Fans sind die Förster-Brüder immer noch ein großes Stück VfB.

Die bedingungslose Art, wie sie ihren Sport betrieben, hat an ihren Körpern Spuren hinterlassen. Bernd trat im Alter von 29 Jahren als Sportinvalide ab, musste Knie- und Hüftoperationen über sich ergehen lassen. Karlheinz hörte mit 31 auf. Er lag noch öfter auf dem OP-Tisch. Zuletzt wurden beide Fußgelenke versteift – besonders bitter für einen Bewegungsmenschen wie ihn.

39. GRUND

Weil der Schweiger die Beine sprechen ließ

Sie nannten ihn den »Schweiger von Island« – weil Ásgeir Sigurvinsson lieber die Beine als seine Zunge sprechen ließ. Der Fischersohn von der Vulkaninsel Vestmannaeyjar war einer der besten Ausländer, der je das VfB-Trikot getragen hat. Ganz sicher war er der beste Fußballer aller Zeiten vom nördlichen Polarkreis. Schon mit 16 trainierte er ein paar Monate bei den Glasgow Rangers. Doch die Stadt gefiel ihm nicht. Zwei Jahre später wurde er Profi bei Standard Lüttich, schaffte den Durchbruch und blieb acht Jahre in Belgien. Dann holten ihn die Bayern. Weil er dort an Platzhirsch Paul Breitner nicht vorbei kam, wechselte er 1982 im Doppelpack mit seinem Freund Kurt Niedermayer für eine gemeinsame Ablöse von 1,5 Millionen Mark zum VfB. Es war die richtige Entscheidung.

In den folgenden acht Jahren rückte er zur Elite des europäischen Fußballs auf. »Sigi« zauberte und bezauberte in 210 Bundesligaspielen auf der Zehner-Position, holte 1984 mit dem VfB die Meisterschale, war Kapitän und Publikumsliebling. Ein Prinzipal des langen Passes. Und weil er viel Dynamit in den Beinen hatte, trug er sich 39-mal in die Torschützenliste ein. Erst 1990 im Alter von 35 Jahren hängte er seine Kickstiefel an den Nagel.

Sigurvinsson hat es nicht bereut, dass er bis zum Karriereende beim VfB geblieben ist. »Es gab immer mal Kontakte zu anderen Vereinen, darunter zum AS Rom und zum FC Barcelona. Ich hätte auch zum FC Bayern zurückkehren können. Uli Hoeneß wollte mich holen. Aber ich wollte nicht mehr«, sagt er rückblickend.

Er blieb dem VfB nach seiner aktiven Zeit als Spielerbeobachter erhalten und verhalf dem Verein zu seinem Landsmann Eyjólfur (»Jolly«) Sverrisson als wertvolle Verstärkung. Sieben Jahre pendelte »Sigi« zwischen Stuttgart, seinem Wohnsitz Denkendorf, wo er ein Häuschen besaß und einen Getränkehandel betrieb, und Island hin und her. 1997 kehrte er endgültig in seine Heimat zurück. Zu jenem Zeitpunkt war er bereits Sportdirektor des isländischen Fußballverbands, später Nationaltrainer. 2005 zog er sich vom Profifußball ganz zurück. »Meine Vorstellungen und die Gegebenheiten des isländischen Fußballs passten nicht zusammen«, begründet er den Schritt. Heute ist er in anderen Bereichen als im Fußball engagiert. Er handelt mit Immobilien, hat eine Import-Export-Firma in Reykjavík, führt ein isländisches Reisebüro in Hamburg, ist Aktionär und Aufsichtsrat beim englischen Premier-League-Klub Stoke City. Zusammen mit vier weiteren Investoren plant er in der isländischen Hauptstadt eine sportorientierte Privatschule mit Fußballhalle, Schwimmbad und Fitnessbereich.

Fußball spielt er nicht mehr, ein Bandscheibenvorfall hat ihn ausgebremst. Dafür geht er auf die Jagd, angelt und schwingt den Golfschläger. Seine Frau betreibt ein eigenes Modelabel (»Asta«). Tochter Tanja arbeitet in einer Bank. Sohn Aron studiert Sport und spielt bei Fjölnir Reykjavík in der zweiten Liga.

40. GRUND

Weil Immel sich auf Himmel reimt

Mit Eike Immel im Tor war der VfB oft im siebten Himmel. Ein exzellenter Schlussmann, der den Stuttgartern in der Bundesliga viele Punkte und im Europapokal manche Million rettete, bevor Immel selber in finanzielle Not geriet. Doch davon später mehr. Zwei Jahrzehnte war er der große Zerberus zwischen den Pfosten. Er bestritt 534 Bundesligaspiele, 247 für Borussia Dortmund, 287 zwischen 1986 und 1995 für den VfB, mit dem er 1992 Deutscher Meister wurde. 19-mal hütete er das Tor der Nationalmannschaft, der er nach einem Streit mit dem damaligen Bundestrainer Franz Beckenbauer den Rücken kehrte. Seine große Karriere beendete er

1997 bei Manchester City. Einen seiner Glanztage erwischte Immel am 16. März 1989 in San Sebastián. Der VfB hatte das Achtelfinal-Hinspiel des UEFA Cups durch ein Tor von Fritz Walter mit 1:0 gewonnen. Im Rückspiel im Baskenland stand es nach 90 Minuten und Verlängerung 1:0. Es folgte ein Elfmeter-Krimi. Immel flog nach links, wehrte den Schuss von Martinez ab. Immel hechtete nach rechts, boxte den Elfer von Gajate weg. 4:3 für den VfB. Ausgerechnet Eike Immel, der vorher in drei Jahren nie einen Strafstoß gehalten hatte, war der Matador von San Sebastián! Sie stürzten sich auf ihn, umarmten und küssten ihn. »Ich bin überglücklich, im entscheidenden Moment muss man eben da sein«, strahlte er. Im Halbfinale schaltete der VfB Dynamo Dresden aus und erreichte erstmals ein europäisches Endspiel gegen den SSC Neapel.

18 Jahre später. Immel geht es schlecht. Er hat die Sprünge des Lebens nicht annähernd so gut gemeistert wie jene zwischen den Pfosten. Der frühere D-Mark-Millionär ist pleite. Vor dem Amtsgericht Dortmund muss er am 29. Mai 2007 den Offenbarungseid leisten. Immel: »Plötzlich klopfte der Gerichtsvollzieher an die Tür. Ich konnte nicht zahlen, musste eine eidesstattliche Erklärung abgeben.« Eikes linke Hüfte ist kaputt. Bis Dezember 2005 war er unter Cheftrainer Christoph Daum noch Torwarttrainer beim türkischen Rekordmeister Fenerbahçe Istanbul, vorher bei Beşiktaş Istanbul und Austria Wien. Danach hatte er keinen Job mehr, hing nur noch zu Hause herum. Er schob alles auf seine Krankheit: »Sie hat mich aus der Bahn geworfen.« Um wieder zu Geld zu kommen, machte er bei der RTL-Show *Ich bin ein Star – holt mich hier raus!* mit. 70.000 Euro strich er dafür ein. Den Großteil davon kassierte sofort der Insolvenzverwalter.

Aber die lädierte Hüfte ist nicht allein schuld an seiner Misere. Immel galt schon in seiner aktiven Zeit als leichtsinnig. Mit 18 zerlegte er seinen ersten Porsche. Beim Pokern und anderen Glücksspielen soll er viel Geld verzockt haben. Toni Schumacher, sein Vorgänger im Nationaltor, schrieb 1987 in seinem Buch *Anpfiff*:

»Eike Immel pokert wie ein Süchtiger. Oft sah man, wie er sich völlig gerupft auf sein Bett warf. Nicht selten wurde um 20.000 bis 30.000 Mark gespielt.«

Aussagen, die Immel heftig bestreitet: »Alles totaler Blödsinn! Wenn wir früher gespielt haben, dann nur zum Zeitvertreib im Mannschaftsbus oder Hotel. Da wurde meist gekniffelt und nur kleines Geld gewechselt.« Er nennt andere Gründe für seine finanzielle Notlage. Er habe immer auf großem Fuß gelebt. Und sich, wie so viele Fußballprofis, mit Bauherrenmodellen verspekuliert. Auch die Scheidung von seiner Frau Stefanie habe ein großes Loch in die Finanzen gerissen. »Außerdem habe ich ein Helfersyndrom. Wenn jemand etwas gebraucht hat, habe ich es ihm gegeben.«

Die Schulden habe er inzwischen mit Hilfe seiner Familie beglichen. Um nicht mehr darauf angewiesen zu sein, wollte er noch einmal als Torwarttrainer arbeiten und gründete eine Torwartschule. Aber auch sie wurde zu einem Flop. Es scheint, als habe den einstigen Liebling der Massen das Glück verlassen.

41. GRUND

Weil Wasen-Karle vor keinem kuschte

Die einen nannten ihn »Wasen-Karle«. Für die anderen war er der »Knallgöwer«, weil er mit dem rechten Fuß so hammerhart schießen konnte, dass er eigentlich einen Waffenschein gebraucht hätte. »Kaaaarle!«, riefen die Fans, wenn es einen Freistoß gab. Dann ist Karl Allgöwer von hinten angelaufen, hat sich den Ball zurechtgelegt und auf den Kasten gezimmert, dass es nur so zischte. Einmal hat er Gladbachs Torwart Kamps aus 35 Metern durch die Beine geschossen.

So überragend er schoss, so knallhart vertrat er seine Prinzipien. Der Mann aus Geislingen war ein kritischer Geist, ein Querdenker, ein Dickschädel, ein Rebell. Keiner, der kuschte. Nicht jedermanns Liebling, der ohne Rücksicht auf Verluste seine Meinung vertrat. Vielleicht hat er es deshalb nur auf zehn Länderspiele gebracht.

In den Achtzigerjahren war er der Chef auf dem Platz, Wildschütz und Ballermann des VfB. Er bestritt 338 Bundesligaspiele für die Roten, mehr als jeder andere. Er rangiert in der Vereinsgeschichte damit hinter Robert Schlienz (391 Spiele), Erich Retter (354) und Rolf Blessing (348) an vierter Stelle. Bei den Torschüssen belegte Allgöwer mit 129 Treffern Rang zwei hinter Schlienz mit 142. Seine Tore trugen maßgeblich dazu bei, dass der VfB 1984 zum dritten Mal Deutscher Meister wurde.

Aber keiner war so widerborstig wie Allgöwer. Mit seiner rebellischen Art hat er sich selber das Leben nicht leicht gemacht. Kölns Torwart Bodo Illgner brachte er für ein Foul mit Verletzungsfolge vor den Kadi. Egon Coordes, eine vorübergehende Erscheinung als VfB-Trainer, brachte er mit der Feststellung »Es bringt nichts, wenn sie lügen« auf die Palme. Auch einen Machtkampf mit dessen Nachfolger Arie Haan entschied er für sich. Der Holländer wollte aus psychologischen Gründen das Zimmer-Duo Allgöwer/Klinsmann im Trainingslager trennen. Seine Begründung: »Karl ist zu dominant. Jürgen muss seine Persönlichkeit unbeeinflusst entfalten können.« Doch damit holte er sich bei Allgöwer eine Beule. »Mit mir macht keiner den Bären«, sagte er.

Das musste auch Gerhard Mayer-Vorfelder erfahren. Oft genug hat der rechte Politiker gegen seinen linken Fußballstar die Faust in der Tasche geballt. Einmal hat er den unbequemen Kicker als »Salon-Sozialist« qualifiziert und die Schreiberlinge gefragt: »Warum nimmt den Karl mit seinen Widersprüchen denn keiner auseinander?« Legendär wurde sein Kommentar auf die Möglichkeit eines Millionenangebots für Allgöwer aus dem Ausland: »Am liebsten würde ich ihn mit der Schubkarre an die Grenze fahren.«

Eigentlich waren sie Brüder im Geiste. Wie Mayer-Vorfelder hat sich auch Allgöwer nie verbiegen lassen. Klar, als er beim VfB anfing, hat er das Recht der Älteren respektiert. »Ich ging aus lauter Respekt später als die anderen zum Duschen. Damit die, die damals das Sagen hatten, nicht gestört wurden«, erzählt er. Hansi Müller, Karlheinz Förster und Roland Hattenberger waren die, zu denen er damals aufschaute.

Jahre später machte ihm keiner mehr das Recht auf Platzwahl im Mannschaftsbus oder beim Essen im Mannschaftshotel streitig. Er gehörte zum vierköpfigen Spielerrat. Bei den Prämienverhandlungen ließ sich das Führungsgremium der Mannschaft vom Vorstand nicht über den Tisch ziehen. Speziell kümmerte sich Allgöwer um die Belange der »Vereinigung der Vertragsfußballer«, besser bekannt als Spielergewerkschaft. Selbstlos bot er den jungen Profis seine Beratung an, auch in finanziellen Dingen. »Man muss den jungen Spielern eine Hilfestellung geben. Das fördert auch den Teamgeist«, war seine Meinung.

Als er im Sommer 1991 die Kickstiefel an den berühmten Nagel hängte, setzte auf dem Wasen großes Wehklagen ein. In der Tat: Einen wie Karl Allgöwer wird es nie mehr geben. Und seine Freistöße werden auch Jahrzehnte danach noch immer schmerzlich vermisst.

42. GRUND

Weil Sammer seine große Liebe fand

Oft sind es die kleinen Dinge, die Großes bewirken. Bei Matthias Sammer war es eine Telefonnummer, auf einen Bierdeckel gekritzelt und ihm heimlich zugesteckt, die seinem weiteren Lebensweg eine entscheidende Wende gab. Es war die private Nummer von VfB-Geschäftsführer Ulrich Schäfer in Gerlingen bei Leonberg. Sammer hatte VfB-Trainer Arie Haan nach dem UEFA-Cup-Spiel bei Dynamo Dresden getroffen und ihm unter dem Siegel der Verschwiegenheit geflüstert, dass er gerne nach Stuttgart wechseln würde. Das Treffen wurde von der Stasi protokolliert. Sammer wurde wegen unerlaubter Westkontakte zum Verhör bestellt, kam aber ungeschoren davon, weil es sich der Arbeiter- und Bauernstaat nicht leisten konnte, den Star und Auswahlspieler einer Spitzenmannschaft zu bestrafen. Die Fußballfans der DDR wären sonst auf die Barrikaden gegangen.

An einem Adventssonntag 1989 klingelte bei Schäfer das Telefon. Sammer rief aus Dresden an und dann ging alles ganz schnell. Schäfer informierte Mayer-Vorfelder, MV setzte sich umgehend mit Dynamo in Verbindung. Im Februar 1990 reisten Präsident Alfons Saupe und sein Stellvertreter Bernd Kießling zu zweitägigen Verhandlungen an den Neckar. Der Deal wurde mündlich perfekt gemacht. Im Mai 1990 unterschrieb Sammer in Stuttgart vor surrenden Fernsehkameras einen Zweijahresvertrag, für den der VfB 2,3 Millionen Ablöse an die SG Dynamo überwies. Für den Spieler erfüllte sich ein sportlicher Traum.

Anfangs wohnte Sammer im Hotel. Nach kurzer Zeit vermittelte ihm Jochen »Goalie« Rücker, langjähriger Torwarttrainer und Mannschaftsbetreuer, eine Wohnung im Haus seines Bruders Christian in Remseck. In möblierten zweieinhalb Zimmern wohnte bis dahin Karin Rücker, eine der beiden Töchter des Hauses. Nur murrend erfüllte sie den Wunsch der Mutter, machte dem neuen Untermieter Platz und zog in eine Einliegerwohnung um.

Bald war es nicht nur die räumliche Nähe, die Matthias und Karin verband. Sammer hatte einmal in Dresden zu stark aufs Gas gedrückt und seinen Führerschein abgeben müssen. Karin erwies sich als rettender Engel, chauffierte Matthias öfter zum Training. Es kam, wie es kommen musste: Die beiden verliebten sich. Am 25. September 1991 erblickte Tochter Sarah das Licht der Welt, im Mai 1993 wurde geheiratet. Die Familie vergrößerte sich weiter und lebt heute zu fünft in München-Grünwald.

Dass die Eltern Ruth und Christian Rücker immer noch in dem Haus wohnen dürfen, in dem einst das Glück von Karin und

Matthias begann, verdanken sie ihrem Schwiegersohn. Wegen finanzieller Engpässe drohte den Rückers die Zwangsversteigerung der Immobilie. Sammer bewahrte sie davor, eine neue Bleibe suchen zu müssen. Bevor andere Interessenten zugreifen konnten, kaufte er das Haus mit seinem ersten im Westen verdienten Geld.

Zwei Jahre wirbelte der rothaarige Sammer, wegen seines überschäumenden Temperaments auf dem Platz auch »Feuerkopf« genannt, beim VfB. Nach dem Gewinn der Deutschen Meisterschaft 1992 folgte er dem Lockruf von Inter Mailand. Er verließ Stuttgart mit einer Träne im Knopfloch: »Es war eine schöne Zeit hier. Ich habe mich immer wohlgefühlt. Die Leute sind sachlich und zurückhaltend, das kommt meinem Naturell entgegen.« In Italien wurde er nicht annähernd so glücklich. Bereits nach einem halben Jahr war sein Gastspiel beendet und Matthias Sammer wechselte zu Borussia Dortmund.

43. GRUND

Weil Klinsi das Tor des Jahrhunderts schoss

Bäckermeister Siegfried Klinsmann war ein fürsorglicher Vater, stets darauf bedacht, seinem Sohn das nötige Rüstzeug mit auf den Lebensweg zu geben. »Kopf oben behalten und draußen dazulernen. Fehler machen, aber Wissen sammeln«, war sein Motto. Als Jürgen neun Jahre alt war und in der D-Jugend der TB Gingen einmal 16 Tore in einem Spiel erzielte, schrieb ihm der Vater ins Stammbuch: »Olympisch sein heißt: Ehrlich im Kampf, bescheiden im Sieg, neidlos in der Niederlage, sauber in der Gesinnung.« Wollte der Junge samstags zum VfB, tönte es aus der Backstube: »Aber erscht, wenn die Blech' putzt send.«

Mit diesen gesunden Wurzeln kam Jürgen Klinsmann über den SC Geislingen und die Stuttgarter Kickers im Sommer 1984 zum

VfB. Ein unbekümmerter junger Mann mit gesundem Menschenverstand, Ehrlichkeit, Ehrgeiz, tadelloser Einstellung und einem blauen VW-Cabrio, Baujahr 1967. Der Schwarm aller Schwiegermütter. »Solche Typen wie ihn gibt es viel zu wenig«, sagte Mayer-Vorfelder.

Der VfB war für »Klinsi« der Ausgangspunkt für eine glanzvolle Karriere. Er wurde Nationalspieler, Bundesliga-Torschützenkönig und später auf Initiative von DFB-Boss MV, seines ehemaligen Vereinspräsidenten, sogar Bundestrainer. 1988 wählten ihn 70 Prozent der Leser des *Kicker* zum »Fußballer des Jahres«. 2006, nach erfolgreichen Gastspielen bei Inter Mailand, Tottenham Hotspur, AS Monaco, Bayern München und Sampdoria Genua kehrte er mit der Nationalmannschaft nach Stuttgart zurück und wurde nach dem Sieg gegen Portugal als WM-Dritter von den Fans frenetisch gefeiert.

In seinen fünf VfB-Jahren schoss der Blondschopf in 156 Spielen 79 Tore. Das schönste im November 1987 gegen Bayern München. Auf eine butterweiche Flanke von rechts hob Klinsmann ab, mit dem Rücken zum Tor. Bayern-Verteidiger Hansi Pflügler zog den Kopf ein und schaute ehrfürchtig zu, wie der Ball vom Spann des rechten Fußes millimetergenau im Torwinkel einschlug. Ein Traumtor! Die Fans rasten vor Begeisterung, die Medien überschlugen sich – sie feierten das »Tor des Jahres«, ach was, das »Tor des Jahrhunderts«. Das finale Highlight zum 3:0-Sieg gegen den Erzrivalen aus Bayern, dem schönsten des VfB in 50 Jahren Bundesliga.

Das Kunstwerk ging per Video um die Welt. Von nun an jagten ihn die Spielervermittler. Kaum ein Spiel, bei dem nicht irgendein Beobachter eines ausländischen Spitzenklubs auf der Tribüne saß. Von AS Monaco kam ein Sechs-Millionen-Angebot. Klinsmann schlug es aus, ließ sich als Gegenleistung jedoch eine Klausel in seinen VfB-Vertrag hineinschreiben, dass er für zwei Millionen gehen konnte. Im Mai 1988 saß Paolo Giuliani beim Spiel gegen die Bayern auf der Haupttribüne des Münchner Olympiastadions. Einen Tag später klingelte der Manager von Inter Mailand an der Haustür von Jürgen

Klinsmann. Das war das Ende aller Hoffnungen, den Stürmerstar halten zu können. Der holländische VfB-Trainer Arie Haan bestärkte »Klinsi« sogar noch in der Absicht, als Fußball-Kosmopolit auf die Reise zu gehen: »Du kannst hier nicht bleiben. Du musst draußen in der Welt weiter lernen, du musst dich beweisen.«

Der 10. Juni 1989 war der Tag des Abschieds. »Viel Glück, Jürgen« und »Viel Spaß bei Inter« stand auf den Transparenten der Fans, die nur schweren Herzens Servus sagten. Jürgen Klinsmann erging es ähnlich. Er war schon immer nah am Wasser gebaut. Als er den Platz verließ, kullerten Tränen über seine Backen.

Zehn Jahre später beendete er seine Karriere. Weil ihm der DFB ein offizielles Abschiedsspiel verweigerte, organisierte Klinsi eins in Eigenregie mit Weggefährten aus allen Vereinen, in denen er tätig war. Es wurde ein unvergesslicher Abend in dem Stadion, in dem er groß geworden war. Und als sein Freund, der kanadische Schmuserocker Bryan Adams, seinen Hit *Straight from the Heart* zum Besten gab, heulte Klinsi Rotz und Wasser.

44. GRUND

Weil »Diego« Buchwald Weltmeister wurde

Wenn nicht mehr ganz taufrische VfB-Fans von Diego schwärmen, dann in der Regel nicht von Diego Armando Maradona, dem Ballzauberer aus Argentinien. Dann ist vom schwäbischen Diego die Rede – Guido Ulrich Buchwald aus Walddorfhäslach bei Reutlingen. Mit dem Spitznamen »Diego« wurde er bei der Weltmeisterschaft 1990 in Italien geadelt. Im Achtelfinale gegen Holland verblüffte der Mann, sonst eher fürs Grobe zuständig, mit einem genialen Übersteiger und einer präzisen Flanke zu Jürgen Klinsmanns 1:0. Seine tadellose Leistung in allen sieben WM-Spielen krönte er im Finale, als er den Original-Diego kaltstellte und damit maßgeblichen Anteil am Gewinn des WM-Titels hatte. Teamchef Franz Beckenbauer spontan auf die Frage, wer sein wichtigster Spieler war: »Guido Buchwald. Er hat im siebten Spiel seine siebte Weltklasseleistung gezeigt.« Soviel Lob hat sich der große Blonde hart erarbeiten müssen. 1983 kam er von den Stuttgarter Kickers zum VfB, wurde im ersten Jahr auf Anhieb Deutscher Meister. Jupp Derwall nahm ihn mit zur EM nach Frankreich. Als die DFB-Auswahl bereits in der Vorrunde ausschied, wurde Buchwald zu einem der Sündenböcke für das »Grande Malheur« gestempelt.

Mit dem VfB erreichte er 1986 das Pokalendspiel, das gegen die Bayern verloren ging. Der nächste Tiefschlag: Drei Tage vor dem Abflug zur WM nach Mexiko erteilte ihm Beckenbauer eine Absage. Bei Buchwald flossen bittere Tränen. »Jetzt erst recht!«, schwor er sich, nachdem die erste Enttäuschung verflogen war. Doch seine Berg- und Talfahrt ging weiter. Wegen einer Leistenzerrung war die EM 1988 für ihn vorzeitig beendet. Bei der EM 1992 kam's noch schlimmer. Buchwald brach nach einem Kopfballduell bewusstlos zusammen, die Atemwege waren blockiert. Adolf Katzenmeier, der Masseur der Nationalelf, rettete ihm das Leben.

Beim VfB war Buchwald in all den elf Jahren »eine Führungsfigur, wie man sie sich wünscht« (Christoph Daum). Er bestritt 325 Ligaspiele für die Roten und erzielte das wichtigste seiner 28 Tore am letzten Spieltag der Saison 1991/92. Mit einem Kopfball zum 2:1 in Leverkusen machte er den VfB in der 86. Minute zum Überraschungsmeister.

Im Herbst seiner langen Karriere wagte sich der bodenständige Buchwald auf unbekanntes Terrain – er wechselte zu den Urawa Red Diamonds in die japanische J-League. Mit eindrucksvollen Leistungen und seiner unkomplizierten Art avancierte er auf Anhieb zum Publikumsliebling. Nach drei umjubelten Jahren und 127 Spielen für die »Roten Diamanten« in Tokio kehrte er zurück und ließ im Alter von 38 Jahren bei Bundesliga-Absteiger KSC seine Spielerkarriere ausklingen.

Doch die Droge Fußball ließ ihn nicht mehr los. Als Sportdirektor stieg er mit dem KSC in die dritte Liga ab, in der folgenden Saison wieder auf. 2001 kehrte Buchwald als Sportchef im Teilzeitjob zu den Kickers zurück, bis er erneut dem Lockruf aus dem Land der aufgehenden Sonne folgte. Als Trainer bekam er in Japan endgültig Kultstatus. 2005 gewann er mit Urawa den Kaiserpokal, ein Jahr später sogar die erste Meisterschaft für den Verein seit 24 Jahren. Und als Zugabe gab's auch noch das Double. Mit einem Empfang beim Kaiser und der Wahl zum »Trainer des Jahres 2006« beendete »Guido-San« seine erfolgreiche Mission in Japan.

Nach einem unerfreulichen Zwischenspiel bei Alemannia Aachen mit vorzeitiger Trennung versucht er als Sportchef der Kickers seiner alten Liebe neue Impulse zu verleihen. Der erste Effekt unter seiner Führung war 2012 der Aufstieg in die dritte Liga. Viele Freunde des VfB wundern sich allerdings, warum sich die Roten im Gegensatz zu den Blauen nie ernsthaft bemühten, sich den großen Erfahrungsschatz und die fußballerische Kompetenz ihres Ehrenspielführers zunutze zu machen.

Buchwald ist Mitglied des Ehrenrats und knüpft mit einem Beratervertrag für VfB und DFB internationale Beziehungen mit fernöstlichen Fußballverbänden (China, Japan)

45. GRUND

Weil der Beste einen »Schlag-Anfall« hatte

Krassimir Balakov war zwischen 1995 und 2003 acht Jahre der absolute Superstar des VfB. Chef des »Magischen Dreiecks« und vielleicht der kompletteste und teuerste Spieler, der je das Trikot mit dem roten Brustring getragen hat. Manchmal zeigte sich der geniale Bulgare aber als gespaltene Persönlichkeit. Im Spiel war er wie der vom schottischen Schriftsteller Robert Louis Stevenson beschriebene hoch angesehene Dr. Jekyll. Außerhalb des Platzes schlüpfte er bisweilen in die Rolle des aufbrausenden und ungezügelten Mr Hyde.

Mai 1998. Pokalsieger VfB hat sich ins Endspiel des Europapokals in Stockholm vorgekämpft. Auf dem Hinflug wird Holger Gayer, Kollege der *Stuttgarter Zeitung*, von einem Vereinsangestellten gebeten, in die Bordküche nach vorne zu kommen. Balakov habe ihm etwas mitzuteilen. Nach wenigen Minuten kommt er zurück. Völlig aufgelöst, mit hochrotem Kopf. »Der hat mich geschlagen«, sagt Gayer mit zitternder Stimme. Was war passiert?

Beim VfB war vor dem Pokalsieger-Finale gegen den FC Chelsea von Euphorie keine Spur. Der allgemein geschätzte Jogi Löw stand vor der Ablösung und Präsident Mayer-Vorfelder hatte ausgerechnet Winfried Schäfer vom unbeliebten badischen Rivalen KSC als Nachfolger auserkoren. Die Fans gingen auf die Barrikaden und auch bei den Spielern regte sich Widerstand.

Gereizte Stimmung vor dem Endspiel. Auch bei Balakov, der nach einer Knieverletzung noch nicht wieder in Form gekommen war. Er ärgerte sich über einen Artikel, in dem er mit *Dallas*-Bösewicht J.R. Ewing verglichen wurde. Er habe dem Klub und vor allem Geschäftsführer Ulrich Schäfer vorgeworden, nicht professionell genug zu handeln. Es könne doch wohl nicht sein, dass die Mannschaft in der unbequemen Economy Class ins Trainingslager nach Dubai fliegen musste.

Balakovs Frust entlud sich hoch über den Wolken. In der Bordküche gab's Saures für Autor Gayer, der die Szene so schilderte: »Erst waren es Vorwürfe, dann wurde er tätlich. Er hat mir eine Kopfnuss und zwei Ohrfeigen verpasst. Schließlich hat er mir noch gedroht: ›Ich mach dich kaputt, wenn du noch mal so was schreibst.‹«

Von Ulrich Schäfer zur Rede gestellt bestritt Balakov seinen »Schlag-Anfall«. »Alles Quatsch, es war eine hitzige Auseinandersetzung. Aber zu Handgreiflichkeiten ist es nicht gekommen«, sagte er. So stand Aussage gegen Aussage. Gesehen hatte es niemand.

Unabhängig davon schaltete sich der Journalistenverband ein und forderte den Verein zum Handeln auf: »Es darf nicht sein, dass kritische Journalisten mit Schlägen eingeschüchtert werden.« Der VfB glaubte seinem Spieler und reagierte nicht. Das war die eine, glücklicherweise seltene Seite von »Hyde« Balakov. Als »Jekyll« bereitete der Ballkünstler vom Balkan den Fans viel Freude. Die größte am 12. Mai 2001. Der VfB war in höchster Abstiegsgefahr. Zum zweiten Mal nach 1975 drohte der Sturz in die zweite Liga. Im letzten Heimspiel gegen Schalke musste unbedingt ein Sieg her, um den Kopf aus der Schlinge zu ziehen.

»Wir schlagen Schalke und machen euch zum Meister«, versprach Balakov seinem Bayern-Freund Giovane Elber. Nach 90 Minuten stand es immer noch 0:0. Es lief schon die Nachspielzeit. Da riskierte »Bala« einen Torschuss aus 25 Metern. Der Ball prallte ab, Hajto schlug ihn weg – genau in den Lauf des Bulgaren. Sein satter Linksschuss aus 18 Metern sauste in den Winkel, unhaltbar für Reck.

Der goldene Schuss. Für den VfB das Tor des Jahres, das die Rettung bedeutete. »Ein wunderbarer Moment, wie ich ihn in meiner Karriere noch nie erlebt habe«, strahlte der Torschütze. Trainer Felix Magath konnte sich einen Seitenhieb auf seinen Vorgänger Ralf Rangnick, der vor seiner Ablösung seinen Star wiederholt auf die Reservebank verbannt hatte, nicht verkneifen: »Es freut mich für Balakov, dass ausgerechnet er das entscheidende Tor geschossen hat. Er hat hier eine schwere Zeit hinter sich.« Am meisten strahlte Mayer-Vorfelder. Als VfB-Chef hatte er Balakov einen mit sechs Millionen Mark Jahresgehalt dotierten Vertrag gegeben und war dafür heftig kritisiert worden: »Eine besondere Bestätigung für mich. Mit dem Tor hat er allein drei Jahresgehälter verdient.«

Zur Belohnung durfte Balakov seine Karriere ein Jahr verlängern. Danach schlug er die Trainerlaufbahn ein, doch die großen Erfolge blieben bisher aus.

6. KAPITEL

WICHTIGE MÄNNER

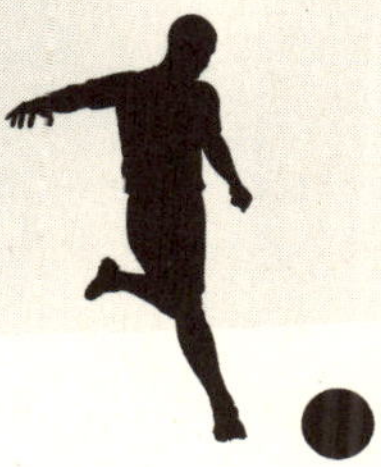

46. GRUND

Weil die großen Chefs eher klein waren

Spieler und Trainer kommen und gehen, Präsidenten bleiben – meistens sehr lange. In den knapp sieben Jahrzehnten seit Ende des Zweiten Weltkriegs bis zur Neuwahl am 22. Juli 2013 standen erst sechs Männer an der Spitze des VfB Stuttgart. Ungleiche Typen mit sehr unterschiedlichen Intensionen. Die großen Chefs einte nur eine Banalität, die für ihre Tätigkeit aber keine Rolle spielte: ihre eher geringe Körpergröße.

Der erste ehrenamtliche Vorsitzende nach dem Krieg war Dr. Fritz Walter, Studienrat am Gottlieb-Daimler-Gymnasium Bad Cannstatt. Er übernahm das Amt 1944 gegen den Willen seiner Frau Ella, die ihm gleich nach der Hochzeit unmissverständlich erklärte: »Wenn du je einen Posten im Verein annimmst, sind wir geschiedene Leute.« Doch der Doktor steckte sie mit seiner Begeisterung an. In kurzer Zeit wurde sie als seine Sekretärin eine wertvolle Stütze des VfB. Sie hatte alle Daten, Namen und Termine besser im Kopf als er selbst.

24 Jahre stand Dr. Walter, der 1981 starb, an der Spitze des VfB. »Den Verein sauber und vernünftig führen«, lautete seine Maxime. Große Transfers und hohe Spielergehälter lehnte er ab. Der Erfolg gab ihm recht. Mit je zwei Deutschen Meistertiteln und Pokalsiegen war er der erfolgreichste Präsident in der Vereinsgeschichte, hochdekoriert mit dem Bundesverdienstkreuz, dem Silbernen Lorbeerblatt und der goldenen Ehrennadel des DFB.

Ihm folgte 1969 der Verleger Hans Weitpert. Ein kleiner Mann mit großem Geltungsbedürfnis und silbergrauen Haaren, die er regelmäßig einfärben ließ. Er wurde deshalb auch »lila Hans« oder »Blauspinne« genannt. In die Entwicklung des Vereins brachte er wenig Farbe. Die Realität war eher grau: finanzielle Probleme, Mittelmaß, 1975 gar der Abstieg.

Auf dem absoluten Tiefpunkt übernahm Gerhard Mayer-Vorfelder in einer turbulenten Mitgliederversammlung, der »Nacht der langen Messer«, den Vorsitz. Der Einser-Jurist und Vollblutpolitiker, ausgestattet mit einem großen Fußballherz, zog die Karre wieder aus dem Dreck: Rückkehr in die erste Liga, später zweimal Deutscher Meister und DFB-Pokalsieger. In seiner Amtszeit wurde das Stadion modernisiert. Mit dem Bau des roten Klubhauses, auch »Palazzo Prozzo« genannt, setzte sich MV ein weiteres Denkmal. Er sah sich als Glücksfall für den VfB, war jedoch aufgrund einiger Affären nicht unumstritten. Als er 2000 ging, hinterließ er einen hohen Schuldenberg.

Den abzubauen war die große Herausforderung für Manfred Haas, den Vorstandsvorsitzenden der Sparkassen-Versicherung. Er ging konsequent an die Aufgabe heran. Notgedrungen setzte der VfB auf Spieler aus der eigenen Jugend. Die Maßnahme gestaltete sich erfolgreicher als vorgestellt. 2003 schaffte der VfB die direkte Qualifikation für die Champions League. Für Haas bedeutete das den Verlust seines Oberlippenbarts. Stürmer Viorel Ganea, gegen den er eine Wette verlor, entfernte ihn mit wachsender Begeisterung.

Am 26. Juni 2003 wählten die Mitglieder Erwin Staudt zum ersten hauptamtlichen Präsidenten. Seine Vision: Aus dem Klub der Landeshauptstadt eine Art »VfB Baden-Württemberg« zu machen. »Wir arbeiten hier an einem Gesamtkunstwerk«, sagte er. Der ehemalige IBM-Deutschland-Chef wirbelte hinter den Kulissen wie einst als Linksaußen des TSV Eltingen. Er war beliebt, tingelte durchs Schwabenland, besuchte Fanklubs und steigerte die Mitgliederzahl von 7000 auf sensationelle 45.000. In seine achtjährige Amtszeit fielen die Deutsche Meisterschaft 2007 und der Umbau des Stadions in eine reine Fußballarena.

Gemeinsam mit Arbeitgeberpräsident Dr. Dieter Hundt holte Staudt nach und nach einige der wichtigsten Wirtschaftskapitäne im Ländle in die VfB-Gremien. Ex-Ministerpräsident Erwin Teufel soll einmal gelästert haben, im Aufsichtsrat des Vereins sitze mehr Wirtschaftskompetenz als im Bundeskabinett. Ein Mitglied des Aufsichtsrats war Gerd E. Mäuser, Marketingboss von Porsche. Ihn installierte Hundt als Nachfolger von Staudt, dessen Amtszeit nach acht Jahren abgelaufen war. Doch mit Mäuser wurde der VfB nicht glücklich. Sein barscher Führungsstil stieß von Anfang an auf Unverständnis. Im Umgang mit Sponsoren und Medien zeigte er wenig Fingerspitzengefühl, leistete sich einen Fehltritt nach dem anderen. Mäuser kam bei den Fans nicht an, wurde ausgebuht und ausgepfiffen. Entnervt warf er nach dem Pokalfinale 2013 das Handtuch – zwei Jahre vor Ablauf seiner Wahlperiode.

Zu seinem Nachfolger wurde bei der Mitgliederversammlung am 22. Juli 2013 ein Mann mit »Stallgeruch« gewählt: Bernd Wahler, geboren in Schnait im Remstal, VfB-Spieler in der C- und B-Jugend, Student der Biologie und Sportwissenschaft in Tübingen, führender Mitarbeiter bei Adidas in Herzogenaurach. Der siebte VfB-Präsident seit dem Ende des Zweiten Weltkriegs.

47. GRUND

Weil der Verein gleich zwei Fritz Walter hatte

Unmittelbar hinter dem Stadion führt der Fritz-Walter-Weg vorbei. Wer bisher geglaubt hatte, das Sträßchen sei dem großen Fritz aus Kaiserslautern, dem Kapitän unserer Weltmeisterelf von 1954 gewidmet, muss sich eines Besseren belehren lassen. Der VfB hatte selber einen Fritz Walter. Besser gesagt, sogar zwei.

Der Fritz-Walter-Weg ist nach dem Präsidenten benannt, in dessen Ära der VfB zum erfolgreichsten Klub der Fünfzigerjahre aufgestiegen ist. Von 1944, kurz vor Ende des Zweiten Weltkriegs, bis 1968 lenkte Dr. Fritz Walter 24 Jahre lang als Erster Vorsitzender die Geschicke des Vereins. Der Studienrat am Gottlieb-Daimler-Gymnasium tat das mit Umsicht, Augenmaß und Weitsicht. Ohne sein kluges Handeln wäre der VfB nicht das geworden, was er heute ist – das bedeutendste sportliche Aushängeschild im Schwabenland.

»Der Doktor«, wie er nur respektvoll genannt wurde, war ein Roter durch und durch. 61 Jahre gehörte er dem Verein an, 34 Jahre davon war er im Vorstand tätig. Schon als Spieler übernahm er das Amt des Schriftführers. Dafür war er als Student der Anglistik, Germanistik und Romanistik, der englisch und französisch sprach, geradezu prädestiniert.

Schon im Mai 1945, als in Deutschland noch alles in Schutt und Asche lag, keimte bereits der Wunsch, wieder Fußball spielen zu können. Dazu brauchte der VfB seine weißen Trikots mit dem roten Brustring. Zwei Koffer mit neuen Garnituren waren als Reparationsleistung in das russische Gefangenenlager in Obertürkheim geschafft worden. Eine kleine VfB-Abordnung mit Dr. Walter, Torwart Ernst Schnaitmann und Spieler Paul Seeger machte sich auf, um mit den Russen, die nun Besatzer waren, über die Rückgabe zu verhandeln. Doch der Gang nach Canossa endete im Fiasko. Eine Handvoll Russen ging auf die drei Unterhändler los. Schnaitmann und Seeger konnten flüchten. Dr. Walter wurde gepackt, mit Fußtritten und Faustschlägen traktiert. Erst später, auf Intervention eines vernünftigen Lagerinsassen, wurde er wieder freigelassen – ohne Trikots und ohne Kartoffeln, die das Trio als Gegenleistung mitgebracht hatte.

Doch der Doktor blieb beharrlich. Seiner Überzeugungskraft war es zu verdanken, dass der amerikanische General Jackson die Genehmigung erteilte, eine süddeutsche Oberliga zu etablieren. So begann dank Fritz Walter der Punktspielbetrieb bereits im Herbst 1945 über Zonengrenzen hinweg, während im Rest Deutschlands noch nicht daran zu denken war.

Fritz Walter war immer darauf bedacht, den Verein nicht in finanzielle und unkalkulierbare Risiken zu stürzen. »Ich habe mich immer bemüht, den VfB sauber und vernünftig zu führen«, sagte er, nachdem er von dem »offensiveren« Hans Weitpert als Präsident abgelöst worden war. Am 28. Januar 1970 wurde Dr. Walter für seine Verdienste als ein Wegbereiter des deutschen Fußballs nach dem Krieg (er war auch langjähriger Vorsitzender des DFB-Vertragsspielerausschusses) vom Bundespräsidenten das Bundesverdienstkreuz 1. Klasse verliehen.

Der zweite Fritz Walter erwarb sich seine Verdienste um den VfB auf dem Platz. Ein kleiner Mann mit großem Torriecher. Aufgewachsen in Hohensachsen an der Bergstraße, Nachbar von Sepp Herberger. Der Bundes-Sepp beobachtete das Fritzle oft auf dem Sportplatz und ermunterte ihn: »Bub, mach weiter so.«

1987 verpflichtete ihn der VfB gemeinsam mit Maurizio Gaudino von Waldhof Mannheim. Ein Glücksgriff, wie sich bald zeigte. In 216 Spielen erzielte er 102 Tore. Ohne seine Treffer wäre Stuttgart 1992 nicht Deutscher Meister geworden. Im entscheidenden Spiel in Leverkusen verwandelte er einen Elfmeter zum 1:1 – es war sein 22. Tor in dieser Saison. Damit war er Schützenkönig der Liga. Als die Mini-Kanone, die der *Kicker* in jedem Jahr dafür vergibt, auf sich warten ließ, fragte er voller Ungeduld: »Wo isch mei Kanon?« Ein Spruch, der in die Annalen einging.

48. GRUND

Weil sich MV nie verbiegen ließ

Er war Reizfigur, Feindbild und Prügelknabe für viele, aber auch Schlitzohr, Stehaufmännchen und Cleverle. »Es war ein Leben im Schützengraben, durch den die Giftpfeile geschwirrt sind«, wie er selbst nicht ohne Stolz im Rückblick zu sagen pflegt. Doch Gerhard Mayer-Vorfelder hat alle Attacken und Affären unbeschadet überstanden. Seinen Skalp hat er immer behalten, weil er sich nie verbiegen ließ. »Ich bin mit mir und allen im Reinen«, sagte er anlässlich seines 80. Geburtstags am 3. März 2013.

Seine Spitznamen sind Kult: Schlitzmayer-Ohrfelder, Mayer-Vorlaut, Mayer-Vorderlader, Schlaumayer-Vorfelder, Mayer-Übersteiger – links antäuschen, rechts vorbei. Für ihn waren sie ein Stück Anerkennung. Wenn die Fans im Stadion »Vorfelder raus« riefen, grinste er nur und sagte: »Dann kann der Mayer ja bleiben.« In einer verbalen Saalschlacht hat MV 1975 in der »Nacht der langen Messer« die Macht beim VfB übernommen. Stuttgart war gerade in die zweite Liga abgestiegen, der Verein lag am Boden. In der damaligen Geschäftsstelle in der Martin-Luther-Straße ging es spartanisch zu. In drei Räumen verwalteten drei Angestellte den ganzen Klub. Bei einem Umsatz von nur fünf Millionen Mark, der zu 90 Prozent durch Zuschauereinnahmen erzielt wurde, war Schmalhans Küchenmeister. MV: »Im Vorstand wurde heftig darüber diskutiert, ob wir eine zweite Sekretärin einstellen mussten oder ob eine genügt.«

Zug um Zug führte der neue Präsident professionelle Strukturen ein. Mit Prinzip und Geschick sorgte Mayer-Vorfelder dafür, dass der VfB wieder zur Hautevolee des deutschen Fußballs zurückkehrte und bald internationales Ansehen genoss. In seine 25-jährige Amtszeit fielen zwei Deutsche Meistertitel, ein Pokalsieg, zwei Europapokal-Endspiele, der Umbau des Neckarstadions und der Bau des roten Klubheims. Doch das war längst nicht alles im bewegten Leben des gebürtigen Badeners. Der CDU-Politiker war Kultus- und Finanzminister im Ländle. In den fünf Jahren als DFB-Präsident verwirklichte er die gezielte Talentförderung mit der Pflichteinrichtung von Nachwuchsleistungszentren und über hundert Stützpunkten. Mit seiner reichen Erfahrung und seinem großen rhetorischen Geschick ist er seit zwei Jahrzehnten ein bedeutender Vertreter des DFB auf der internationalen Fußballbühne in diversen Gremien von FIFA und UEFA.

2006 hat er als DFB-Präsident aufgehört, zuletzt in der Doppelspitze mit Theo Zwanziger. Vorher hatte er über Nacht Jürgen Klinsmann als Bundestrainer aus dem Ärmel gezogen. Er traf sich mit dem Bäckersohn aus Stuttgart, einst Torjäger beim VfB, heimlich in New York und machte allen Widerständen zum Trotz rechtzeitig vor der WM im eigenen Lande alles klar. Klinsmann mutierte zum Motivator der Mannschaft, Jogi Löw als sein Stellvertreter zum Mann für die richtige Taktik. Deutschland schnitt nach der verpatzten EM 2004 mit dem dritten Platz besser ab als erwartet. »Der Erfolg gab mir recht«, freut sich MV noch heute über den gelungenen Coup.

Bis zu seinem Tod 2015 versäumte MV kaum ein Heimspiel seines geliebten VfB. Das milderte den Schmerz des schrittweisen Abgangs von der großen Fußballbühne, den er mit einem lachenden und einem weinenden Auge sah. »Ich habe viel von der Welt gesehen, meinen Horizont erweitert und viele schöne Stunden verbracht. Aber in meinem Alter muss man auch mal loslassen können«, sagte der große alte Mann der Politik und des Stuttgarter Fußballs.

49. GRUND

Weil Uli Schäfer die graue Eminenz war

Spieler und Funktionäre mit dem Namen Schäfer gab es mehr als eine Handvoll beim VfB. Den Verteidiger Günther Schäfer von 1980 bis 1997, zweimaliger Deutscher Meister, heute Leiter der VfB-Fußballschule. Arno Schäfer, ebenfalls Abwehrspieler (1973 bis 1979). Raphael Schäfer aus Nürnberg, der 2007/08 für eine Saison im VfB-Tor stand. Hubert Schäfer, 1961 und 1962 vierter Vorsitzender des Vereins. Hubert H. Schäfer, Vizepräsident in der Ära Mayer-Vorfelder (1983 bis 2000).

Und dann gab es noch Ulrich Schäfer, die rechte und die linke Hand von Gerhard Mayer-Vorfelder. Kein Mann für Schäferstündchen, sondern ein schwäbischer Schaffer, wie er im Buche steht. Das Mädchen für alles im Verein. Er kontrollierte sogar den Verbrauch der Büroklammern.

Mit MV verband ihn eine Männerfreundschaft. Sie geriet nur einmal ins Wanken: Als der Präsident Rolf Fringer entlassen wollte, stellte sich Ulrich Schäfer auf die Seite des Trainers. Fringer musste trotzdem gehen.

Der ehemalige Bürgermeister der Gemeinde Heiningen-Waldrems übernahm am 1. Januar 1976 das Amt des Geschäftsführers mit einem Etat von 3,5 Millionen Mark. Aber er war weit mehr als das – nach MV der wichtigste Entscheidungsträger im Verein. Einerseits machte er auf der Geschäftsstelle morgens das Licht an und abends das Licht wieder aus. Andererseits jonglierte er als Manager bei den Transferverhandlungen mit Millionen. Kurz: Er war 25 Jahre lang die graue Eminenz des VfB. Der strenge Vater, ein Heslacher Bäckermeister, hatte ihm eherne Tugenden mit auf den Lebensweg gegeben. Sie waren ihm oft eine Hilfe, manchmal auch ein unüberwindliches Hindernis. Dann wirkte er intolerant und verbissen. So machte er sich in seinem Vierteljahrhundert VfB nicht nur Freunde, obwohl er große Verdienste um den Verein erworben hat.

Ulrich Schäfer war, um mit Otto Rehhagel zu sprechen, ein Mann der kontrollierten Offensive. Ein vorsichtiger Mensch, der sein Viertele Rotwein mit saurem Sprudel verdünnte. Er hätte ja nachts in eine Verkehrskontrolle kommen können. So besonnen machte er auch seinen Job. Und deshalb prasselte manchmal die Kritik auf den gelernten Verwaltungskaufmann nieder, wenn er wieder mal einen teuren »Star« ablehnte, der seiner Meinung nach das Geld nicht wert war. Dann beschimpften sie ihn als »Beutelschneider« oder »Entaklemmer«, obwohl er den Klub nur wieder vor einer neuen Fehlinvestition bewahrt hatte.

Am 31. Juli 2000 verließ der Dino mit 60 den VfB – gemeinsam mit seinem Chef Mayer-Vorfelder, der ihn 1976 geholt hatte. »Ich glaube, ich habe genug für den Verein getan«, sagte er zum Abschied. »Ich will nicht mehr ständig unter Druck stehen und mein Leben noch genießen. Ich möchte auch mal Zeit für mich haben. Wir haben genug junge Leute. Jetzt sollen die mal ran.«

Der treue Uli räumte seinen Schreibtisch leer, wurde noch flugs zum Ehrenmitglied ernannt und ward seither im roten Revier nicht mehr gesehen. Er hat manches Geheimnis mit in den Ruhestand genommen.

50. GRUND

Weil er einen guten Ruf hat

Ulrich Ruf. Sein Name steht für das, was er verkörperte – den guten Ruf des VfB bei DFB und DFL, bei Vereinen, Verbänden, Geschäftspartnern im In- und Ausland. Das kommt nicht von ungefähr.

Der gelernte Bankkaufmann ist ein Urgestein des Vereins. Am 1. April 1980 begann er als Assistent der Geschäftsleitung, damals noch in der legendären Geschäftsstelle in der Cannstatter Martin-Luther-Straße, einer beengten Vier-Zimmer-Wohnung. Er ging durch die harte Schule des früheren Geschäftsführers Ulrich Schäfer, in der er sich schon mal vor einem durch den Raum fliegenden Stempelkissen ducken musste, wenn irgendetwas schief lief. Binnen kürzester Zeit wurde er zum stellvertretenden Geschäftsführer erkoren. Ruf hatte maßgeblichen Anteil daran, dass sich das Dienstleistungsunternehmen VfB in den Achtziger- und Neunzigerjahren rasch entwickelte. Er ist eine treibende Kraft bei innovativen Konzepten auf allen Ebenen. Kontinuität, Zuverlässigkeit und Solidität zeichnen ihn aus.

1990 wurde er zum Direktor für Finanzen, Recht, Verwaltung und Organisation ernannt, 2000 in den Vorstand berufen. Seine frühere berufliche Prägung wirkt beim VfB nach: Als Herr der Zahlen hat er die Finanzen voll im Griff. »Ich bin nicht bereit zu finanziellen Abenteuern«, betont er mit Nachdruck und handelt danach. Das musste schon Felix Magath erfahren. Der stets um Verstärkung des Kaders bemühte Trainer scheiterte oft an Rufs Hartnäckigkeit und suchte schließlich das Weite. »Man darf sich nicht erpressen lassen«, sagt der gebürtige Schwabe Ruf. Expräsident Erwin Staudt gab ihm recht, als er ihm zum »30-Jährigen« gratulierte: »Jedes Auto braucht eine Bremse, sonst rauscht es mit Karacho gegen die Wand.« Wie damals beim Abgang von Mayer-Vorfelder, der einen Berg Schulden hinterließ. Aber Ruf wendete den Totalschaden ab.

Als größten Erfolg in seiner Amtszeit bewertet er den Umbau des Stadions in eine reine Fußballarena. »Die neue Arena, auch ein großer Wunsch vieler Fans, wird unsere Wettbewerbsfähigkeit enorm steigern«, war er überzeugt. Er sollte recht behalten.

So muss der VfB auch in naher Zukunft den Finanzgürtel enger schnallen. Zum Glück hat er als einer der ganz wenigen Vereine in der Bundesliga alle Rechte in eigener Hand. Dank Ruf schaffte es der VfB wie immer in den vergangenen Jahren, die Lizenz ohne Auflagen zu erhalten. Dass sich die sportliche Leitung immer mehr Spielraum für die Verstärkung der Mannschaft wünscht, liegt in der Natur der Sache. Doch so lange »Mister VfB« für die Vereinskasse verantwortlich war, gab es keine finanziellen Experimente. »Kontrolliertes Risiko« hieß und blieb seine Devise bis zu seinem Abgang.

Sein Wunsch an die Bosse der Europäischen Fußballunion: »Dass das stringente Lizenzierungsverfahren, das in der Bundesliga seit Jahrzehnten üblich ist, in ganz Europa angewandt wird. Dann hätten wir mehr Chancengleichheit. In Spanien gibt es Klubs, die mehrere Hundert Millionen Schulden haben und die Gehälter nicht mehr zahlen können. Irgendwann muss auf diese Auswüchse ein Deckel drauf.«

51. GRUND

Weil Jochen Seitz sein Faktotum ist

Seit über fünf Jahrzehnten ist Jochen Seitz das Faktotum des Vereins, das Mädchen für alles, die Zuverlässigkeit in Person. Als er noch im Reifenversuch beim Daimler tätig war, hat er als Zeugwart im Laufe der Zeit rund 200 Profis betreut und mehr als 25 Trainer überlebt. Nun, als Pensionär, kümmert er sich um die zweite Mannschaft. Er verteilt die Trikots vor dem Spiel und stopft sie nachher, wenn sie verschwitzt und schmutzig sind, in den Wäschesack. Er schleppt nach wie vor die Sprudelkisten auf den Platz und achtet sorgsam darauf, dass ja kein Ball verloren geht. Einmal VfB, immer VfB. »I bin halt mit de Rote verheiratet«, sagt Junggeselle Seitz und lacht.

Zu den »Blauen«, den Lokalrivalen aus Degerloch, hat er ein gespaltenes Verhältnis. Ab und zu kann er sich überwinden, ein Kickers-Spiel »auf den Golan Höhen«, wie er das Stadiongelände unterm Fernsehturm bezeichnet, zu besuchen. Aber seine Abneigung gegen Blau sitzt tief im Herzen. Wie tief, erklärt VfB-Vorstandsmitglied Stefan Heim an einem Beispiel: »Wir waren im Trainingslager in Dubai und wollten im Hotel nach oben fahren. Der Aufzug kam. Ich bin eingestiegen, Jochen blieb draußen. Ich fragte ihn, warum. Seine Antwort: Der Aufzug hat einen blauen Teppich. Da steige ich nicht ein.«

Jochen Seitz ist mit dem VfB in der Welt herumgekommen. Er hat viele Geschichten erlebt, über die er ganze Romane schreiben könnte. Beschränken wir uns auf eine kleine Auswahl lustiger Begebenheiten.

1970 trat Branko Zebec in Stuttgart seinen Dienst an. An seinem ersten Arbeitstag im Juli brannte die Sonne gnadenlos vom Himmel. Seitz legte 30 nagelneue Bälle auf den Platz, durfte sie aber gleich wieder einsammeln. »Wir brauchen heute keine Bälle, wir machen nur leichtes Lauftraining«, sagte Zebec. In der Hitze drehten die Spieler Runde um Runde. Immer, wenn sie bei ihm vorbei kamen, holte der Trainer einen Kieselstein aus der Hosentasche und ließ ihn fallen. Nach eineinhalb Stunden, als die Tasche endlich leer war, sanken die Spieler atemlos und schweißgebadet auf den Rasen. Seitz räumte die Steinchen weg. Er zählte 50 – und das am ersten Trainingstag nach der Sommerpause.

Früher reiste der VfB noch viel mit dem Zug. Auf der Fahrt wurde immer gebinokelt, ein typisch schwäbisches Kartenspiel. Jochen Seitz war als großer Bluffer berüchtigt. Oft reizte er Trainer Albert Sing bis aufs Blut. »Dia Karda sind net bloß oimal durch d'r Schpeisewage g'floga«, erinnert sich das Schlitzohr.

Treue zum Dreigestirn VfB, Daimler und dem damaligen Ausrüster Adidas war für Seitz das höchste Gebot. Dragan Holcer kann es bestätigen. Als der kroatische Libero einmal Puma-Schuhe mitbrachte, ließ sie der Zeugwart umgehend im Mülleimer verschwinden.

Jürgen Sundermann legte größten Wert auf Disziplin. »Das galt nicht nur für die Spieler, sondern für uns alle, auch für den Präsidenten«, erzählt Seitz. Einmal kam Mayer-Vorfelder drei Minuten zu spät zum Treffpunkt. Da war der Bus nach Darmstadt schon weg. MV raste mit dem PKW hinterher, überholte ihn bei Ludwigsburg und stieg auf dem nächsten Parkplatz um.

Vor Freitagabend teilte Lothar Buchmann der Mannschaft nie mit, wer spielen würde. »Markus Elmer hat ihn ein paar Mal ausgetrickst«, weiß Seitz. Nach dem Abschlusstraining rief der pfiffige Verteidiger von der Telefonzelle im alten Klubhaus im Trainerzimmer an. Er meldete sich mit verstellter Stimme als *Stuttgarter Zeitung* oder *dpa* und bekam die gewünschte Information.

Buchmann war es auch, der das Kartenspielen untersagte. Die Spieler schworen »Rache«. Beim Mannschaftsessen streute der Trainer jedes Mal eine Extraportion Salz auf sein Gericht. Eines Tages drehte Schorsch Volkert heimlich den Salzstreuer auf und legte die

Verschlusskappe lose drauf. Als Buchmann wie immer seine Mahlzeit salzen wollte, schwappte unter dem Gelächter der Spieler der ganze Inhalt auf den Teller.

Nicht alles war so lustig für Jochen Seitz, den Dinosaurier des Vereins. Mehr über seinen größten Lapsus, den vergessenen Schuhkoffer von Köln, erfahren Sie im Folgenden.

52. GRUND

Weil der Hausmeister »überragend« war

Es war am Vormittag des 6. Oktober 1984, als Zeugwart Jochen Seitz den Kofferraum des Mannschaftsbusses öffnete und vor Schreck fast in Ohnmacht fiel. Ein Koffer fehlte. Und es war ausgerechnet der mit den Kickschuhen der Spieler! Da war guter Rat teuer.

Doch der Zeugwart, seit fünf Jahrzehnten die treue Seele des Vereins, behielt einen klaren Kopf und fasste zwei rasche Entschlüsse. Erst telefonierte er mit Stadion-Hausmeister Alois Rehberger in Stuttgart: »Alois, pack alle Schuhe in die Kiste, setz dich ins Auto und komm sofort hierher.« Dann ein Anruf bei Wolfgang Overath, dem Adidas-Generalvertreter in Köln. Der ehemalige Nationalspieler war spontan bereit, dem armen Jochen aus der Patsche zu helfen. Flugs notierte er alle benötigten Schuhgrößen, die ihm Seitz aus dem Kopf durchgab. Eine Stunde später traf Overath mit einer Ladung Kickstiefel im Müngersdorfer Stadion ein. Aber auch ihm war bewusst: Das konnte nur eine Notlösung sein. Nagelneue Schuhe drücken und verursachen Blasen.

In der Zwischenzeit hatte auch Rehberger in Stuttgart gehandelt. Statt ins Auto setzte er sich mit einer vollgepackten Schuhkiste ins nächste Flugzeug. Bei der Landung in Köln-Bonn wurde er von der Polizei in Empfang genommen und ab ging es in rasender Fahrt mit Blaulicht zum Stadion. Die Rettung in letzter Minute! Overath konnte seine Schuhe wieder einpacken. Mit den cleveren Schwaben war kein Geschäft zu machen. Der VfB entführte mit einem 1:1 einen wertvollen Punkt aus Köln und in der Montagsausgabe der *Stuttgarter Nachrichten* erschienen in der Rangliste der Spieler zwei Namen, die nicht auf dem Spielberichtbogen standen. Der vergessliche Jochen Seitz wurde in die Rubrik »Schwach« eingestuft, Retter Alois Rehberger unter »Überragend«.

53. GRUND

Weil er mit Bussi am besten fährt

Eine große Zeitung hat kürzlich den ultimativen Leistungscheck für Bundesliga-Busfahrer gemacht. Mit Abstand klarer Sieger: Rolf Geissler, der »Bussi« des VfB Stuttgart. Seit 1977 sitzt er am Steuer des Mannschaftsbusses. Hat in 36 Jahren keinen Unfall gebaut. »So soll es auch bleiben«, sagt er und klopft dreimal auf Holz.

»Bussi« hat sich auch nie verfahren. Selbst damals nicht, als es noch kein Navigationssystem gab. Im Umkreis von 200 Kilometern fuhr er erst jede Strecke mit dem Privatwagen ab, um den schnellsten Weg zum Stadion zu finden. »Mit meiner Frau Gaby machte ich daraus einfach einen Wochenendausflug«, erzählt er.

Rolf Geissler ist ein Dunkelroter. In seinem Haus in Zizishausen bei Nürtingen hängen die Wände voll mit Devotionalien des VfB. Trikots von Spielern, unzählige VfB-Wimpel, Schals und Fotografien. »Ich bin zweimal Deutscher Meister«, sagt der gelernte Fachmeister für Kfz-Getriebe voller Stolz und zeigt auf die Meisterposter von 1984 und 1992 mit den Original-Unterschriften aller Spieler.

Sein achter und neuester Bus hat rund 500 PS unter der Haube und kostet »im Laden« 850.000 Euro. Daimler-Benz stellt die Luxusgefährte für die Mannschaft seit dem Wiederaufstieg 1977 kostenlos zur Verfügung. Der VfB muss lediglich für die Nebenkosten wie Haftpflicht und Versicherung sowie den Sprit aufkommen. Bei 30 Sitzplätzen mit Beinauflage und Tisch, Video, TV, Bordküche und WC ist höchstmöglicher Fahrkomfort gewährleistet. Die Sitzordnung ist immer gleich. Vorne rechts sitzen Cheftrainer Bruno Labbadia und sein Assistent Eddy Sözer, vorne links Manager Fredi Bobic und Torwarttrainer Andreas Menger. Dahinter die Spieler und restlichen Betreuer.

Früher ist der Urschwabe noch die großen Strecken zu den Europapokalspielen in Neapel, Manchester, Budapest, Prag oder Glasgow gefahren. Einmal ging's zum FC Chelsea. »Vor dem Linksfahren hatte ich keine Angst. Die haben ohnehin alle zu mir gesagt, ich würde auf der A8 sowieso immer links fahren«, scherzt Geissler, »aber der Stadtverkehr in London war brutal hart. Da möchte ich nicht mehr hin.« Heute konzentriert er sich mehr auf die Heimspiele. Auf Labbadias Wunsch fährt er am Vorabend eines Spiels zum Ufa-Palast ins Kino. Zum Basketball nach Ludwigsburg mit den Neckar-Riesen. Oder zum Volleyball mit den Stuttgarter Allianz-Damen. Auf der Fahrt ins Daimler-Stadion ist Ruhe angesagt. Kein Radio, keine Musik. Da gilt alle Konzentration dem Spiel.

Oberstes Gebot für den Fahrer ist die Verschwiegenheit. »Ich bekomme natürlich einiges mit in meinem Bus, aber das muss ich für mich behalten«, erklärt er. Nur ein paar lustige Episoden lässt er sich entlocken. »Ich fuhr in Kaiserslautern den Betzenberg hoch. Dann öffnete ich die automatische Tür. Aber die Ausstiegsklappe funktionierte nicht, die Treppe fuhr nicht aus. Pech für Dieter Hoeneß, der das nicht bemerkte. Er tappte ins Leere und fiel der Länge nach mitten in die Menschenmenge, die sich um den Bus drängte. Dabei riss er noch zehn Fans zu Boden.« Ein anderes Mal trug ihn Felix Magath als »Ersten Offiziellen« in den Spielberichtsbogen ein, damit er das Spiel von der Trainerbank aus verfolgen konnte.

Der Mann mit dem unverkennbaren schwarzen Schnauzbart hat schon unzählige Trainer erlebt, mit fast allen ist er »per Du«. Zu seinen Lieblingen zählen Christoph Daum, Jürgen Sundermann, Felix

Magath und Armin Veh. Nur Egon Coordes fand er »komisch«. Und ganz speziell Otto Barić. Der verbannte ihn von seinem Stammplatz auf der erweiterten Ersatzbank auf die Tribüne – bis er einmal den Wagen von Barićs Frau reparierte. Von da an durfte er wieder runter auf die Bank. Mit 65 hat Geissler das Rentenalter erreicht. Aber deswegen will der dienstälteste Busfahrer der Bundesliga seinen Zweitjob noch lange nicht an den Nagel hängen. »Ist doch schön für die Spieler, wenn sie mit mir eine feste Bezugsperson haben«, sagt er.

54. GRUND

Weil die Massagebank zum Beichtstuhl wird

Typische Szene im Stadion: Einer der Spieler krümmt sich verletzt am Boden. Auf ein Handzeichen des Schiedsrichters rennt der Mannschaftsarzt los, begleitet von einem Masseur mit einem Köfferchen, um Erste Hilfe zu leisten.

Beim VfB heißt der Mann mit der Notfall-Box Gerhard Wörn (54). Auch ein Urgestein des Vereins. Von der B-Jugend an ein begabter Mittelfeldspieler bis 1981, zwei Länderspiele in der Amateur-Nationalelf, 1980 mit dem VfB Deutscher Amateurmeister. Nach seiner Ausbildung zum Masseur und einem fußballerischen Zwischenspiel beim SV Göppingen kehrte er 1989 zum VfB zurück, arbeitet seither ununterbrochen als Therapeut.

Wörn ist ein Mann der leisen Töne. Keiner, der nach Siegen auf den Platz rennt und sich mit den Spielern feiern lässt. Er steht am Spielfeldrand, beobachtet unaufgeregt die Szene, leert die Getränkeflaschen aus und verschwindet in der Kabine, wo schon unmittelbar nach dem Spiel wieder die Arbeit ruft: Verletzungen diagnostizieren, Behandlung beginnen, Verbände anlegen.

Sein Job ist sehr zeitaufwendig. Kaum einer hält sich unter der Woche länger auf dem Vereinsgelände auf als er oder seine beiden

Physio-Kollegen. Wer sich täglich stundenlang mit den Profis beschäftigt, sei es auf der Massagebank, im Kraftraum oder bei fußballspezifischen Übungen auf dem Trainingsplatz, wird beinahe zwangsläufig zu ihrem engsten Vertrauten. Ihm schütten sie ihr Herz aus, oft auch ihre privaten Sorgen. Wohl wissend, dass er verschwiegen ist wie ein Grab. Der Mann mit den heilenden Händen ist Beichtvater und Seelsorger zugleich. »Die Spieler erzählen mir Dinge, die sie anderen vielleicht nicht anvertrauen würden«, sagt Wörn. »Ich versuche, mich immer neutral zu verhalten und verbindend auf die Spieler einzuwirken, wenn ich das Gefühl habe, es könnten Gruppierungen entstehen.«

Auch seine trostreichen Worte sind gefragt. Besonders am Anfang einer schweren Verletzung, wenn die körperlichen und seelischen Schmerzen noch am größten sind. Wörn: »Ich mache dem Verletzten klar, dass er als Fußballprofi zwar privilegiert ist, aber auch sein Leben aus der Dualität zwischen Schwarz und Weiß, Gut und Böse, Glück und Pech besteht. Ich sage ihm, dass er aus seiner Verletzung neue Kraft schöpfen kann und alles wieder in Ordnung kommt. Das macht das Leiden erträglicher.« Besonders hilfreich ist in solchen Fällen, wenn ein Spieler über seinen Glauben sehr gefestigt ist wie der Brasilianer Cacau, der wegen eines Kreuzbandrisses fast eine ganze Saison ausfiel. »Als gläubiger Christ hat er ganz schnell wieder Boden unter die Füße bekommen«, sagt Wörn.

Ein elementares Merkmal des langjährigen Therapeuten ist seine Standfestigkeit gegenüber drängelnden Trainern, die einen wichtigen Spieler möglichst rasch wieder zum Einsatz bringen wollen – Bruno Labbadia sei übrigens keiner davon. »Diesen Druck muss man aushalten. Wenn man ihm nachgibt, kann es zu Rückfällen kommen und die Verletzungspausen werden doppelt so lang.«

Wörn spricht mit dem Know-how von über drei Jahrzehnten, gepaart mit seinen praktischen Erfahrungen als Spieler. Ihm macht keiner etwas vor. Das wissen auch die Trainer. Sie suchen häufig das Gespräch mit seinem Chef-Physiotherapeuten. Und dabei geht es nicht nur um medizinische Themen.

55. GRUND

Weil sich zwei Gleichgesinnte fanden

Die Vorrunde der Saison 2012/13 war total verkorkst. Im Oktober auf dem Höhepunkt der Krise wackelte der Stuhl von Trainer Bruno Labbadia bedenklich. Die Abwehr sei löchrig, das Team instabil und ohne Profil bemängelten die Kritiker in Anbetracht der schlechtesten Punktebilanz seit 34 Jahren. In dieser brenzligen Situation gab Fredi Bobic ein klares Bekenntnis zu Labbadia ab. »Am Trainer liegt es nicht. Die Mannschaft arbeitet hart. Sie zeigt, dass sie will. Das ist das Wichtigste. Wenn viele im Umfeld nervös sind, bleiben wir extrem ruhig«, sagte der Sportdirektor.

Bobic und Labbadia – zwei Gleichgesinnte, die sich gefunden hatten und auf harmonische Weise zusammenarbeiteten. Keine dicken Freunde wie es zwei ihrer Vorgänger, Horst Heldt und Markus Babbel, waren. Die trugen schon gemeinsam das VfB-Trikot und wohnten im selben Haus im Stuttgarter Heusteigviertel Tür an Tür. Dagegen sind sich Bobic und Labbadia früher kaum über den Weg gelaufen. Im einzigen gemeinsamen Länderspiel in Belgien hatte Labbadia einmal seinem Sturmpartner Bobic ein Tor aufgelegt.

Ihre Zusammenarbeit war von Respekt geprägt. Sie funkten auf der gleichen Wellenlänge und ergänzten sich in ihrer Arbeit, obwohl sie von ihrem Naturell her sehr unterschiedlich sind. Nie hat man von einem ein negatives Wort über den anderen gehört. Im Gegenteil. Bei jeder Gelegenheit spielten sie sich verbal die Bälle zu.

Fredi Bobic kehrte am 27. Juli 2010 zum VfB zurück, den er 1999 als Spieler in Richtung Borussia Dortmund verlassen hatte.

Als Manager ersetzte er Horst Heldt, der dem Ruf nach Schalke gefolgt war. Der Berufs-Novize wurde lange kritisch beäugt, verschaffte sich aber als prinzipienfester Macher mit vielen Kontakten und sinnvollen Verstärkungen Respekt und Ansehen.

In der zuvor beschriebenen Krisenlage musste ein neuer Trainer für den glücklosen Jens Keller her. Bobic erinnerte sich an Bruno Labbadia, der nach seinen Stationen Bayer Leverkusen und Hamburger SV acht Monate arbeitslos war. Sie führten ein langes Gespräch in Fredis Berliner Wohnung. Danach war Bobic überzeugt: »Der ist es!«

Der VfB bewies mit der Verpflichtung des ehemaligen Torjägers ein gutes Händchen. Unter Labbadia startete die neu motivierte Mannschaft in der Rückrunde eine Aufholjagd. Am Ende qualifizierte sich der VfB sogar noch für die Europaliga. »Der Fredi hat mir klasse den Rücken frei gehalten«, lobte der Trainer nach seinem ersten halben Jahr in Stuttgart. Was er dem Sportdirektor besonders hoch anrechnet: »Dass er sich als ehemaliger Spieler nicht in sportliche Dinge einmischte.« Bobic gibt die Blumen zurück: «Ich schätze an Bruno, dass sich mit ihm leidenschaftlich streiten ließ, ohne dass etwas hängen blieb.«

Das Vertrauensverhältnis der beiden ehemaligen Torjäger festigte sich weiter, als der VfB 2012/13 erneut in die Abstiegszone geriet. Im Verbund meisterten sie auch diese Krise – nicht ohne diverse Seitenhiebe auf die Vereinsführung, deren rigide Sparpolitik dazu geführt hatte, dass der Profikader für den Tanz auf den drei Hochzeiten Bundesliga, DFB-Pokal und Europa League zu dünn besetzt war. Dieses Manko wurde in der folgenden Saison, nachdem Bobic in den Vorstand aufgerückt war, behoben.

7. KAPITEL

DIE STARS

TEIL 3

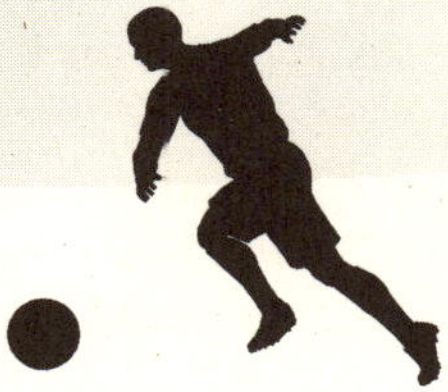

56. GRUND

Weil Kevin Papas »goldener Schuss« war

Mehr Multi-Kulti als Kevin Dennis Kurányi Rodríguez geht nicht. 1982 geboren in Rio de Janeiro, aufgewachsen in der Kaiserstadt Petropolis. Nach zwei einjährigen Abstechern nach Panama, woher seine Mutter stammt, schickte ihn der Vater mit 16 nach Stuttgart. Kevin besitzt drei Staatsbürgerschaften: die deutsche, die brasilianische und die panamaische. Papa Kont wurde in Frankreich geboren, lebte lange im Raum Ludwigsburg, wanderte nach Brasilien aus und kam mit seiner zweiten Frau, der dunkelhäutigen Roselie, ins Schwabenland zurück. Der Großvater war Ungar. Daher der Name Kurányi, der mit der Betonung auf der ersten Silbe ausgesprochen wird. Kevin hat einen leiblichen Bruder namens Kenny und zwei Halbbrüder, Romolo und Ramon. Kont Kurányi ist mächtig stolz auf die Fußballkünste von Kevin. In *Bild* bezeichnete er ihn einmal mit geschwellter Brust als seinen »goldenen Schuss«.

In ganz jungen Jahren bei seinem ersten Klub Serrano FC hielt Kevin den Mitspielern als Libero den Rücken frei. Erst bei Las Promesas Panama wurde er zum Stürmer umgepolt. 1997 kam er zum VfB und erhielt 2000 seinen ersten Profivertrag mit einer Jahresgage von 300.000 Mark. Ein Jahr später nach dem Gewinn des DFB-Juniorenpokals integrierte Felix Magath den »Jungen Wilden« nach und nach in die Bundesligamannschaft. In 99 Erstligaspielen erzielte er 40 Tore und empfahl sich für die deutsche Nationalmannschaft. Kurányi – kein typischer Zentrumstürmer, der auf den finalen Pass lauert. Einer, der als Anspielstation ständig präsent ist. Sich viel bewegt, häufig zurückfallen lässt und viele Bälle des Gegners erobert. Mit seinen Toren wurde der VfB 2003 Vizemeister und belegte ein Jahr später den vierten Platz.

2005 kam der Wechsel für 7,8 Millionen Euro zu Schalke 04. »Plötzlich schien Kurányi, den die Mädchen wegen seines leichten

Lispelns so süß finden, mehr Wert auf seine gepflegte Frisur und sein akkurat geschnittenes Bärtchen zu legen«, schrieb die *Zeit*. Jürgen Klinsmann überging ihn bei der WM-Nominierung 2006. Kurányi hatte sich durch seinen Hang zur Selbstgefälligkeit den Jugendtraum zerstört. Er dachte, mit ein bisschen weniger Anstrengung erfolgreich sein zu können, wie er später reumütig zugab. Aber diese Rechnung ging nicht auf.

Kurányi ließ sich nicht hängen und kämpfte sich zurück. 2008 holte ihn Bundestrainer Joachim Löw ins EM-Aufgebot. Doch im Oktober desselben Jahres beging der sensible Spieler einen verhängnisvollen Fehler. Aus Enttäuschung über seine Nichtnominierung im WM-Qualifikationsspiel gegen Russland machte er sich in der Halbzeit klammheimlich davon. Löw ahndete die Fahnenflucht mit der Verbannung aus dem Nationalkader. Er verzichtete auch bei der WM 2010 in Südafrika auf ihn und holte ihn seither nicht mehr zurück. In der Sommerpause 2010 wechselte Kurányi zu Dynamo Moskau, wo er laut russischen Medien 5,7 Millionen Euro im Jahr verdient. Ein dickes Trostpflaster. Am 22. August 2012 gab es ein Wiedersehen mit dem VfB und drei seiner ehemaligen Mitspieler in der Europa League. Mit Cacau hat er einst in Stuttgart, mit Serdar Taşçi und Sportdirektor Fredi Bobic in der Nationalelf gespielt. Die 0:2-Niederlage seiner Dynamos konnte Kevins Wiedersehensfreude nicht trüben: »Stuttgart ist meine Heimat, und der VfB wird für mich immer ein besonderer Verein bleiben.«

57. GRUND

Weil Pardo ein mexikanischer Exportschlager war

Die Skepsis war groß, als Pável Pardo und Ricardo Osorio 2006 zum VfB kamen. Die beiden Mexikaner – in Europa völlig unbeschriebene Blätter. Bis dahin hatte sich auch noch kein Bundesligaverein an die Verpflichtung von gleich zwei Spielern aus dem größten mittelamerikanischen Staat gewagt.

Doch die Bedenken erwiesen sich rasch als unbegründet. Speziell Pardo entpuppte sich als die große Entdeckung der Meistersaison. Sein offenes Wesen half ihm, sich schnell in der ungewohnten Umgebung einzufinden. Der fröhliche 30-Jährige, der so herzhaft lachen konnte, ordnete das defensive Mittelfeld, das zehn Jahre das Revier von Musterprofi Zvonimir Soldo war, mit der Hand eines umsichtigen Strategen. Das Lob seines Vorgängers wog schwer: »Mit Pardo hat der VfB alles richtig gemacht, er ist schnell zu einer Führungsfigur geworden.«

In seiner Heimat wunderten sie sich nicht, dass der 1,75 Meter kleine und 67 Kilogramm leichte Mann so gut einschlug. Pardo hatte, bevor er nach Stuttgart kam, schon 132 Länderspiele bestritten und galt als der Beckenbauer Mittelamerikas. Mit seinem Club America Mexiko City war er 2002 und 2005 Meister geworden.

Seit seinem 23. Lebensjahr hatte er auf Angebote aus Europa gewartet, aber erst mit 30 die Chance bekommen. Er nutzte das späte Glück mit spielerischer Klasse und deutschen Tugenden. Er klagte nicht, kannte keine Müdigkeit, war immer pünktlich und zuverlässig. Ein echter Vorzeigefußballer. »Ich muss zugeben, ich habe einen Hang zum Perfektionismus. Wenn es nicht so klappt, wie ich mir das vorstelle, kann ich ziemlich unangenehm werden«, sagte er.

Doch in der Meistersaison gab es keinen Grund, die freundliche Stimmung kippen zu lassen. Dafür sorgte auch Pardos Landsmann Ricardo Osorio. Genauso sympathisch und ehrgeizig, ebenfalls Nationalspieler. Wenn »Oso« auf dem Platz den gegnerischen Stürmern den Ball abjagte, brannte das Feuer in den Augen. In seiner Heimat nannten sie ihn »El loquito«, den kleinen Verrückten.

Als Bub war er mit den Eltern und sechs Geschwistern von einem kleinen Dorf in den Ballungsraum von Mexiko City gezogen. Ein Trainer entdeckte ihn als Straßenfußballer. Den Weg zum Stammspieler bei Cruz Azul ebnete ein Zufall. Ein Mitspieler ließ sich trotz Verbots des Trainers die Haare färben und fiel in Ungnade. Das war Osorios Chance. Fortan war er ein fester Bestandteil bei Cruz Azul und in der Nationalelf. Sein bis dahin einziges Tor als Verteidiger schoss er bei der Copa America 2004 gegen Uruguay. »Es sollte eine Flanke werden und wurde ein Traumtor«, lacht er noch heute darüber.

Pardo kehrte nach drei, Osorio nach vier erfolgreichen Jahren im Schwabenland nach Mexiko zurück. Ihre positiven Erfahrungen animierten 2011 den nächsten Landsmann zum VfB zu wechseln: Francisco Javier Rodríguez Pinedo, kurz Maza genannt. Den Künstlernamen trägt er in Anlehnung an seinen Geburtsort Mazatlán. Der groß gewachsene Innenverteidiger kam für 2,5 Millionen Euro Ablöse vom PSV Eindhoven, für den er von 2008 an gespielt hatte.

»Pável und Oso haben mir erzählt, dass es ihnen in Stuttgart sehr gefällt«, sagte Maza über die Kollegen aus der mexikanischen El Tri. Der Sohn eines Professors wurde mit dem Club Deportivo Guadalajara, »Chivas« genannt, 2006 Mexikanischer Meister. Im Verein und in der Nationalmannschaft war Maza unumstritten. Nur beim VfB musste er seinen Platz in der zentralen Abwehr oft für Serdar Taşçi oder Georg Niedermeier räumen. Das ertrug der stolze Nachfahre der Azteken auf Dauer nicht und verabschiedete sich nach nur einem Jahr.

58. GRUND

Weil Mario Gomez die Vereinskasse füllte

Immer, wenn der VfB einen überdurchschnittlich guten Torjäger hervorbrachte, kam der reiche Onkel aus der bayrischen Nachbarschaft und wedelte mit den großen Scheinen. Zuerst lockte Uli Hoeneß seinen jüngeren Bruder Dieter zum FC Bayern (1979). Dann erlag Jürgen Klinsmann den Lockrufen des Rekordmeisters (1995).

Es folgte Giovane Elber (1997) und als vorläufig Letzter Mario Gomez (2009) nach acht erfolgreichen Jahren in Stuttgart. Die Rekord-Ablösesumme von 35 Millionen Euro war ein dickes Trostpflaster und tat der maroden Vereinskasse richtig gut.

Zu jenem Zeitpunkt war Gomez der teuerste Bundesliga-Transfer aller Zeiten. Nie zuvor hatte ein deutscher Verein so viel Geld in die Hand genommen, um sich die Dienste eines Profis zu sichern. Die Frage war: Packt er das? Kann er überhaupt so viel Geld wert sein? Hält er diesem Druck stand? Fredi Bobic war von Anfang an überzeugt, dass sich Gomez auch in München durchsetzen würde.

Inzwischen wissen wir, dass er recht behalten hat. Gomez knüpfte nahtlos an die Leistungen beim VfB an. Dort ist es mit ihm stetig bergauf gegangen: 14, 19, 24 – so las sich seine Torausbeute in den letzten drei Jahren am Neckar. Davor pendelte er zwischen dem Amateurteam und dem Profikader. Im Unterbau war es Rainer Adrion, der spätere U21-Nationalcoach, der ihn ausbildete. Oben nahm sich Giovanni Trapattoni seiner an. Der Italiener, der von 2005 bis 2006 in Stuttgart war, zeigte Gomez vor allem die richtigen Laufwege. Viele seiner Tore schießt er mittlerweile nach dem gleichen Strickmuster: In die Gasse sprinten, den Ball am Torwart vorbeispitzeln, mal mit links, mal mit rechts.

Bundestrainer Joachim Löw ist von dem athletischen Stürmer angetan. Er lobt dessen Kaltschnäuzigkeit und Tatendrang und beschreibt Gomez als einen sehr schnellen, robusten, draufgängerischen und extrem gefährlichen Angreifer. »Es gibt nicht viele Stürmer in Deutschland, die das Potenzial für eine große internationale Karriere besitzen. Mario hat es, er nimmt eine Ausnahmestellung in der Bundesliga ein«, sagt Löw über den Sohn eines Spaniers und einer Deutschen.

Aufgewachsen ist Gomez mit seiner drei Jahre älteren Schwester in Unlingen bei Riedlingen im Donautal. Dort leitet sein Vater eine Renovierungsfirma mit zwei Angestellten. Er hat in seinem Leben früh gelernt, sich selbst zu disziplinieren. »Es ist für einen 15-Jährigen nicht einfach, wenn die Freunde freitags gemeinsam ausgehen und du bleibst als Einziger daheim. Aber ich habe es nicht bereut, dass ich anders war. Es war mir wichtiger, an das nächste Spiel zu denken, als mich darüber zu ärgern, vielleicht irgendetwas in einer Diskothek zu verpassen«, sagt er mit Blick zurück.

Als Knirps spielte er bei seinem Heimatverein SV Unlingen, wechselte mit 13 zum FV Saulgau und mit 15 für ein Jahr zum SSV Ulm. 2001 kam er zum VfB, rückte 2003 von der Jugend in die Amateurmannschaft und gab am 8. Mai 2004 bei der 1:2-Heimniederlage gegen den HSV seinen Bundesliga-Einstand. Seinen ersten Titel als Profi holte er 2007 mit dem Gewinn der Deutschen Meisterschaft. Die Torjägerkanone verpasste er – in Führung liegend – wegen einer zweimonatigen Zwangspause nach einem Innenbandriss im Knie. Dafür wurde er zu Deutschlands Fußballer des Jahres gewählt.

Nach enttäuschender Hinrunde in der Saison 2008/09 mit nur sieben Toren steigerte sich Gomez und erzielte 17 in der Rückrunde. Darunter alle drei Tore zum 3:0-Heimsieg gegen den 1. FC Köln und sämtliche vier zum 4:1 gegen den späteren Meister VfL Wolfsburg. Mit jedem Treffer stieg sein Marktwert. Bei seinem Wechsel zum FC Bayern, bei dem er einen Vierjahresvertrag unterschrieb, war der Pegel auf die Rekordsumme von 35 Millionen Euro gestiegen. 2012 verlängerte er den Vertrag bis 2016, wechselte jedoch im Juli 2013 zum AC Florenz und schießt nun seine Tore für Beşiktaş Istanbul.

59. GRUND

Weil Cacau für die Fans ein Vorbild ist

2011 ließ die Deutsche Fußball Liga erforschen, welche gesellschaftliche Bedeutung Fußballstars haben, wer der beliebteste Spieler ist und wer am meisten als Vorbild taugt. Mit großem Abstand wählten

3000 befragte Fußballfans den Dortmunder Mario Götze zum Liebling Nummer eins. Die größte Vorbildfunktion jedoch billigten sie dem Stuttgarter Cacau zu. Warum hat der gebürtige Brasilianer so ein hohes Ansehen? Warum gilt er als Musterbeispiel eines Fußballprofis? Lesen Sie seine Geschichte, dann wissen Sie es.

Cacau kommt aus dem Städtchen Mogi das Cruzes bei São Paulo. In seinem Pass steht der richtige Name: Jeronimo Maria Barreto Claudemir da Silva. Die Frage, warum er sich wie ein Schokogetränk nennt, beantwortet er mit einem Lächeln: »In Brasilien gibt es an Kindergeburtstagen immer ein Lied, in dem das Geburtstagskind gefragt wird, wer sich denn heute etwas wünschen darf. »Cacaudemir«, sagte ich mit meinen zwei Jahren in undeutlicher Kindersprache anstatt »Claudemir«, und schon hatte ich meinen Spitznamen weg.«

Damals konnte er noch nicht wissen, wie schwer seine Kindheit werden würde. Mit 15 verließ der Vater die Familie. Mutter Anna-Maria arbeitete als Putzfrau. Cacau und seine beiden Brüder verkauften auf der Straße Cola-Büchsen und Spraydosen mit Glibberschaum für den Karneval. Das musste zum Leben reichen. Fußball spielte er erst in der Halle, das ist in Brasilien sehr populär. Dann in Amateurklubs. Seine erstes Team hieß Bagaco da Vida, eine Mannschaft aus dem Stadtviertel. Auch die folgenden Klubs entsprachen etwa der deutschen Kreisliga.

Bei einem Turnier erzählte ihm ein Mitspieler von Jesus. »Es war das erste Mal, dass mir jemand etwas über die Liebe Gottes zu den Menschen erklärte. Ich fand es interessant und von diesem Moment an beschäftigte mich die Frage, ob es einen Gott gibt«, erinnert sich Cacau. Spätestens von dem Tag an, an dem sich sein älterer Bruder Vlademir taufen ließ, war er überzeugt davon. »Mein Bruder war immer das schwarze Schaf der Familie. Er schwänzte regelmäßig die Schule, verspielte sein Geld in obskuren Spielhallen. Aber die Taufe hat ihn total verändert. Es war, als ob Gott einen anderen Menschen aus ihm gemacht hatte. Ich konnte die verändernde Kraft Gottes mit eigenen Augen sehen.« Cacau beschloss, auch ein Diener Gottes zu werden. Die evangelische Religion wurde zu seinem Lebensinhalt. Er blätterte in jeder freien Minute in der Bibel und lebt seither strikt danach – auch auf dem Spielfeld. Er sagt: »Liebe deinen Nächsten, das ist auf dem Platz nicht leicht umzusetzen. Aber ich will fair sein, nie betrügen. Meine Tore widme ich Jesus Christus.«

1999 nahm Osmar Oliveira, Cousin eines brasilianischen Trainers und Chef einer Samba-Band, den 18-Jährigen mit nach München. »Für mich war es immer klar, dass ich Brasilien verlassen muss, um im Fußball etwas zu erreichen«, meint er. Cacau tourte mit der Band durch Deutschland. Nach erfolglosen Probetrainings bei Unterhaching, Bayerns Amateuren und Grasshopper Zürich spielte er erst bei Landesligist Türk Gücü München, dann bei den Amateuren des 1. FC Nürnberg. Dort schaffte er den Durchbruch ins Profilager.

2003 wechselte er zum VfB Stuttgart. Wenn er ein Tor schoss, enthüllte er beim Jubeln stets ein T-Shirt mit einer christlichen Botschaft. Seit der DFB dies verboten hat, richtet Cacau heute nur noch den Blick und die Hände gen Himmel. Für jedes Tor ein Halleluja. Und es waren viele Hallelujas, bis ihn im Herbst 2012 ein Kreuzbandriss stoppte. Bis dahin hatte er in 286 Bundesligaspielen 87 Treffer erzielt. Dazu 17 im DFB-Pokal und zehn im Europacup. Eine stolze Bilanz, die der VfB trotz der schweren Verletzung mit einer Vertragsverlängerung bis 2014 honorierte. Der verheiratete Vater dreier Kinder ist damit der dienstälteste VfB-Profi im aktuellen Kader.

2009 erwarb Cacau die deutsche Staatsbürgerschaft und wurde Nationalspieler. 23-mal lief er im DFB-Trikot auf, traf sechsmal für Deutschland. Sein ehemaliger Stuttgarter Mitspieler Ludovic Magnin verpasste ihm den Spitznamen »Helmut«. Irgendwie passend, denn Cacau wirkt inzwischen deutscher als deutsch. Pünktlich, ehrgeizig, zuverlässig. Und hilfsbereit. »Ich komme aus armen Verhältnissen und mir haben viele Menschen in meinem Leben geholfen«, sagt der gebürtige Brasilianer. »Deshalb helfe ich, wann immer ich kann, auch Menschen, denen es schlecht geht und die kein Gehör finden. Ich möchte anderen Menschen etwas zurückgeben.« Für ihn selbstverständlich, dass seine Mutter in Brasilien heute in einem von ihm finanzierten Haus lebt. Die ganze Familie wird von ihm finanziell unterstützt. Sogar Vater Israel, der Frau und Kinder sitzen ließ. Gutmensch Cacau hat ihm verziehen.

60. GRUND

Weil drei Gentners vom Triple träumen

Beuren am Albrand ist bekannt für sein Thermalbad. Fußballfans verbinden den idyllischen Ort unter der Burg Hohenneuffen aber mit dem Namen Christian Gentner. Der zweimalige Deutsche Meister von 2007 (mit dem VfB) und 2009 (mit VfL Wolfsburg) ist in Beuren aufgewachsen. Dort hat er mit seinen beiden Brüdern Michael und Thomas auf der Straße gekickt. Dort leben seine Eltern und die ganze Verwandtschaft.

Inzwischen wohnt »Gente« mit seiner Freundin Verena, die er schon aus der Realschule kennt, einem Dalmatiner und einem Mischlingshund auf dem Rotenberg unweit vom Stuttgarter Stadion. Aber als Familienmensch macht er häufig einen Abstecher in den Heimatort und lässt sich von Muttern mit Schnitzel, Spätzle und Kartoffelsalat verwöhnen.

Oft sitzen dann auch seine beiden Brüder mit am Tisch. Michael, der Älteste des Trios, und Thomas, der Benjamin. Dann wird gefachsimpelt und die Leistungen von Christian, den die Brüder entweder live im Stadion oder am Bildschirm erlebt haben, analysiert. Thomas sagt: »Christian schätzt meinen Rat. Er weiß, dass ich ehrlich bin und ihm keine Schokolade um den Mund schmiere.«

Der drei Jahre jüngere Thomas machte in der D-Jugend den Sprung vom TSV Beuren zum VfB. »In der Jugend war er derjenige, dem man mehr zugetraut hat, als mir«, erzählt Christian. »Als er sich bei den A-Junioren das Kreuzband riss, hat ihn das in seiner Entwicklung zurückgeworfen. Ich war dabei, als es passierte. Für mich war es letztlich schlimmer als für ihn. Aber er hat nicht aufgegeben und sich zurückgekämpft.« Thomas, der Linksverteidiger, ging dann seinen eigenen Weg. Er wechselte zu den Stuttgarter Kickers in die dritte Liga, spielte bei Eintracht Frankfurt II, war dann Kapitän bei TuS Koblenz in der Regionalliga. Nach dessen Abstieg ist der jüngste der Gentner-Brüder in heimatliche Gefilde zum SGV Freiberg in die Oberliga zurückgekehrt.

Michael spielte als Jugendlicher beim VfB Neuffen und in Erkenbrechtsweiler, tendierte aber früh zum Trainerjob. Mit 16 hat er schon seinen Bruder Thomas trainiert. Mit 21 war er Jugendcoach beim VfL Kirchheim und machte mit erfolgreicher Arbeit den VfB auf sich aufmerksam. Bei den »Roten« ist er inzwischen zum Sportlichen Leiter der Nachwuchsteams U15-U19 aufgestiegen.

Christian ist der erfolgreichste und bekannteste der drei Geschwister. Thomas über seinen Bruder: »Er hat alles investiert, um Fußballprofi zu werden. Er hat länger trainiert, stärker an seinen Fähigkeiten gefeilt und die Schule mehr schleifen lassen als ich.« Mit dieser Einstellung hat Christian auch eine langwierige Verletzung überwunden: In der B-Jugend des VfB, als er gegen Normannia Gmünd ein einziges Mal Mittelstürmer spielte, zog er sich bei einem Zusammenprall mit dem Torwart einen Schien- und Wadenbeinbruch zu.

2009 feierte Christian Gentner sein Debüt als Nationalspieler. 2010 war mit der Partie gegen Dänemark nach fünf Einsätzen schon wieder Schluss, weil die Konkurrenz auf seiner »Zehner«-Position übermächtig wurde. Die Hoffnung auf ein Comeback hat er nie aufgegeben: »Man muss sich immer Ziele setzen. Der Bundestrainer kennt meine Fähigkeiten, aber letztlich liegt es an mir selber, mich mit guten Leistungen wieder aufzudrängen.«

Auf die Frage »Welche Schlagzeile würden Sie gerne über sich lesen?« hat Christian einmal mit einem Augenzwinkern geantwortet: »Gentner-Trio holt das Triple«. Aber selbst wenn eines schönen Tages alle Sterne günstig stehen, kann die Vision nicht Wirklichkeit werden: Christian holt mit dem VfB seinen dritten Meistertitel, Michael schafft es mit einer Jugendmannschaft und Thomas mit Freiberg in der Oberliga.

61. GRUND

Weil sich Taşçi für Deutschland entschied

Weil es in der Türkei keine Arbeit für ihn gab, kam Nihat Taşçi 1976 aus Artvin am Schwarzen Meer als Gastarbeiter nach Altbach bei Esslingen und jobbte als Baggerfahrer. Sechs Jahre später holte er seine Freundin Sümbül nach, eine Grund- und Realschullehrerin. Sie gründeten eine Familie. Erst kam Tochter Arzu zur Welt. Es folgte die zweite Tochter Ebru und im Abstand von vier Jahren Serdar, der Benjamin. Hätte Vater Taşçi unbedingt darauf bestanden, würde der Sohn heute in der türkischen Nationalmannschaft spielen. Seit Jahren konkurriert der türkische Fußballverband mit dem DFB um in Deutschland aufgewachsene, türkischstämmige Talente. 1998 eröffneten die Türken sogar ein Europabüro in Deutschland. Ihre Lockrufe erhörten beispielsweise Topstars wie den Dortmunder Nuri Şahin oder die Ex-Schalker Zwillingsbrüder Halil und Hamit Altıntop. Serdar Taşçi wollten die Türken sogar einen Stammplatz in der A-Nationalelf garantieren.

Nach drei Spielen in der deutschen U 19 und einem Spiel in der U 20 riet Bundestrainer Joachim Löw dem damals 19-Jährigen, weiterhin für Deutschland zu spielen. Der junge Abwehrspieler, der seit der D-Jugend die Werte der roten Fußball- und Lebensschule erfuhr, hatte beim VfB eine Blitzkarriere hingelegt, in nur 15 Monaten den Sprung von der A-Jugend bis zum Bundesliga-Stammplatz geschafft. »Serdar bringt alles mit, was ein moderner

Verteidiger braucht. Er ist schnell, bissig, aber auch technisch sehr stark«, schwärmte VfB-Trainer Armin Veh.

Taşçi schwankte. In seinen Kinderträumen war er immer Nationalspieler im Trikot mit dem Halbmond auf der Brust. Der Vater stellte es seinem innerlich zerrissenen Sohn frei: »Was immer du entscheidest, die ganze Familie steht hinter dir.«

Nach langem Ringen entschied sich Serdar im Oktober 2006 für Deutschland. »Da ich aus der Türkei komme, sagten mir viele, ich müsse für die Türkei spielen. Es waren viele Nächte, in denen ich nicht schlafen konnte. Viele Leute sind nun enttäuscht. Aber es gibt genauso viele, die stolz auf mich sind, dass ich die Türkei in und für Deutschland vertrete. Ich bin in beiden Kulturen aufgewachsen und kann beide Seiten gut verstehen.« Den Ausschlag hat vielleicht seine Schwester Ebru gegeben. Sie riet: »Serdar, du bist hier aufgewachsen. Und du hast mit Deutschland eher die Gelegenheit, große Turniere zu spielen.«

Am 16. August 2007 wurde Taşçi erstmals ins Aufgebot der Nationalmannschaft für das Länderspiel gegen England berufen, kam jedoch nicht zum Einsatz. Sein Debüt im DFB-Trikot feierte er ein Jahr später gegen Belgien. Bis kurz vor Beginn der WM 2010 galt er bei Jogi Löw als feste Größe, gespielt hat er dann in Südafrika nur wenige Minuten in der Partie um Platz drei gegen Uruguay. Was war passiert? Taşçi: »Ich denke, dass dem Bundestrainer nach der schweren Verletzung von Michael Ballack die erfahrenen Spieler fehlten. So kam Arne Friedrich zum Zug.« Am 11. August 2010 gegen Dänemark übernahm er nach der Auswechslung von Thomas Hitzlsperger in der 64. Minute erstmals die Kapitänsbinde. Seine Leistung war jedoch bescheiden – wie die des VfB. Taşçi konnte sich seither nicht mehr für die Nationalelf empfehlen. Es blieb bei vorerst 14 Länderspielen.

Mit dem VfB gewann er gleich in seiner ersten Saison 2007 die Deutsche Meisterschaft, zu der er mit 26 Einsätzen und zwei Toren beitrug. Am 12. Januar 2012 ernannte ihn Trainer Bruno Labbadia zum Mannschaftskapitän. Den Platz in Löws Auswahl hat er bis auf Weiteres verloren, sein Selbstvertrauen nicht. Taşçi sagt: »Inzwischen sind andere Spieler nachgerückt, aber ich muss mich vor keinem verstecken. Ich zähle mich weiter zu den besten deutschen Innenverteidigern.« Das wissen auch internationale Spitzenklubs, deren Spione ihn schon mehrmals beobachtet haben. Namentlich der AC Mailand, der FC Arsenal und der türkische Traditionsverein Fenerbahçe Istanbul. Der Traumverein des gläubigen Moslems war der FC Barcelona, gelandet ist der gebürtige Esslinger bei Spartak Moskau.

62. GRUND

Weil Jens Lehmann alle auf Trab hielt

An Jens Lehmann schieden sich die Geister. Der Nationaltorwart, der zwischen 2008 und 2010 beim VfB zwischen den Pfosten stand, hatte viele Fürsprecher. Aber auch manchen Gegner. Einerseits ein heller Kopf und exzellenter Schlussmann, der zum Vorbild neigte. Andererseits ein Heißsporn, dessen Auftritte mitunter Kopfschütteln auslösten. »Ich kann nicht immer nachvollziehen, was Jens tut«, sagte sogar Trainer und Freund Markus Babbel über den eigenwilligen Profi, der immer auf einem schmalen Grat zwischen Kauz und Könner wandelte.

Seine Ausraster sind legendär. »Auf dem Platz kenne ich halt irgendwann keine Verwandten mehr. Da denke ich nicht groß darüber nach, was toll aussieht, sondern nur an den Erfolg«, erklärte er einmal dazu. Selbst im gesetzten Alter von fast 40 Jahren verlor er im Spiel noch regelmäßig die Nerven. Dabei hatte Lehmann beim VfB die nötigen Freiheiten, von denen andere Bundesliga-Profis nur träumen. Er musste nicht mit ins Lauf-Trainingslager nach Donaueschingen. Zur Saisonvorbereitung in Leogang/Österreich reiste er im Privatwagen, die Kollegen im Mannschaftsbus. Auch während der Saison bekam er viele Extrawürste gebraten, die den Teamgeist beständig auf die Probe stellten. Zum Training flog er von seinem Wohnort am Starnberger See gelegentlich mit dem Hubschrauber ein. Das Auslaufen nach den Spielen durfte er sich schenken, gelegentlich auch eine Trainingseinheit.

Auf dem Platz hielt der wilde Jens alle auf Trab. Im Spiel gegen Hoffenheim verlor Sejad Salihović seinen Schuh im gegnerischen Strafraum. Lehmann hob ihn auf und warf ihn im hohen Bogen auf sein Tornetz. »Hochgradig unsportlich«, urteilte TSG-Trainer Ralf Rangnick. Er habe nur seinen Strafraum sauber halten wollen, verteidigte sich der Torwart. 0:1 lag der VfB in Hannover zurück, als der Ball ins Seitenaus sprang. Lehmann wollte das Spiel schnell machen und lief auf den Balljungen zu. Dieser hielt dem Heranstürmenden den Ball zunächst hin. Als Lehmann zugreifen wollte, warf er ihn aber über den Keeper hinweg. »Selbst die Balljungen sind Betrüger«, polterte Lehmann. »Jetzt gehe ich nach Hause und erziehe meine Kinder, damit wenigstens die korrekt werden.«

Beim 0:3 in Dortmund zeigte er nach einem irregulären Gegentor den Vogel. Das galt wohl dem Schiedsrichter. Nachher lästerte er über Dr. Felix Brych: »Schade, dass man mit solchen Leuten konfrontiert wird.« Nach dem 2:2 in Frankfurt provozierte er Babak Rafati: »Wenn man so viele Fehler macht, ist es erstaunlich, dass man noch als FIFA-Schiedsrichter durchgeht.«

In St. Petersburg (1:2) trat er dem Russen Denisow bei einer Ecke absichtlich auf den Fuß. Im selben Spiel rastete er gegen Verteidiger Khalid Boulahrouz aus. Er riss seinem Mitspieler das Stirnband vom Kopf und pfefferte es wütend hinter das Tor. Der Holländer hatte zuvor ein Kopfballduell verloren.

In der Champions League gegen die rumänische Mannschaft Unirea Urziceni verließ Lehmann während einer Spielunterbrechung das Tor und hockte sich hinter eine Werbebande neben einen Fotografenkoffer. Offensichtlich kam er einem menschlichen Bedürfnis nach. Nachfragen quittierte er mit einem breiten Grinsen. Bei YouTube wurde das Pinkel-Video mehr als eine Million Mal aufgerufen. So viel zu seinen Eskapaden, über die er selber sagt: »Es war nichts wirklich Böses dabei.« Sportlich gab es an dem Mann, der Deutschland bei der WM 2006 mit zwei gehaltenen Elfmetern gegen Argentinien per Spickzettel im Stutzen ins Halbfinale brachte, nichts zu deuteln. »Er ist ein Perfektionist, der den Maßstab, den er an sich selbst anlegt, auf andere überträgt«, sagte Eberhard Trautner, Torwarttrainer des VfB. Lehmann machte es seinem Umfeld nicht leicht, aber er gab dem Klub ein Gesicht, verschaffte ihm bundesweite Aufmerksamkeit.

2010 war offiziell Schluss in Stuttgart. Ein Jahr später sprang Lehmann als 41-Jähriger aushilfsweise noch einmal beim FC Arsenal ein, mit dem er 2004 Englischer Meister geworden war. Es war sein 621. und allerletztes Pflichtspiel bei fünf Vereinen.

63. GRUND

Weil ein verstorbener Vater das Tor bewacht

Beim Einlaufen streckt Torwart Sven Ulreich die Faust gen Himmel. Ein Ritual, das er bei jedem Spiel wiederholt. Es ist der Gruß an seinen Vater Dieter, der 2000 im Alter von 44 Jahren an einer unheilbaren Krankheit verstarb. Sven war damals zwölf Jahre alt.

Einen Tag vor dem Tod kam es zum letzten Gespräch. »Mein Vater sagte zu mir, dass ich alles für seinen und meinen Traum tun soll, beim VfB zu spielen. Ich habe ihm versprochen, meinen Weg weiterzugehen«, sagt Sven. Ein großes Versprechen für einen kleinen Jungen, aber er hielt Wort.

Der Vater hat Sven Ulreich schon als Kind mit auf den Sportplatz genommen, ihm in Schornbach, einem Stadtteil von Schorndorf vor den Toren der Landeshauptstadt, beim dortigen TSV das Fußball- und Torwartspiel beigebracht. Seinetwegen übernahm Papa, selber ein Torwart, den Job des Torwartcoachs der F-Jugend.

Obwohl Sven immer nur im Tor spielen wollte, wurde er auch als Feldspieler ausgebildet, was ihm heute sehr entgegenkommt. Beim E-Jugend-Endspiel TSV Schornbach gegen TSV Rudersberg in der Saison 1995/96 musste er draußen spielen, erzielte drei Tore und hatte somit großen Anteil am 6:5-Sieg seiner Mannschaft nach Verlängerung. Als 1998 der VfB wieder einmal seine »Talenttage« ausrief, ging Klein Sven, begleitet von seinen Eltern, in die große Stadt. Der inzwischen ebenfalls verstorbene Jugend-Torwarttrainer Wolfgang Krötz war begeistert vom Talent des Jungen. Sven wechselte zum VfB.

Der frühe Tod des Vaters hat ihn lange beschäftigt. Bis er zu der Erkenntnis gelangte: »Du musst wieder aufstehen und neu angreifen. Mein Vater hätte nicht gewollt, dass ich aufgebe und meinen Weg nicht weiter gehe.« Diese Einstellung half ihm auch, Karriere-Rückschläge zu bewältigen. 2005 wurde er mit der A-Jugend Deutscher Meister, 2008 gab er sein Bundesliga-Debüt. Nach zehn Spielen musste er für Konkurrent Raphael Schäfer wieder auf die Ersatzbank. Dann setzte ihm der VfB den Ex-Nationaltorwart Jens Lehmann vor die Nase. Ulreich spielte zwei Jahre bei den Amateuren, um Praxis zu sammeln. 2011 wurde er endlich Stammtorwart bei den Profis. Routinier Lehmann half ihm dabei: »Er hat mir einige Tipps gegeben. Es gibt nun keine Niederlagen mehr, die mich aus der Bahn werfen können.« »Ulle« wurde immer besser. So gut, dass ihn die großen Bayern an die Isar lockten.

64. GRUND

Weil Rani in Samis Fußstapfen tritt

Viele Jungs nervt es, wenn sie ständig auf einen berühmteren Bruder angesprochen werden. Nicht so Rani, der jüngste der drei Khedira-Brüder. Er sagt über Sami, den Nationalspieler und Star von Juventus Turin: »Ich habe mein bestes Vorbild in der eigenen Familie. Ich bin stolz, dass ich einen solchen Bruder habe.«

Rani Khedira hat alle Nachwuchsmannschaften der DFB von der U15 bis U18 durchlaufen. Mit der U17 belegte er bei der WM 2011 in Mexiko den dritten Platz. Danach ist er in den Profikader des VfB aufgerückt, kam aber vorwiegend in der zweiten Mannschaft zum Einsatz. Er gilt als großes Talent. Nicht wenige Experten trauen ihm eine ähnliche Karriere zu wie Sami Khedira.

Die Khedira-Jungs sind drei Brüder. Die Eltern wohnen seit 1986 in Oeffingen, nahe Stuttgart. Vater Lazhar ist Tunesier, Mutter Doris Schwäbin. Kennengelernt haben sie sich im Urlaub in Hammamet. Die Buben machten schon in der Jugend alles gemeinsam. Rani erzählt: »In unserer Straße waren zwei Spielplätze. Den einen haben wir so demoliert, dass wir dort Hausverbot bekamen. Wir haben einen Zaun als Tor benutzt, auf die Pflanzen davor aber nicht geachtet.« Auch Denny, der dritte Bruder, war dabei. Der studierte später, hat sein Abi mit 1,0 bestanden.

Sami, der Älteste des Trios, spielte von der E-Jugend an beim VfB. Vorher war er Bayern-Fan. Das legte sich, als er den roten Brustring trug. Seine Idole waren Balakov, Bobic und Elber, also das »Magische Dreieck«. Der Vater, heute immer noch bei einer Stahlbaufirma in Stuttgart beschäftigt, war und ist sein größter Kritiker. »Er findet immer etwas, dass es zu verbessern gilt. Ich behauptete, dass ich erst durch seine Kritik Profi werden konnte.«

Frieder Schrof war Jugendleiter beim VfB. Er kennt die Khediras seit vielen Jahren und hat erlebt, wie sich das Talent von Sami weiter entwickelte, wie er diszipliniert seinen Weg ging. »Er war schon immer reifer als die anderen Spieler«, sagt Schrof. Musterprofi statt Partyboy.

Fast wäre für ihn mit 17 Jahren der Traum von der Fußballerkarriere zu Ende gewesen. 2005 musste Sami nach einer Verletzung am Außenmeniskus operiert werden. Trotz der OP machte das Knie weiter Probleme. Schmerzen, ein zweiter Eingriff und eine monatelange Reha folgten. »Die zwei Operationen waren heftige Tiefschläge. Aber er hat sich durchgebissen«, erinnert sich Schrof. Er war die Zeit, in der Sami endgültig zum Erwachsenen reifte.

Erwachsen. Das ist das Adjektiv, das diesen fast 1,90 Meter großen Mann mit den pechschwarzen Haaren am besten beschreibt. Er ist gefühlt der große Bruder des eher zurückhaltenden Mesut Özil, der in Madrid in seiner Nähe wohnte, als Sami noch bei Real spielte. Während sich andere Fußballer nach dem Spiel durch ihre Sätze stammeln, formuliert er auf den Punkt.

Seit Mai 2011 waren er und Ex-Topmodel Lena Gercke, die in Cloppenburg aufwuchs, ein Paar. Ein Foto in einem deutschen Männermagazin löste in Tunesien einen handfesten Skandal aus. Auf dem Bild steht Khedira in Anzug und weißem Hemd hinter seiner Freundin und bedeckt mit einem Arm ihre nackten Brüste. Die arabischsprachige Zeitung *Ettounissia* hat das Foto nachgedruckt, danach erhielt das Blatt Morddrohungen von Islamisten. Die Polizei musste die Redaktion mit Sonderkräften bewachen.

Unumstritten dagegen Khediras Stammplatz in der Nationalelf. Er besticht durch strategisches und spielerisches Geschick, bewährt sich in der Absicherung für den eher offensiven Schweinsteiger, setzt aber auch eigene Akzente im Spiel nach vorn. Trotz seines kräftezehrenden Spiels behält er Ruhe und Übersicht, eine Qualität, die ihn schon in früheren Jahren beim VfB auszeichnete und die ihn zum perfekten »Sechser« macht. »Ich will immer das Maximale und habe die höchsten Ziele. Die Deutschen sind für ihre Disziplin und Pünktlichkeit bekannt, danach lebe ich. So werde ich weiter leben, und so würde ich auch meine Kinder erziehen.«

Für Rani ist Sami die Leitfigur. Die beiden Brüder stehen permanent in Kontakt. Der Jüngere profitiert von den Erfahrungen des Älteren und wenn keine Verletzungen dazwischenkommen steht Rani mit der Unterstützung seines Bruders ebenfalls vor einer großen Karriere, die ihn inzwischen über RB Leipzig zum FC Augsburg geführt hat.

65. GRUND

Weil zwei Japaner unzertrennlich waren

Wenn Fredi Bobic lacht, bekommt er Augenschlitze wie ein Japaner. Dann könnte man meinen, nicht Shinji Okazaki und Gōtoku Sakai, sondern er stamme aus dem Land der aufgehenden Sonne. Der ehemalige VfB-Manager war es, der die beiden Fußballprofis nach Stuttgart geholt hat. Es waren die ersten Asiaten in der langen Vereinsgeschichte des VfB. Okazaki, der Nationalstürmer von Shimizu S-Pulse, kostete keinen Yen Ablöse. Verteidiger Sakai von Albirex Niigata wurde zunächst auf Leihbasis verpflichtet.

Okazaki kam in der Saison 2010/11 mitten im Abstiegskampf zum VfB. Ohne Erholungsphase nach der Saison in Japan, der WM in Südafrika und dem Asien-Cup in Katar, wo er zu den auffälligsten Spielern des Turniers zählte. »Ich war müde, sehr müde. Richtig ausgelaugt. Die Situation war schwierig, der Druck riesig für mich. Dazu die fremde Kultur, die Sprache, die ich nicht beherrschte, der Rechtsverkehr auf den Straßen«, erzählt der nur 1,74 Meter große Angreifer, der über 60 Länderspiele für sein Heimatland bestritten hat. Aber Okazaki biss sich durch. Ihm war kein Weg zu weit, kein Sprint zu lang. Unermüdlich rannte er am linken Flügel rauf und runter, scheute keinen Zweikampf. Mit seiner Hilfe schaffte der VfB den Klassenerhalt und die Kritiker, die dem kleinen Mann den Durchbruch nicht zugetraut hatten, verstummten.

Seine guten Auftritte ermunterten Bobic ein Jahr später in Japan noch einmal nach Verstärkungen Ausschau zu halten. Er wurde fündig. Unbemerkt von der Öffentlichkeit trainierte Gōtoku Sakai zwei Tage in Stuttgart mit, dann wurde ein Leihvertrag perfekt gemacht. Der Verteidiger sollte langsam aufgebaut und an die Bundesliga herangeführt werden. Doch es kam anders. Cristian Molinaro sah in Leverkusen die Rote Karte und wurde für drei Spiele gesperrt. Weil Arthur Boka zur gleichen Zeit mit der Elfenbeinküste um den

Afrika Cup spielte, wurde Sakai gleich ins kalte Wasser geworfen. Beim 5:0 gegen Hertha BSC stand er erstmals in der Startelf.

Der dynamische junge Mann mit den rötlichen Haaren machte in den ersten Spielen seine Sache so gut, dass sein Name sogar mit der deutschen Nationalmannschaft in Verbindung gebracht wurde, wo die rechte Abwehrseite seit Jahren eine Problemzone ist. Seine Verbundenheit zu Deutschland ist groß, schließlich stammt seine Mutter Angelika aus Nürnberg, wo die Oma noch zu Hause ist. Das weiß auch der DFB. Beim 4:1 gegen Bremen nahmen ihn Hansi Flick, der Assistent von Bundestrainer Jogi Löw, und Chefscout Urs Siegenthaler unter die Lupe.

Geht es nach Okazaki, soll »Go« an seiner Seite für Japan spielen. »Er ist zwar fünf Jahre jünger als ich, aber schon ziemlich reif für sein Alter«, sagt der zweifache Familienvater. Sein Landsmann ist auch verheiratet und hat ebenfalls schon zwei Kinder. Obwohl sie charakterlich ganz unterschiedlich sind, bildeten die beiden Japaner in Stuttgart ein fast unzertrennliches Paar. Okazaki ist eher sachlich, Sakai temperamentvoll. Er sagte über seinen Kumpel: »Shinji ist ein fröhlicher Mensch und der beste Freund, den ich hier habe. Er hat mir bei der Eingewöhnung sehr geholfen.«

Bobic war voll des Lobes über die Aufrüstung aus Fernost: »Sie sind sehr diszipliniert, taktisch gut ausgebildet, hungrig nach Erfolg, und spielen ausgesprochen mannschaftsdienlich. So lernwillig, wie sie sind, haben sie sich bei uns sehr schnell integriert.« Bruno Labbadia hob das große Herz der beiden hervor, »das man braucht, um erfolgreich zu sein«. Trotzdem ließ er am Ende der Saison Okazaki nach Mainz weiterziehen. Inzwischen stürmt er für Leicester City in England. Sakai wechselte 2015 zum Hamburger SV.

Auf lange Sicht gesehen erhofft man sich beim VfB als Nebeneffekt des Japaner-Deals weitere sportliche oder auch wirtschaftliche Verbindungen mit Japan. Die ersten Auswirkungen zeigen sich auf der Pressetribüne. Bei jedem Spiel reist ein Dutzend Journalisten dem Duo aus Nippon hinterher.

8. KAPITEL

ANEKDOTEN

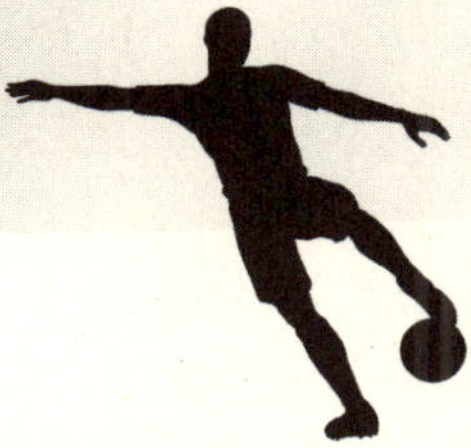

66. GRUND

Weil »lila Hans« einen Spaziergänger kaufte

Der VfB steckte wieder einmal in der Mittelmäßigkeit fest. Da tauchte aus der Tiefe des Raumes ein kleiner Mann auf, ließ sich am 7. August 1969 bei der Hauptversammlung im Stuttgarter Gewerkschaftshaus zum Präsidenten wählen und versprach vollmundig: »Ich will den VfB zur Deutschen Meisterschaft führen.« Es war der Verleger Hans Weitpert, Senator der Mainzer Gutenberg-Gesellschaft und Honorarkonsul von Togo. In seiner Führungscrew befanden sich noch zwei weitere Konsuln, weshalb sie gleich als »konsularisches Korps« verspottet wurden. Für die Fans war Weitpert nur der »lila Hans«, weil sein weißes Haupthaar nach spezieller Behandlung immer leicht lila schimmerte.

Fußball war nicht unbedingt sein Fachgebiet. So erntete er seinen ersten Heiterkeitserfolg, als er sagte: »Wir brauchen einen Librio.« Für die Suche installierte er Heinz Hübner, der von den Fans mit nicht weniger Argwohn betrachtet wurde, als Chefeinkäufer. Bald hatte Weitpert wieder die Lacher auf seiner Seite, als er die norddeutsche Neuerwerbung Hans-Jürgen Wittfoth als neuen »Libido« vorstellte. Seine nächste Maßnahme war die Suche nach einem prominenten Trainer, der den wenig erfolgreichen Sachsen Gunther Baumann ablösen sollte. Er holte František Bufka, den ehemaligen Nationaltrainer der Tschechoslowakei und Meistermacher von Linz. Weitpert garantierte ihm ein Monatsgehalt von 5000 Mark, für damalige Verhältnisse viel Geld.

Doch das »Unternehmen Bufka« wurde zum Flop. Weitpert war wohl entgangen, dass der Tscheche keine DFB-Lizenz hatte und er deshalb keine Bundesligamannschaft trainieren durfte. Flugs wurde er zum Lehrgang angemeldet, fiel aber bei der Prüfung durch. Nun sollte er sich für das viele Geld, das Weitpert aus der eigenen Tasche bezahlte, wenigstens als Berater nützlich machen. Doch Baumann lehnte ab, pochte auf seinen Vertrag. So wurde Bufka als »bestbezahlter Spaziergänger der Bundesliga« berühmt.

Baumann musste gehen, Franz Seybold rettete die Situation. Der Geschäftsführer und Leiter der Amateurabteilung, auch »Kaiser Franz von Cannstatt« genannt, war 1965 schon einmal als Feuerwehrmann eingesprungen. Das Mädchen für alles schaffte mit dem VfB einen beachtlichen siebten Tabellenplatz. Ihm gelang sogar das Kunststück, mit einer Verlegenheitsmannschaft den FC Bayern München, die Truppe des berühmteren »Kaiser Franz«, mit 2:1 zu bezwingen. Der Sieg über den Erzrivalen war einer der wenigen Höhepunkte in der sechsjährigen Regentschaft von Hans Weitpert. Am Ende stand der Abstieg in die zweite Liga. Der schwäbische Fußballstolz – sportlich und finanziell vor der Pleite. Für Gerhard Mayer-Vorfelder das Signal zum Aufbruch. Als Vorsitzender des Verwaltungsrats setzte er eine außerordentliche Mitgliederversammlung mit Neuwahlen durch, bei denen er Weitpert in einer Kampfabstimmung klar distanzierte.

67. GRUND

Weil die Lausbuben alle dicht hielten

Der UEFA Cup führte den VfB 1973 zu Tatran Prešov. Die Slowaken, zur Zeit des Kommunismus arme Schlucker, bemühten sich, perfekte Gastgeber zu sein. Beim Bankett bekam jeder Funktionär und jeder Spieler einen überdimensionalen Cognacschwenker als Gastgeschenk in einer akkurat verschnürten grauen Schachtel.

Wohin mit dem zerbrechlichen Ding? Um das Glas heil nach Hause zu bringen, musste es während der ganzen Rückreise wie ein rohes Ei behandelt werden. So kam es, dass 30 Spieler, Trainer, Ärzte und sonstige Betreuer mit einem einzigen Handgepäck ins Flugzeug stiegen – der grauen Box. Jeder war penibel darauf bedacht, nirgends anzustoßen. Besonders Heinz Hübner. Der »Chefeinkäufer«, dem die Mannschaft manchen Streich spielte, hütete sein Andenken wie seinen Augapfel.

Es kam, wie es kommen musste. Einer passte nicht auf – es war Torwart Gerhard Heinze – und der Karton fiel zu Boden. Scherben klirrten. Als die Spieler nach der Landung in Echterdingen am Gepäckband standen und Hübner gerade seinen Koffer in die Hand nahm, vertauschte ein Spaßvogel dessen Glas mit dem Pappkarton von Heinze. Bei der Busfahrt hinunter zum Klubheim klapperte es in den Kurven verdächtig in Hübners Schachtel. Spaßvogel Buffy Ettmayer sagte scheinheilig: »Das hört sich aber komisch an.« Hübner ahnte wohl etwas und bekam einen roten Kopf wie immer, wenn er sich aufregte: »Wehe, wenn an meinem Glas etwas nicht in Ordnung ist!« Gemeinsam fuhren sie zurück. Buffy wohnte in Hübners Haus im ersten Stock. Er erinnert sich: »Es vergingen keine fünf Minuten, da läutete es schon Sturm an meiner Tür. Hübner schäumte und drohte: Wenn ich morgen keinen heilen Cognacschwenker habe, fliegen alle Spieler raus! Ich wollte ihn besänftigen, aber er tobte weiter. Ich habe ihm dann mein Glas geschenkt.«

Am nächsten Tag hatte sich Hübner immer noch nicht beruhigt. »Wir sind keine Kasperletruppe und ich bin nicht euer Hanswurst. Wer war das?« schäumte er in der Mannschaftsbesprechung. Die Spieler hielten dicht. Hübner hat nie erfahren, wer ihm damals den Lausbubenstreich gespielt hat.

68. GRUND

Weil die Vereinsführung im Doppelbett schlief

Am 19. April 1975 erlebte der VfB eine seiner schwärzesten Stunden. 80 Minuten nach Mitternacht wurde bei der Hauptversammlung ein neues Präsidium mit Gerhard Mayer-Vorfelder an der Spitze gewählt – am Nachmittag desselben Samstags erlitt die neue Führungsmannschaft zusammen mit 52.000 Zuschauern im Neckarstadion den Anfang vom Ende. Stuttgart gegen Werder Bremen. Wenn sich der VfB retten wollte, musste er unbedingt gewinnen. Durch Hermann Ohlicher und Manfred Weidmann gingen die Gastgeber zweimal in Führung, doch »Acker« Weist glich jedes Mal aus. 2:2 am Ende und ein paar Wochen später waren die Platzherren endgültig abgestiegen. Zum ersten und bisher einzigen Mal.

Sofortiger Wiederaufstieg hieß das Ziel. Ein neuer Trainer, erfahrene Spieler, eine dynamische Führung – das Vorhaben schien realistisch. Doch Fußball ist kein logisches Kalkül, es entzieht sich oft dem rationalen Denken. Trainer István Sztani, selbst ein Könner am Ball, konnte die Erwartungen nicht erfüllen. Der VfB enttäuschte und spielte das Stadion leer. Gegen Reutlingen kamen gerade noch 3500 Zuschauer. In der Vereinskasse und auf dem Punktekonto herrschte Ebbe. Mit »Feuerwehrmann« Karl Bögelein auf der Bank reichte es nur zu Platz elf. Ein neuer Trainer musste her. Bei ihrer Suche stießen MV und Geschäftsführer Ulrich Schäfer in der Schweiz auf Jürgen Sundermann, einst Bundesligaspieler bei Hertha BSC, nun erfolgreicher Coach von Servette Genf. »Sund« erinnert sich: »Es war an einem Mittwochabend im Mai 1976. Wir spielten 0:0 gegen Meister FC Zürich. Danach haben wir unter der Haupttribüne den VfB-Vertrag gemacht. In Minutenschnelle war alles erledigt.«

Anschließend traf man sich im »Moulin Rouge«, einem angesagten Genfer Nachtlokal, um den Deal zu feiern: MV, Schäfer, Sundermann mit seiner Monika. Dazu Hennes Weisweiler mit seiner Gisela und ein befreundetes Ehepaar. Es wurde ein netter, aber recht trockener Abend. Immer, wenn der Präsident eine neue Flasche Wein bestellen wollte, stieß ihn der Geschäftsführer unsanft in die Rippen. Schäfer war in Not, hatte nur noch ein paar Mark in der Tasche. Er selber trank sauren Sprudel.

Schließlich sprach MV ein Machtwort: »Schampus muss her!« Bevor er die Bestellung aufgeben konnte, verschwand Ulrich Schäfer auf der Toilette und machte Kassensturz. »Ich musste meine letzten Pfennige zusammenkratzen«, verriet er später. Die Nacht verbrachte das VfB-Führungsduo in einem Doppelzimmer und es wurde eng im französischen Doppelbett. Für zwei Einzelzimmer hätte das Geld nicht mehr gereicht.

In der heiklen finanziellen Situation sparte der neue Trainer mit, wo er konnte. Bei Auswärtsspielen schmierte er sogar die Butterbrote und richtete die Lunchpakete für die Spieler. Sundermann: »Samstag vormittags, wenn die Spieler noch schliefen, schlichen wir aus dem Hotel, Mannschaftsbetreuer Richard Steimle und ich. Im Supermarkt kauften wir 50 Brötchen, Fleischwurst, Butter, 20 Gurken und 20 Tafeln Schokolade. Im Hotelzimmer haben wir die Brötchen belegt und unser Fahrer Horst Bacher hat sie unbemerkt im Bus verstaut.« Die Lunchpakete à la Sundermann waren dreimal so billig wie im Hotel, aber sie schmeckten dreimal so gut. Denn sie waren mit Herz gemacht.

69. GRUND

Weil eine Krawatte sehr teuer wurde

Monika Sundermann, die Assistentin von TV-Quizmaster Hänschen Rosenthal bei *Dalli, Dalli*, war zu Aufnahmen in München. Da musste ihr Jürgen vor dem Auswärtsspiel in Hamburg den Koffer ausnahmsweise einmal selber packen. Am Flughafen bemerkte er zu seinem Entsetzen, dass er die Krawatte, die zur einheitlichen braun-beigefarbenen Kombination vorgeschrieben war, vergessen hatte. Oh Schreck, darauf standen 100 Mark Strafe in die Mannschaftskasse. Was tun? Sundermann fiel auf, dass die Angestellten der Swiss Air ziemlich ähnliche Krawatten trugen. Leise schilderte er dem Mann am Schalter sein Problem. Er fragte, ob er ihm den Schlips abkaufen könne, und versprach als Zugabe eine Flasche

Champagner. »Sund« wurde geholfen. Doch hinter Pfeilern versteckt hatten einige Spieler den Trainer längst beobachtet. Genüsslich sprachen sie ihn an, als er das wertvolle Stück gerade in der Tasche verschwinden lassen wollte: »Na, was haben wir denn da für eine schöne Krawatte?« Der Trainer stand da wie ein Schuljunge, den ein Lehrer gerade beim Abschreiben erwischt hat. Die 100 Mark Strafe waren trotzdem fällig. »Das war die teuerste Krawatte meines Lebens«, stöhnte er. Doch der ertappte Sundermann ließ den Reinfall nicht lange auf sich sitzen. Den finanziellen Verlust glich er mit seiner Cleverness schnell wieder aus.

Dem Trainer stand laut Vertrag ein Auto mit dem Stern als Dienstwagen zu. Aber nach dem Abstieg in die zweite Liga war der Verein arm wie eine Kirchenmaus. Das Geld reichte nur für einen gebrauchten Mercedes, den der VfB für 8000 Mark in Bochum erwarb. Er hatte 100.000 Kilometer auf dem Tacho, alle vier Reifen waren total abgefahren. Sundermann bat Heinz Schwemmle von der Geschäftsstelle, ihm wenigstens vier neue Reifen zu besorgen. »Unmöglich Trainer, die kriegen wir nicht genehmigt.«

Doch der gewitzte »Sund« wusste sich zu helfen. Er fuhr mit Geschäftsführer Ulrich Schäfer zum Spiel nach Mannheim. Es regnete, die Fahrbahn war nass. Sundermann ließ den Wagen absichtlich ein bisschen schleudern – Schäfer wurde blass.

Am nächsten Tag hatte der Trainer einen Satz nagelneuer Reifen.

70. GRUND

Weil die Försters den Schiri leimten

Gerhard Mayer-Vorfelder saß am Sonntagabend zu Hause gemütlich vor dem Fernseher und verfolgte die SWR-Sendung *Sport im Dritten.* Bis er sich vor Schreck fast an seinem Trollinger verschluckte.

Bernd Förster war Gast im Studio und erzählte Moderator Helmut G. Müller treuherzig, wie er und sein Bruder Karlheinz beim UEFA-Cup-Spiel gegen den 1. FC Köln den schwedischen Schiedsrichter Eriksson geleimt hatten. Die Zuschauer schlugen sich vor Begeisterung auf die Schenkel. Das deutsch-deutsche Duell, von dem hier die Rede ist, fand 1980 im Achtelfinale statt. Im Heimspiel foulte Karlheinz seinen Kölner Gegenspieler. Eriksson fingerte in der Brusttasche nach der Gelben Karte. Der Stuttgarter Vorstopper war in diesem Wettbewerb schon einmal verwarnt worden und wäre nach der nächsten Gelben im Rückspiel gesperrt gewesen.

Mannschaftskapitän Hermann Ohlicher erfasste die Situation als Erster und reagierte blitzschnell. »Los Bernd, geh du hin!« raunte er dem älteren der beiden Förster-Buben zu. Bernd rannte zum Schiedsrichter. Sein Bruder verdrückte sich unauffällig, wurde hinter dem Rücken von Dieter Müller immer kleiner. Eriksson entging die Schummelei. In der allgemeinen Verwirrung hielt er dem falschen Förster den gelben Karton unter die Nase. »Ich habe mich mit einem Diener bedankt und gewundert, dass kein Kölner Spieler protestierte«, sagte Bernd.

Der Kartenspielertrick wäre gelungen, hätte es den Auftritt im Fernsehen nicht gegeben. Dabei hatte sich der TV-Moderator vorher erkundigt und Bernd Förster erklärt, es könne nachträglich nichts passieren, weil es sich um eine Tatsachenentscheidung handelte. Doch da irrte er. MV ahnte schon, was nun kommen würde. Auch in der Schweiz wird das Stuttgarter Regionalprogramm empfangen. Und in der Schweiz saßen aufmerksame Beobachter der Europäischen Fußballunion. Es kam zu einer Verhandlung bei der UEFA. Aufgrund der TV-Bilder und seiner Aussagen wurde Bernd Förster für fünf, Karlheinz für drei Spiele gesperrt. »Das härteste Urteil, das die UEFA je gefällt hat. Das ist ja fast lebenslänglich!«, ereiferte sich Trainer Sundermann. Der VfB ging in die Berufung. Der Präsident übernahm höchstpersönlich die Verteidigung der Brüder Förster. Der gelernte Jurist erzielte einen Teilerfolg. Die Sperren wurden auf jeweils drei Spiele reduziert. Als der VfB nach dem 3:1-Heimerfolg das Rückspiel ohne seine beiden blonden Abwehrrecken 1:4 nach Verlängerung verlor und im UEFA Cup die Segel streichen musste, lachte in Stuttgart keiner mehr …

71. GRUND

Weil ihn clevere »Schreiberlinge« begleiten

Nachfolger von Sundermann-Wundermann war Lothar Buchmann. Er führte die erfolgreiche Arbeit seines Vorgängers fort und etablierte den VfB in der Saison 1979/80 mit dem dritten Tabellenplatz vollends in der Spitzengruppe der Bundesliga. Eindrucksvoll ebenso der Durchmarsch im UEFA Cup bis ins Halbfinale, wo die Roten erst im innerdeutschen Duell gegen Borussia Mönchengladbach mit 2:0 und 1:2 in der Addition der Tore scheiterten.

Doch der Mann mit der dunkel getönten Brille war auch ein argwöhnischer und mitunter launischer Typ. War ihm eine Laus über die Leber gelaufen, konnte er ziemlich unangenehm werden. Dann hieß es, am besten auf Distanz bleiben.

Sein angeborenes Misstrauen sagte ihm beim UEFA-Cup-Auftritt in Dresden: Abstand halten zum Klassenfeind. Die Mannschaft war in einem Motel untergebracht. Verteidiger Bernd Förster erzählt: »Unser Trainer hatte Angst vor Wanzen in den Zimmern. Dass wir abgehört werden könnten. Deshalb verlegte er die Mannschaftsbesprechung auf eine Wiese vor dem Hotel. Als wir dann draußen standen, sagte er plötzlich: »Pst, Feind hört mit!« und zeigte auf einen Schacht. Es hätte ja einer drin sitzen können mit einem ganz großen Ohr. Also erneuter Standortwechsel. Die Besprechung fand schließlich im Mannschaftsbus statt.«

Eine zweite Anekdote beschreibt die Unberechenbarkeit dieses Trainers. Der VfB spielte in Berlin. Nachher wurde zum Rückflug an den Neckar die Zeit knapp, natürlich auch für die begleitenden Journalisten. Großzügig lud Buchmann alle ein, im Mannschaftsbus mit zum Flughafen zu fahren.

Nur dem Kollegen Oskar Beck verwehrte er den Zutritt. Der hatte in seiner Zeitung einen besonders kritischen Artikel über den VfB geschrieben und sollte nun dafür büßen. Doch der »Schreiberling« fasste einen Plan. Er bat einen Kollegen aus Berlin, ihn im Auto mit in die Innenstadt zu nehmen. Dort stieg er aus und ging schnurstracks auf einen parkenden Polizeiwagen zu. »Es geht um einen Notfall. Ich muss unbedingt den letzten Flieger nach Stuttgart erreichen. Könnten sie mich bitte nach Tegel fahren?« Und siehe da: Die Polizei, dein Freund und Helfer, tat ihm den Gefallen!

Als Beck am Flughafen ausstieg, stoppte im selben Moment der VfB-Bus. Die Tür öffnete sich und heraus kam Buchmann – mit offenem Mund und ungläubigem Staunen. Vor ihm stand der abgestrafte Kollege wie der berühmte Igel vor dem Hasen und konnte sich die freche Bemerkung nicht verkneifen: »Na, auch schon da?«

72. GRUND

Weil er ein »Bauraklub« war

Der VfB spielte 1986 im Achtelfinale des UEFA Cups bei Torpedo Moskau. Der Verein hatte ein Cannstatter Reisebüro beauftragt, die mitreisenden Sportreporter im riesigen Hotel »Rossia« an der Moskwa in der Nähe des Roten Platzes unterzubringen.

Jeder bekam einen Gutschein für eine Übernachtung. Doch als sich Hans Blickensdörfer und seine Kollegen dort einquartieren wollten, hörten sie an der Rezeption nur ein schroffes »Njet!«. Das Hotel sei ausgebucht. Kein Platz für deutsche Journalisten, hieß es. Dabei war das »Rossia« mit seinen 6000 Betten, wie Recherchen ergaben, nur zu einem Viertel belegt. Die VfB-Funktionäre versprachen, sich darum zu kümmern. Die Stuttgarter Presseleute setzten sich im Foyer auf ihre Koffer und warteten. Und warteten. Und warteten. Stundenlang tat sich nichts. Blickensdörfer schrieb später: »Wir saßen die ganze Nacht. Wir bekamen nichts zu essen und nichts zu trinken. Von den oberen Stockwerken bewarfen uns die Putzfrauen mit nassen Lappen.«

In der Zwischenzeit hatten sich drei Kollegen aufgemacht, eine Ersatzunterkunft zu suchen. Sie wurden auch fündig und eilten zum »Rossia« zurück, um die Wartenden abzuholen. Als sie das Foyer betraten, war weit und breit niemand mehr zu sehen. Hatten die Kollegen doch noch Zimmer bekommen? Sie lagen bestimmt schon in den Betten und schliefen, dachten die drei. Doch das war ein Trugschluss. Das quadratisch gebaute »Rossia« hatte auf allen vier Seiten vier identische Eingänge. Das Trio, das unterwegs war, um eine andere Übernachtungsmöglichkeit zu finden, hatte sich bei der Rückkehr schlichtweg im Eingang geirrt. Ein fataler Irrtum.

Inzwischen dämmerte der Morgen. Die Stimmung unter den Kollegen auf ihren Koffern war mehr als gereizt. Zumal das Verhältnis zwischen den Medien, dem VfB und dessen umstrittenen Trainer Egon Coordes in jenen Tagen ohnehin sehr angespannt war. Bruno Bienzle von den *Stuttgarter Nachrichten* war dermaßen geladen, dass er Geschäftsführer Ulrich Schäfer aus dem Tiefschlaf klingelte und übel beschimpfte. Voller Wut schleuderte er den legendären Satz durchs Telefon: »Bauraklub bleibt Bauraklub!«

73. GRUND

Weil ohne Zähne der Biss fehlte

Stürmer, die dorthin gehen, wo's wehtut, und torgefährlich sind, haben »Biss«, heißt es in der Fußballsprache. Den sprichwörtlichen Biss hatte VfB-Angreifer Andreas Merkle beim Europapokalspiel

1986 bei Torpedo Moskau nur bis kurz vor Halbzeit. Dann verlor er zwei Schneidezähne. Torpedo legte einen Zahn zu und beim VfB herrschte nach einer vermeidbaren 0:2-Niederlage Heulen und Zähneklappern.

Fünf Minuten vor der Pause wollen Guido Buchwald und Andy Merkle im Strafraum eine Flanke wegköpfen und prallen mit den Köpfen zusammen. Au Backe! Buchwald erwischt es am Hinterkopf, Merkle im Gesicht. Beide wälzen sich im Schlamm.

Merkle betastet sein Gebiss und erschrickt. In der unteren Zahnreihe klafft ein großes Loch. Zwei Schneidezähne fehlen! Verzweifelt macht er sich auf die Suche, unterstützt von seinen Mitspielern. Minutenlang durchkämmen sie den von strömenden Regen aufgeweichten Boden – und werden fündig! Merkle übergibt die beiden Fundstücke Masseur Charly Braun, der bringt sie raus.

Ein Glück, dass Stefan Schmitt zu diesem Zeitpunkt noch auf der Reservebank sitzt. Der Linksaußen hat Zahnmedizin studiert, praktiziert seit zwei Monaten bei einem Zahnarzt in Bad Cannstatt. Schmitt rennt mit den Zähnen in die Kabine. Legt sie in eine Lösung, die er aus Wasser und Salztabletten mixt.

In der Halbzeit bekommt Merkle von Mannschaftsarzt Dr. Edgar Stumpf vorbeugend eine Spritze gegen Infektionen. Dann setzt »Doktor« Schmitt seinem Mitspieler die Zähne provisorisch wieder ein. Merkle hat Schmerzen, hält aber bis zum Schlusspfiff durch.

Vom Beginn der zweiten Halbzeit bis zur Rückkehr mit dem Flugzeug nach Stuttgart presst Andy Merkle beharrlich Ober- und Unterkiefer zusammen. Er isst nichts, trinkt nichts, sagt nichts. Erst lange nach Mitternacht macht er den Mund wieder auf. Im Katharinenhospital sind die Ärzte bis vier Uhr morgens bemüht, den Zähnen wieder Halt zu geben. Ob sie wohl wieder anwachsen? Schmitt ist skeptisch und sagt: »Bei einem Zahn ist die Wurzelspitze abgebrochen. In frühestens sechs Wochen werden wir's wissen.« Schmitt sollte recht behalten. Die ganze Rettungsaktion war vergebens. Merkle musste sich später zwei dritte Schneidezähne implantieren lassen.

74. GRUND

Weil MV wie ein Maikäfer strampelte

Der VfB hatte in der ersten Runde des UEFA Cups 1978/79 den FC Basel ausgeschaltet und musste in der zweiten Runde zu Torpedo Moskau. Reisen nach Russland waren damals noch ein Abenteuer. Um Komplikationen vorzubeugen konnte es manchmal ganz hilfreich sein, kleine Geschenke mitzunehmen. So hatte der VfB zwei Dutzend blaue Jeans im Gepäck, die von den Torpedo-Spielern mit großem Hallo und viel »Spassibo« entgegengenommen wurden.

Doch gegen die Sturheit eines russischen Hotelmanagers halfen auch keine Jeans. Dummerweise hatte der VfB nur 17 Spieler und drei Trainer zur Übernachtung im »Rossia« angemeldet, aber vergessen, seine übrigen Betreuer auf die Meldeliste zu setzen. Die Reiseleiterin redete mit Engelszungen auf ihn ein, aber der Hotelchef blieb bei seinem »Njet!«.

Die Folge war fatal: Mannschaftsarzt Dr. Hermann Stumpf musste in ein Hotel zehn Kilometer außerhalb des Stadtzentrums umziehen. Er konnte den angeschlagenen Bernd Martin nicht so intensiv behandeln, wie es notwendig gewesen wäre. Der Verteidiger musste passen und wurde bei der 1:2-Niederlage schmerzlich vermisst.

Beim Bankett der Funktionäre nach dem Spiel waren die »Torpedos« auf Wiedergutmachung aus. Sie tischten auf, dass sich die Platten bogen. Kaviar und alle kulinarischen Genüsse, die das Land zu bieten hat. Jeder Bissen wurde mit Wodka begossen: »Na zdarowje!« Torpedo-Präsident Schischarew und sein Stuttgarter Kollege Gerhard Mayer-Vorfelder prosteten um die Wette. Es kam, wie befürchtet: MV zog in diesem Duell gegen die trinkfesten Gastgeber den Kürzeren. Irgendwann brachten sie den Unterlegenen, der sonst mehr auf württembergischen Trollinger geeicht ist, ins Bett.

Der nächste Morgen am Flughafen Scherementjewo. Mit wackeligen Beinen und noch ganz erschöpft vom Kampftrinken setzte sich MV auf einen metallenen Mannschaftskoffer. Mühsam erhob er sich wieder, um sich mit einem Bruderkuss vom Genossen Schischarew zu verabschieden. Nach der herzlichen Umarmung ließ sich MV erneut entkräftet niedersinken. Plötzlich machte es »platsch!« auf dem Steinfußboden. Der Präsident lag hilflos auf dem Rücken und strampelte wie ein Maikäfer mit den Beinen. Sein Pech: In der Zwischenzeit hatte Zeugwart Jochen Seitz den Koffer schon verladen …

75. GRUND

Weil es ein Geheimtreff im Schlafanzug gab

1980, im dritten Jahr nach dem Wiederaufstieg, wollte sich der VfB im Angriff verstärken und hatte Vahid Halilhodžić ins Visier genommen. In Rom spielte der Jugo-Bomber in einer Europaauswahl an der Seite von Hansi Müller gegen die italienische Nationalmannschaft. Ich war als Reporter dabei.

Der Stürmer von Velež Mostar bestätigte den guten Ruf, der ihm vorauseilte. Er hinterließ einen starken Eindruck und krönte seine gute Leistung mit einem herrlichen Freistoß-Tor.

Nachts um drei läutete es im Hotel »Parco di Prinzipi« Sturm an Sundermanns Zimmertür. Der Trainer dachte im ersten Moment an Feueralarm. Doch draußen stand Anton Dujmic, ein kroatischer Journalist und Spielervermittler aus Weilimdorf. Er bat zum Geheimtreff auf Zimmer 613. Sundermann ging, wie er war – im Schlafanzug. Drei Stockwerke höher erwarteten ihn schon Halilhodžić, sein Landsmann und Spieler Stojković, mit dem er sich das Zimmer teilte. Und Hansi Müller, der sich mit dem beiden Jugos schon angefreundet hatte. Alle drei waren ebenfalls »Nachtgespenster« im Pyjama. Was keiner wusste: Ich hatte zufällig das Zimmer nebenan, das nur durch eine Tür abgetrennt war. Durch den Türspalt konnte ich die Pyjama-Party lückenlos verfolgen und jedes Wort verstehen. Reporterglück.

Halilhodžić zu Sundermann, Dujmic übersetzte: »Ich habe viele Angebote, habe mich aber für den VfB Stuttgart entschieden. Die Zeit drängt. Wie ist ihre Entscheidung ausgefallen?« Die Antwort kam einer Absage gleich: »Ich habe dich zweimal beobachtet und kann noch nicht sagen, ob du die gewünschte Verstärkung wärst. Ich möchte dich noch einmal sehen. Wenn du in der Zwischenzeit bei einem anderen Verein unterschreibst, kann ich dir das nicht übel nehmen.«

Weil Hansi Müller von »Halils« Qualitäten überzeugt war, versuchte er mehrmals, den Trainer umzustimmen. Vergeblich. Nach einer Stunde löste sich die Runde und ich konnte mich wieder schlafen legen. Halilhodžić wechselte nach Frankreich und schoss Tore am Fließband. Nach seiner Spielerkarriere wurde er in seiner Wahlheimat ein erfolgreicher Trainer.

76. GRUND

Weil er das Abenteuer »Donnerflug« überstand

An der Bar des Swimmingpools im Hotel Hilton in San José stieß Trainer Arie Haan mit Kapitän Hermann Ohlicher, meinem Kollege Otto Lackner und dem Autor mit einem Gläschen Cognac an. »Auf unser zweites Leben«, flachste der Teamchef. Wir hatten gerade das »Abenteuer Donnerflug« heil überstanden.

Zweimal war Costa Rica, auch die Schweiz Mittelamerikas genannt, das reizvolle Ziel von Arie Haan, um seine Mannschaft in den Winterpausen 1988/89 und 1989/90 auf die Rückrunde vorzubereiten. An einem freien Tag im Trainingslager entschloss sich eine Gruppe Spieler, Betreuer und Journalisten zu einem Ausflug in den Urwald. Dazu wurden drei Kleinflugzeuge gechartert.

Die Maschinen sehen nicht sehr vertrauenserweckend aus, als sie aus dem Hangar geschoben werden. Zentimeterdicker Staub auf den Flügeln, fette Ölspritzer an den Motoren, die Reifen halb platt. Das erste Triebwerk wird angeworfen und unsere Bedenken bestätigen sich. Blubb …ubb …ubb. Alles wieder aussteigen! Mit einem ausklappbaren Schweizer Offiziersmesser schraubt der Buschpilot die Motorhaube auf. Dreht eine verrußte Zündkerze heraus und reinigt sie mit der Klinge.

Hermann Ohlicher ist nach diesem Auftakt schon restlos bedient: »Mit dieser Maschine fliege ich nicht«, sagt er und wechselt das Flugzeug. Arie Haan und Mannschaftsarzt Edgar Stumpf steigen mutig wieder ein. Dann geht's los – ohne Blindfluginstrumente durch dichten Nebel. Thomas Frölich, Arzt mit Pilotenschein, schüttelt fassungslos den Kopf: »Bei uns in Deutschland wäre das undenkbar!« Haarscharf fliegen wir am Vulkan Irazú vorbei. Das wird uns erst bewusst, als sich beißender Schwefelgeruch in der Kabine ausbreitet. Jetzt wird vollends klar, warum sich der Pilot vor dem Start bekreuzigt hat …

Endlich: Holprige Landung auf einer welligen Graspiste. Die Erde hat uns wieder. Schweißgebadet und auf wackligen Beinen steigen wir in ein Motorboot um. Auf Wasserstraßen geht's mitten hinein in den Urwald. In den Bäumen über unseren Köpfen kreischt plötzlich eine Affenfamilie. Einer ruft aufgeregt: »Achtung, die greifen an!« Der Doc rennt davon, der Trainer hinterher. Um uns herum klatscht und stinkt es gewaltig – die Affen bewerfen uns mit ihrem Kot, verfehlen uns nur knapp.

Wir erreichen eine Schilfhütte. In der Tür erscheint ein Indianer im Fußballtrikot. Er reicht Arie Haan eine Tageszeitung mit dessen Farbfoto und bittet um ein Autogramm. Mitten im Dschungel! Unglaublich.

Zurück im Formationsflug. Die Wolkenwand ist noch dichter, absolut nichts zu sehen. In der Maschine ist es mucksmäuschenstill. Alle haben vor Aufregung feuchte Hände. Vom Tower in San

José lotsen sie uns per Funk zum Flughafen zurück. Beim ersten Landeversuch muss der Pilot noch einmal durchstarten, weil ein Lastwagen gerade die Landebahn kreuzt. Der zweite Versuch gelingt. Als wir aussteigen, empfinden wir das wie eine Wiedergeburt. »Nie wieder!«, stöhnt Hermann Ohlicher.

77. GRUND

Weil »Axel von Sinnen« eine neue Chance bekam

Axel Kruse, 76 Kilo Wut. Er rennt auf den Schiedsrichter los, als wäre der Blitz in seinen Kopf eingeschlagen. Das Gehirn kocht. Eben hat Kruse den VfB im Pokalspiel gegen Kaiserslautern auf 1:2 herangeschossen. Eine Minute später: Eine Flanke von Andy Buck geht an die Hand von Kadlec. »Elfer!«, schreit Kruse. Schiri Osmers hat kein absichtliches Handspiel gesehen und lässt weiterspielen. Da läuft Kruse Amok.

Er tobt los »wie ein angestochener Stier«, wie es VfB-Manager Dieter Hoeneß formuliert. Rammt den Schiedsrichter um. Osmers taumelt, dreht eine Pirouette, geht in die Knie, rappelt sich hoch. Und zückt sofort Rot. Amok-Kruse zieht das Trikot aus, macht mit der Rechten den Scheibenwischer und zeigt damit an, was er von Osmers hält. Zornesrot stapft er an Hoeneß, der ihn anschreit, vorbei und wirft ihm das Trikot vor die Füße. Hoeneß verfolgt Kruse in die Kabine, brüllt hinter ihm her. Betrachtet den Trikot-Wurf jedoch nicht als Affront gegen seine Person: »Der Axel war weggetreten. Er wusste nicht mehr, was er tat.«

Vor Kruse war schon Schneider mit Gelb-Rot vom Platz gestellt worden. Mit neun Mann geht der VfB in der Verlängerung 2:6 unter.

Kruse (»Mein schlimmster Fehler ist, dass ich nicht verlieren kann.«) versteckt sich in der Kabine. Leidet unter sich selbst: »Ich könnte mich erschießen.« Osmers nimmt seine Entschuldigung an, doch DFB-Chefankläger Hilpert sagt: »Wenn ein Schiedsrichter tätlich angegriffen wird, ist ein halbes Jahr Sperre möglich.«

So war's in der Vergangenheit. Dreimal griffen Spieler den Schiri an, dreimal wurden sie sechs Monate gesperrt: 1966 Konietzka (1860 München), 1984 Bregman (Duisburg), 1986 Szesni (Saarbrücken). Kruse musste das Schlimmste befürchten. Zumal er schon bei Eintracht Frankfurt ein paar Mal ausgerastet war. Einmal rammte er Laser im Training den Ellbogen ins Gesicht. Das Gleiche passierte mit Studer. Kruse beschimpfte Andy Möller »als Penner, dem man die Fresse polieren müsste«. Zuvor hatte er bei Hertha einen Amateur umgehauen. »Ich habe so was kommen sehen«, sagt sein Ex-Trainer Dragoslav Stepanović. Sein Jugendfreund Thomas Doll, der einst mit Kruse im Rostocker Fußball-Internat war: »Er ist ein verrückter Hund.« Eines Tages hing Kruse im vierten Stock am Fenstersims und spielte mit dem Leben.

Lauterns Präsident Norbert Thines riet zum Rausschmiss. So weit ging der VfB nicht. Hoeneß und Trainer Daum entschieden sich für eine saftige Geldstrafe für »Axel von Sinnen«. Daum nahm sich den Sünder zur Brust: »Du hast nicht nur dir, sondern der ganzen Mannschaft geschadet. Ich hoffe, du ziehst die richtigen Lehren daraus.« Kruse nickte schuldbewusst: »Es tut mir unheimlich leid, das durfte einfach nicht passieren. Ein totaler Blackout.«

Auch vor dem DFB-Sportgericht kam er glimpflich davon – »nur« zehn Wochen Sperre.

78. GRUND

Weil Herr Litti falschen Alarm auslöste

Maier, Müller oder Schmidt heißen viele. Aber Litti? Wenn einer Litti heißt, dann kann er schon mal mit Nationalspieler Pierre Littbarski vom 1. FC Köln verwechselt werden. Sie wissen schon:

Littbarski, der kleine Superdribbler mit den Säbelbeinen. An einem Montag war's, da lag auf dem Schreibtisch von Manager Dieter Hoeneß im ersten Stock des Clubzentrums ein Zettel mit der Aufschrift: »Bitte Litti zurückrufen.« Dazu der Vermerk: »Das Wetter wird besser.«

Weil Maulwürfe nie aussterben, gelangte diese Nachricht auf wundersame Weise in die Redaktionsstuben der Stuttgarter Zeitungen. Die Cleverles mit den gespitzten Bleistiften kombinierten messerscharf: Litti kontaktiert Hoeneß, Wetter wird besser – aha, da kann es sich nur um Transfergespräche mit positiver Tendenz handeln. Fertig war die Story vom Fußball-Weltmeister, den der VfB als Nachfolger für den nach Italien abgewanderten Matthias Sammer verpflichten will. Prompt wurden die Leser am nächsten Morgen beim Frühstück mit dieser Meldung überrascht. Sogar die sonst so vorsichtige *dpa* jagte die Nachricht »Pierre Littbarski verhandelt mit dem VfB Stuttgart« über den Ticker. Doch schon eine Stunde später kam die Korrektur: »Bitte verwenden Sie die Meldung nicht. Sie beruht auf einem Missverständnis.«

Aufgeschreckt von den falschen Schlagzeilen erklärte Hoeneß den wahren Sachverhalt. Bei besagtem Litti auf dem Zettel handelte es sich nicht um den berühmten Fußballspieler, sondern um einen Herrn Bernd Litti aus Stuttgart-Lederberg, einem Bekannten von Dieter Hoeneß. Der hatte sich mit dem Manager nur zu einer Runde Golf verabreden wollen.

9. KAPITEL

GANZ WICHTIGE DINGE

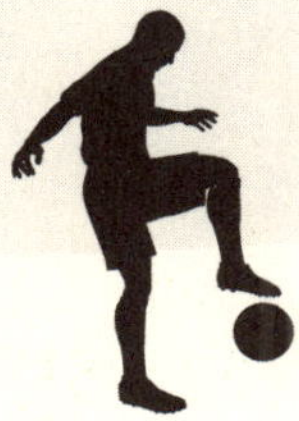

79. GRUND

Weil er im »Ländle« ein Wir-Gefühl entwickelt

Schuld am fortschreitenden Zerfall der Familie als kleinste Zelle der Gemeinschaft in heutiger Zeit sind wirtschaftliche Sachzwänge und sozialer Wandel. Sie führen beispielsweise zu einer Änderung der Mutterrolle. Die Frauen werden immer häufiger zu Zweitverdienern im Beruf und können sich nicht mehr so intensiv wie früher um die Kinder kümmern. Die Familie driftet immer weiter auseinander. Die Scheidungsraten haben drastisch zugenommen. Beziehungsarmut und Vereinsamung sind die Folgen.

Vor diesem Hintergrund kommt dem Verein gesteigerte Bedeutung zu. Der VfB wird mehr und mehr zur Ersatz-Familie, die nicht nur den inneren Zirkel oder die 65.000 Mitglieder, sondern alle Fans und Sympathisanten von Hohenlohe bis zum Bodensee, von der Ostalb bis in den Schwarzwald verbindet. Der VfB ist eine kulturelle Institution. Die Leute fühlen sich emotional hingezogen zu dieser Mannschaft als Repräsentant ihrer Region. Bei Siegen setzt kollektives Hochgefühl ein, bei Niederlagen leiden im »Ländle« alle mit. Dass sie sich mit den meisten Spielern gar nicht identifizieren können, weil viele Ausländer sind oder aus anderen Bundesländern stammen, spielt dabei nur eine untergeordnete Rolle. Entscheidend ist der rote Brustring, der die Gruppe als gemeinsames Ganzes zusammenhält. Der VfB trägt seinen Teil dazu bei, das Wir-Gefühl mit sozialem Engagement und besonderen Aktionen zu forcieren. »Wir legen großen Wert auf Teamarbeit. Wir versuchen, alle Bevölkerungsschichten mit einzubeziehen«, sagt Vorstandsmitglied Stefan Heim. Drei hauptamtliche Fanbetreuer sorgen für die Umsetzung: Christian Schmidt, ein ausgewiesener Sozialpädagoge, Ex-Stürmer Peter Reichert und Ralf Klenk, ein Mann aus der Fanszene.

Mindestens einmal im Jahr schwärmen Spieler, Trainer und Betreuer aus und besuchen ihre Fanclubs, oft auch jenseits der

Landesgrenzen. Die Camps der VfB-Fußballschule mit dem ehemaligen Musterprofi Günther Schäfer, an denen jeder teilnehmen kann, sind meistens überfüllt. Vereinsmaskottchen Fritzle ist bei Kindern überaus beliebt und wird oft für Geburtstage gebucht. Der Verein unterstützt mit Spenden eine Kinderkrebs-Nachsorgeklinik. Dafür läuft die Aktion »Dein Becherpfand für Tannheim«. Stadionbesucher lassen sich ihren Pfand auf Getränkebecher nicht mehr auszahlen. Der Reinerlös wird zur Sachspende. So wurden innerhalb eines Jahres vier E-Bikes im Wert von über 10.000 Euro finanziert. Ferner besucht Fanbetreuer Peter Reichert gemeinsam mit Polizeibeamten 15 bis 20 Schulen im Jahr, um die Schüler über die Gefahren von Alkohol und Drogen aufzuklären.

All diese Maßnahmen kommen gut an und tragen zum einwandfreien Image des solide geführten Vereins bei. Deshalb wird der VfB auch von vielen Unternehmen, die über König Fußball ihre Botschaften platzieren wollen, gerne als Werbeträger genutzt. Die sechsstufige Sponsorenpyramide des Vereins setzt sich zusammen aus einem Hauptsponsor, der auf dem Trikot wirbt, vier Exklusivpartnern, zwei Premiumpartnern, neun Teampartnern und einer ganzen Reihe von Club- und Servicepartnern. Die gesamten Werbeeinnahmen in Höhe von rund 40 Millionen Euro sind eine tragende Säule im Jahresetat.

80. GRUND

Weil ihn jeder am roten Brustring erkennt

Wenn VfB-Fans mit der Bahn verreisen, fühlen sie sich gleich heimisch. Denn jeder Fernzug der Deutschen Bundesbahn ziert ein roter Brustring – eines der markantesten Symbole, die auch mit dem VfB Stuttgart identifiziert werden. Ein Erkennungsmerkmal, das fast jeder Fußballfan selbst über die Bundesgrenzen hinaus dem »Vau-Eff-Beh« zuordnet. Der berühmte rote Brustring ziert seit 1925 die weißen Spieltrikots. Die Idee einiger Jugendspieler hat sich bis heute erhalten und wurde selbst von den Erfordernissen des Sponsorings nicht verdrängt. Die »Roten« sind eine sportliche Weltanschauung in strikter Abgrenzung zum »blauen Adel« droben in Degerloch. Warum die Altvorderen im April 1912 die Farbkombination »weiß-rot« wählten, lässt sich nicht mehr genau rekonstruieren, weil anfangs der Siebzigerjahre wertvolle Restbestände des Vereinsarchivs aus Versehen im Mülleimer gelandet sind. Wahrscheinlich sind die Farben eine Hommage an einen der beiden Gründerklubs des VfB, an den Kronenklub Cannstatt von 1897. Der trug die beiden heutigen VfB-Farben in seinem Wappen. Der FV Stuttgart, mit dem der Kronenklub 1912 fusionierte, hatte sich bei seiner Gründungsversammlung am 9. September 1893 im Gasthaus »Becher« für die Stuttgarter Stadtfarben Schwarz und Gelb entschieden. Der FV spielte vorwiegend Rugby, und zwar in weißen Trikots mit schwarzem Stern auf der Brust und weißen Hosen. Der Kronenklub entwickelte sich im Laufe der Zeit mehr und mehr zu einem Tennisverein.

Schon 1910, also zwei Jahre vor der Fusion, trugen die Spieler des FV Stuttgart das Wappen des Hauses Württemberg auf dem Trikot: schwarze Geweihstangen auf gelbem Grund als Treuebekenntnis zum Königshaus. Das Wappen blieb so bis 1946. Dann wurde es neu gestaltet und verbunden mit den verschnörkelten Buchstaben VfB. Dieses Emblem, das später noch mal leicht modifiziert wurde, gehört seit den Fünfzigerjahren zum Erscheinungsbild aller VfB-Sportler von den Bambinis bis hinauf zu den Bundesligaprofis.

Roter Brustring und Wappen überstanden alle Ideen und Versuche, mit der Tradition zu brechen. So trugen die Spieler nach dem verlorenen Meisterfinale 1953 schwarze Hosen. Dieser Stilbruch war nur von kurzer Dauer. Ebenso die Folgerung, in der ersten Saison nach dem Abstieg 1975 ganz auf den Brustring zu verzichten. Davor war schon das Vorhaben gescheitert, die Spieler ganz neu einzukleiden. Im Auftrag des damaligen Präsidenten Hans Weitpert entwarf Schneidermeister Rudolf Kreitlein, besser bekannt als FIFA-Schiedsrichter, ein Trikot mit einem großen Schachbrettmuster. Es fand jedoch keine Gnade vor den Augen der Mitglieder und wanderte ebenso in den Müllsack der Vereinsgeschichte wie die Idee, in den Stadtfarben mit gelbem Hemd und schwarzer Hose zu spielen. Für die Fans war der »FC Gaswerk« keine ernst zu nehmende Alternative.

Auch als die Spielerbrust nach dem Trendsetter Jägermeister in Braunschweig für Werbung freigegeben wurde, widerstand der VfB allen Versuchungen, den Brustring zu verändern oder gar zu opfern. Lieber verzichtete der Verein auf ein paar Sponsoren-Millionen, als mit der Tradition zu brechen. Das musste beispielsweise das Textilunternehmen Trigema erfahren, dessen Markenzeichen, ein blauer Flügel, nicht zum roten Ring passte. Von Frottesana angefangen bis zur aktuellen Mercedes-Benz-Bank hatte der VfB bisher zehn Sponsorenzüge auf dem Trikot, alle passend zum roten Brustring und zum Vereinswappen.

81. GRUND

Weil die Urväter Rugby spielten

Die Jahreszahl 1893 im Wappen des »Vereins für Bewegungsspiele Stuttgart« ist genau genommen eine Vorspiegelung falscher Tatsachen. Denn in jenem Jahr gab es den Verein noch gar nicht und zu jener Zeit wurde in Stuttgart auch noch nicht Fußball gespielt. 1893 war das Gründungsjahr des Stuttgarter FV, in dem ausschließlich Rugby mit dem eiförmigen Ball, wie er in den USA im Nationalspiel American Football verwendet wird, gespielt wurde. Ja, Stuttgart formierte sich neben Hannover, Heidelberg und Frankfurt sogar zu einem Mittelpunkt des deutschen Rugbysports. 1907 erkämpfte der

FV 93 die Süddeutsche Meisterschaft, zwei Jahre später unterlag er im Endspiel um die »Deutsche« Hannover 1897 mit 3:6 Punkten.

Doch mit seinen für Zuschauer schwer verständlichen Regeln verlor Rugby um die Jahrhundertwende gegenüber dem aufkommenden Fußball mehr und mehr an Boden. Die jungen Vereinsmitglieder rebellierten. Ihr Vorstoß führte dazu, dass beim FV 1908 das Fußballspiel eingeführt wurde.

Die Fußballer hatten es nicht leicht, galt ihre Art der Leibesertüchtigung doch bei vielen als »Proletensport«. Sie wurden verlacht und verfolgt. Rektor Maier von der Oberrealschule Cannstatt drohte seinen fußballbegeisterten Schülern mit Karzer und sogar mit Ausschluss aus der Schule. Der Stuttgarter Professor und Turnlehrer Karl Planck wetterte in seinem 1899 veröffentlichten Pamphlet *Wider die Fußball-Lümmelei, Stauchballspiel und Englische Krankheit*: »Was bedeutet denn der Fußtritt in der Welt? Doch wohl, dass der Gegenstand, die Person, nicht wert ist, dass man auch nur die Hand ihretwillen rührt! Hätte aber vor etlichen Jahrzehnten noch ein biederer Turnmeister in allem Ernst die Forderung gestellt, auch der Hundstritt müsse kunstgerecht geübt und der Sieger darin dann mit hohen Preisen ausgezeichnet werden, man hätte den Guten wohl ohne viel Umstände ins Irrenhaus gesteckt. Unsereins erlaubt sich also, das Fußballspiel nicht nur gemein, sondern auch lächerlich, hässlich und widernatürlich zu finden.«[5]

Ungeachtet solcher Anfeindungen wurde beim Kronenklub Cannstatt schon von der Gründung 1896/97 an das Fußballspiel gepflegt, obwohl den Pennälern der Realschule durch Rektorats-Erlass die Mitgliedschaft im Klub ausdrücklich verboten war. Im Gegenteil: Die Verfolgung durch die Schule schweißte die jungen Kicker auch gesellschaftlich zusammen, wie der langjährige, inzwischen verstorbene ZDF-Sportreporter Gerd Krämer im Jubiläumsbuch *100 Jahre VfB* berichtete.

Das Problem bei beiden Klubs war der Spielplatz. Der FV 93 spielte auf dem Stöckachplatz. Als Hydranten reguläre Spiele verhinderten, flüchtete man auf den Cannstatter Wasen, dem Exerzierplatz der Stuttgarter Garnison, der zeitweise an einen Schäfer verpachtet wurde. Auf dessen Beschwerde, dass seine Schafe durch die Ballspiele beunruhigt würden und sichtlich abmagerten, folgte prompt ein Spielverbot. Der Schäfer bekam eine Abfindung, es durfte wieder gespielt werden. Da tauchte das nächste Hindernis auf. Die beiden Töchter des kommandierenden Generals fühlten sich bei ihren Ausritten durch den Anblick nackter Fußballknie irritiert. Der Wasen wurde wieder gesperrt.

Der FV 93 stand 1911 kurz vor den Aufstiegsspielen in die höchste süddeutsche Spielklasse, hatte aber keinen Platz mehr. Die Rettung war der benachbarte Kronenklub, der über viele Spieler und einen neuen Platz in Münster am Neckar verfügte. Die Verhandlungen zwischen beiden Klubs führten am 2. April 1912 zur Vereinigung unter dem Namen »Verein für Bewegungsspiele Stuttgart 1893«. Kurz nach der Fusion schaffte der VfB den Aufstieg mit einem schwer erkämpften 1:0-Sieg beim FC Mühlburg, einem Vorläufer des Karlsruher SC. Mit seinem Kopfballtor war Copé Wendling der Held des Tages.

Zwei Jahre später brach der Erste Weltkrieg aus. Nach einer ergreifenden Abschlussfeier unter ihrem Vorstand »Papa« Hinzmann am 1. August 1914 wurden drei Viertel der 357 Vereinsmitglieder zur Wehrmacht eingezogen. 90 fielen im Krieg.

82. GRUND

Weil zwei Sünder die Reue packte

In der Saison 1970/71 zogen Herren mit schwarzen Geldkoffern durch die Lande in der Absicht, Profis zu finden, die für eine schnelle Mark bereit waren, Spiele zu manipulieren. Das Geld saß locker, die Versuchung war groß. Und so kam es immer wieder zu verblüffenden Ergebnissen. Abstiegsbedrohte Mannschaften brachten auf wundersame Weise höher eingeschätzte Gegner zu Fall, Favoritenstürze waren an der Tagesordnung.

Auch mit der 0:1-Niederlage des VfB bei Arminia Bielefeld hatte keiner gerechnet. Was die 20.000 Zuschauer auf der Alm nicht wissen konnten: Drei Stuttgarter Spieler waren gekauft! Arminen-Profi Jürgen Neumann war vor dem Spiel als Geldbote unterwegs gewesen und hatte an einer Autobahn-Raststätte zwischen Mannheim und Heilbronn 45.000 Mark übergeben, die unter den drei Komplizen Hans Arnold, Hans Eisele und Hartmut Weiß aufgeteilt wurden. Aus einer zweiten Quelle kassierte das Trio noch einmal jeweils 3000 Mark. Dieses Geld wurde in einem Stuttgarter Postkasten hinterlegt. Die Gegenleistung: Im entscheidenden Moment sollten sie den Fuß zurückziehen, dem Ball eine andere Richtung geben, den Kampfgeist auf Sparflamme halten.

Der Offenbacher Obsthändler Horst-Gregorio Canellas ließ am 6. Juni 1971 im Garten seines Hauses vor einer erlauchten Schar von Gästen die Bombe platzen. Er drückte auf den Wiedergabeknopf eines Tonbandgeräts, präsentierte Mitschnitte von Telefongesprächen mit Spielern, die Bares für Spielmanipulationen gefordert hatten. Der Skandal, an dem zehn der 18 Bundesligaklubs mitgemischt hatten, war aufgedeckt.

Der DFB machte mobil und schickte seinen besten Mann ins Rennen, den Stuttgarter Landgerichtsdirektor Hans Kindermann, Vorsitzender des DFB-Kontrollausschusses. Als Chefankläger nahm er sich des Falles an und trocknete den Sumpf aus. 1972 wurden 52 Profis, zwei Trainer und sechs Funktionäre gesperrt oder zu Geldstrafen verurteilt. Unter ihnen die drei vom VfB.

Als ersten packte Hans Arnold die Reue. Er legte ein volles Geständnis ab und sagte: »Wenn ich die Sache rückblickend betrachte, muss ich sagen, dass ich reichlich unüberlegt gehandelt habe. Aber alles ging ruck, zuck.« Für seinen Kurzschluss wurde er vom DFB gesperrt und vom VfB suspendiert. Kindermann räumte ihm mildernde Umstände ein: »Endlich mal einer, der trotz allem noch so viel Sportsgeist hat und versucht, reinen Tisch zu machen. Das hat mich echt gefreut bei all den Ungereimtheiten, die ich sonst gehört habe.« Arnold wurde später Jugendtrainer beim VfB.

Nach der Beichte von Arnold bekannte sich auch Hartmut Weiß (»Filder-Gento«) zu seiner Straftat, und zwar schriftlich. Ulkig: Der Spieler hieß Weiß, sein Anwalt Schwarz, der DFB bekam die Aussage schwarz auf weiß. Damit war die Profikarriere des langen Mittelstürmers ebenfalls zu Ende. Später ging er dann wieder für seinen Stammverein TSV Bernhausen auf Torjagd.

Beim eisenharten Verteidiger Hans Eisele bissen nicht nur die Gegenspieler, sondern auch der »DFB-Saubermann« auf Granit. Kindermann konnte Eisele zu keinem Geständnis bewegen. Er entzog sich dem langen Arm des Chefanklägers durch einen Wechsel zu Alpine Donawitz nach Österreich. Nach seiner Rückkehr trainierte er verschiedene kleinere Klubs in Stuttgart, bevor er 2002 einem Nierenleiden erlag. Hans Arnold starb bereits 1991 nach einem Herzinfarkt.

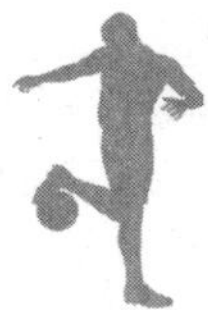

83. GRUND

Weil Fritzle eine attraktive junge Dame ist

»Gestatten, mein Name ist Fritzle. Geboren am 1. Juli 1992 am Neckarstrand von Bad Cannstatt. Benannt nach Fritz Walter, dem kleinen Torjäger der Neunzigerjahre. Nationalität: Ur-Schwäbisch. Position: Chefanimateur von Cannstatt. Rückennummer 92. Ich bin das fußballerisch begabteste Krokodil aller Zeiten. Größte Erfolge: Deutscher Eisfußball-Gewinner 2009, Deutscher Meister 2007, DFB-Pokalsieger 1997. Champions-League-Platz bei der ersten deutschen Maskottchen-Meisterschaft. Wahl zum sympathischsten Maskottchen Deutschlands.«[6]

So stellt sich der Glücksbringer des VfB Stuttgart im Jahrbuch des Vereins selber vor. Wohl das hippste Maskottchen der Bundesliga, das sich wohltuend abhebt von beispielsweise vielen langweiligen Bären wie dem Bayern-Berni, Leichtathletik-Berlino, Biathlon-Bumsi oder Berlin-Herthinho. Fritzle feierte seine Premiere am 22. August 1992 beim Heimspiel gegen den 1. FC Nürnberg. Ein gelungener Einstand. Der VfB gewann nach einem Doppelpack von Fritz Walter und einem Treffer von Adrian Knup mit 3:0. Es war der Auftakt zu einer Serie von fünf Siegen hintereinander, die den Beliebtheitsgrad des neuen Maskottchens auf Anhieb in schwindelnde Höhen trieb. Das hat sich bis heute nicht geändert. Fritzle ist in allen Altersbereichen, vor allem aber bei den Kids zwischen vier und acht, äußerst beliebt. Beliebter noch als die Spieler. Kein Wunder, dass sich die »Erfindung« des Stuttgarter Comiczeichners Martin Frei vor Einladungen kaum retten kann. Bei über 150 Einsätzen pro Jahr tanzt er auf Hochzeiten, verteilt Autogramme bei Firmenfesten, spielt Luftgitarre bei Geburtstagen von 50- oder 60-Jährigen, geht beim Torwandschießen voran oder wirft sich für Erinnerungsfotos in Pose. Das grüne Krokodil wurde von VfB-Fans sogar schon für Beerdigungen angefordert, was der Verein jedoch ablehnte.

Fritzle sorgt für gute Stimmung auf den Rängen, wenn er sich bei Toren des VfB auf den Boden wirft und seine berühmte Kroko-Rolle macht. Zu seinen Highlights zählte, als er sich im Autokorso mit der Mannschaft für die Meisterschaft 2007 feiern lassen und anschließend ins Goldene Buch der Stadt eintragen durfte. Einmal schwebte das wagemutige Maskottchen sogar per Fallschirm ins Stadion ein.

Krokodile gelten als stark, schnell und zäh. Die alten Ägypter haben das Tier als Sinnbild für Fruchtbarkeit verehrt. Fruchtbar wie Fritzle, denn das jetzige Maskottchen ist schon der Nachkomme. Der sichtbarste Unterschied: Fritzle II kann den Mund bewegen. Ausgerechnet ein Karlsruher, Markus Kalkbrenner, war sein Geburtshelfer – durchaus mutig angesichts der anhaltenden Rivalität zwischen den Stuttgartern und dem KSC. Den Kopf modellierte er aus Schaumstoff, er ist 800 Gramm leicht. Den Körper hat er aus Fellimitaten zusammengenäht. »Ich suche leichte, luftdurchlässige Stoffe, setzte im Zweifelsfall auf Qualität«, sagt der Mann an der Nähmaschine, der seinen Nebenjob zum Hauptberuf machte.

Wer steckt eigentlich drin im Krokodil-Kostüm? Wer füllt es mit Leben? Das bleibt ein streng gehütetes Geheimnis des VfB. Gerüchten zufolge soll auch eine attraktive junge Dame unter diversen Kostümträgern sein. Das macht das Maskottchen noch reizvoller, als es schon ist.

84. GRUND

Weil Didi ein kostspieliger Schneeschipper war

Der Spieler Sebastião Pereira do Nascimento, genannt Didi, lag auf dem Operationstisch. Umringt von drei Ärzten und mehreren Assistenten. Alle Blicke richteten sich auf das rechte Knie des Brasilianers, der unter Vollnarkose dahinschlummerte. Für die Mediziner galt es im Herbst 1999 zu klären, ob der Patient schon einmal am Kreuzband operiert worden war oder nicht?

Für Edgar Stumpf, einen der beiden Vereinsärzte, war die Sache klar: »Da ist schon mal was gemacht worden, das sieht doch ein Blinder!« Sein Kollege Thomas Frölich hingegen war sich da nicht so sicher: »Ich habe ganz gute Augen, aber ich kann nichts entdecken.« Ein zu Rate gezogener junger Kollege bestätigte Frölichs Einschätzung.

Gemeinsam machten sie sich ans Werk. Und siehe da: Didis Kreuzband war zwar kaputt, jedoch war die Verletzung von 1994 nie operativ, sondern konservativ behandelt worden. Didi hatte mit dieser Verletzung, die nicht operiert worden war, jahrelang in Brasilien gespielt. Das war wichtig für den weiteren Verlauf im »Fall Didi«, dem größten Transfer-Flop in der Geschichte des VfB Stuttgart. Die Ärzte ersetzten das nicht mehr vorhandene Kreuzband durch eine Ersatzplastik, entfernten Teile des lädierten Innenmeniskus und nähten die Wunde wieder zu.

Rückblende: Juli 1999. Trainer Ralf Rangnick und Teammanager Karlheinz Förster sind sich nach mehreren Begutachtungen und einem Probetraining einig: Didi könnte eine Verstärkung für den Angriff werden. Weil sie sich aber nicht hundertprozentig sicher sind und es beim VfB finanziell wieder einmal klemmt, soll der Brasilianer nur ausgeliehen werden. So die Absprache mit dem Präsidium. Umso überraschter sind Rangnick und Förster am nächsten Tag, als Didi gemeinsam mit Sean Dundee als »gekauft« vorgestellt wird. Vorstandsmitglied Ulrich Schäfer hat über Nacht mit dem Verein Esporte Club San André, der die Transferrechte besitzt, einen Dreijahresvertrag abgeschlossen. Als Ablösesumme werden vier Millionen Mark kolportiert. Aber Förster sagt heute: »Wenn ich mich recht erinnere, waren es 6,2 Millionen.«

Als sich Didi dem üblichen sportmedizinischen Check in Tübingen unterzog, war der Vertrag schon unterschrieben. Der untersuchende Arzt Dr. Thomas Horsmann stellte keine Instabilität des Kniegelenks fest und verzichtete auf eine Kernspintomografie. Zumal der Spieler auf zweimaliges Befragen versicherte, mit seinem Knie sei alles in Ordnung. Schließlich habe er in seiner Heimat immer problemlos gespielt. »Wenn die Muskulatur und die übrigen Bänder stark sind, ist das möglich«, so Frölich.

Doch schon nach dem ersten Kurzeinsatz gegen Leverkusen streikte das Knie. Didi musste operiert werden. Mindestens ein halbes Jahr Pause. Zukunft ungewiss. Die Aufregung in Stuttgart nach dieser Schockdiagnose war groß, der Skandal perfekt. »Didi musste sich erholen und brauchte seine Ruhe«, erzählt Frölich. »Wir haben damals in Böblingen gebaut. Um ihn zu schützen, haben wir ihn samt Frau in unser neues Haus geholt und mit der Reha begonnen. Im Winter hat er dann schon Schnee geschippt.«

So fürsorglich der »Doc« auch war, so verärgert war der VfB. Die Vereinsführung kündigte den Vertrag und behielt das Gehalt des Spielers ein. Begründung: arglistige Täuschung. »Durch die festgestellte alte Verletzung liegt eine wesentliche Einschränkung der Einsatzfähigkeit vor. Angesichts dieses Umstands hätten wir mit Sicherheit davon abgesehen, den Spieler zu verpflichten«, teilte der Verein in einer Presseerklärung mit.

Es kam zum Rechtsstreit. Der Tatbestand der arglistigen Täuschung nach § 123 BGB konnte jedoch nicht nachgewiesen werden. Der VfB musste die Kröte schlucken, die Millionen waren futsch. Didis Berater versprach zwar, für geeigneten Ersatz zu sorgen. Aber mit dem kleinen Brasilianer Elson, den er Jahre später an den Neckar lotste, wurde der VfB auch nicht glücklich. Dafür Didi umso mehr. Der spielte nach seiner Genesung in der Schweiz, in Mexiko und in Südkorea noch jahrelang munter weiter – erfolgreich und problemlos. Mit dem in Stuttgart reparierten Knie.

85. GRUND

Weil ein »Magisches Dreieck« Traumfußball zelebrierte

Sie waren wie drei große Kinder. Drei ausgelassene, fröhliche junge Männer mit unendlich viel Spaß am Spiel. Sie zelebrierten Traumfußball, begeisterten die Fans mit Hackentricks, Scherenschlägen, Beinschüssen und anderen Kabinettstückchen. Der Autor dieses Büchleins, damals noch bei *Bild*, verlieh den drei Zauberern den Titel »Das magische Dreieck« und dieser Begriff wurde zu einem Markenzeichen in ganz Fußball-Deutschland.

Superstar eins im gleichschenkeligen Dreieck war Krassimir Balakov. Der bulgarische Nationalspieler kam 1995 von Sporting Lissabon zum VfB und entpuppte sich auf Anhieb als einer der besten Spieler, der je das Trikot mit dem roten Brustring getragen hat. Er war Lenker und Denker des Spiels, vereinte Laufstärke und Torgefährlichkeit, war obendrein ein famoser Freistoß-Spezialist. »Ballaballa« nannten sie das, was der kreative Ästhet vom Balkan auf dem Platz vollführte.

Vor ihm war Fredi Bobic vom Lokalrivalen Kickers zum VfB gekommen. Sein damaliger Berater Hans Hägele erzählte gerne die Geschichte: »Wir waren auf der Fahrt nach Degerloch und wollten eigentlich den Vertrag mit den Blauen verlängern. Auf der B 10 klingelte das Handy. VfB-Manager Dieter Hoeneß war dran und sagte: ›Komm zu uns.‹ Da sind wir am Gaskessel spontan nach rechts statt nach links abgebogen und haben beim VfB unterschrieben.« Für die Roten war die Blitzaktion ein Glücksfall von langer Dauer. In den folgenden fünf Jahren erzielte der heutige Manager in 148 Bundesligaspielen 69 Tore.

Dritter in diesem Trio Infernale war der Brasilianer Giovane Elber. Ein hochkarätiger Stürmer, ein Ballkünstler mit eingebauter Torgarantie. Seine Auftritte waren wie Karneval in Rio oder Samba unterm Zuckerhut. In 87 Spielen hat er es bei 41 Treffern belassen und lieber noch ein Kabinettstück extra gezeigt.

Drei unterschiedliche Spielertypen, die sich großartig verstanden und ergänzten. Verantwortlich für den begeisternden Fußball war ein gewisser Joachim Löw als Cheftrainer. Der spätere Bundestrainer ließ das Dreigestirn mit »högschter Luscht« und Laune aufspielen. In der Endabrechnung reichte es 1997 zwar nur zum vierten Tabellenplatz, doch als eine Art Entschädigung holte sich der VfB zum dritten Mal in seiner Vereinshistorie den DFB-Pokal. Die beiden Tore zum 2:0-Finalsieg gegen Energie Cottbus waren die Abschiedsgeschenke von Giovane Elber, der vom FC Bayern abgeworben wurde. Ohne ihn feierte der VfB in der folgenden Saison trotzdem einen Triumphmarsch durch den Europapokal der Pokalsieger, der erst im Finale gegen Chelsea mit 1:0 gestoppt wurde.

Danach verließ Fredi Bobic Stuttgart in Richtung Dortmund. Die glorreichen Drei waren endgültig gesprengt. Lediglich Balakov blieb bis zu seinem Karriereende im Ländle. Im letzten Spiel seiner Traumkarriere schenkte er dem VfB den Klassenerhalt – mit einem Glücksschuss in letzter Sekunde in den Torwinkel zum 1:0 gegen Schalke.

86. GRUND

Weil das »Tragische Dreieck« in die Charts kam

Das musikalische Gegenstück zum »Magischen Dreieck« nannte sich »Tragisches Dreieck«. Auf dem Platz zauberten Balakov, Bobic und Elber, im Tonstudio der Popgruppe PUR legten sich Gerhard Poschner, Marco Haber und Fredi Bobic mit ihren Stimmen mächtig ins Zeug. Hartmut Engler, Chef von PUR, war skeptisch, als er im Herbst 1996 mit dem Plan konfrontiert wurde. Hatten es doch schon viele Kicker vergeblich versucht, mit Sangeskünsten ihr fußballerisches Niveau zu erreichen – von Franz Beckenbauer (*Gute Freunde kann niemand trennen*) über Gerd Müller (*Dann macht es Bumm*), von Petar Radenković (*Bin i Radi, bin i König*) bis zu diversen Auftritten unserer Nationalmannschaft vor Weltmeisterschaften.

Vor der Aufnahme bestellte das »Tragische Dreieck« erst mal Fast Food bei McDonalds, dazu Cola und Whiskey, um die ungeübten Stimmbänder zu ölen. Dann nahmen sie die Mikrofone in die Hand und trugen in bester Rapper-Manier ihren musikalischen Protestaufruf gegen aufkeimende Schwalbenkultur in der Bundesliga vor. *Steh auf!* lautete der etwas provokante Titel der Präsentation, die auch Engler überzeugte. Das Trio durfte sogar in *Ranissimo*, der Fußballshow von Sat.1, und in der *Harald Schmidt Show* auftreten.

Steh auf! kam in die Charts und erreichte Verkaufszahlen, mit denen keiner der Beteiligten ernsthaft gerechnet hatte. »Von der CD wurden zwischen 40.000 und 50.000 Stück verkauft«, sagt Fredi Bobic, »aber danach haben wir unsere musikalische Karriere schnell wieder beendet.«

Vom Rapper-Trio blieb Bobic als einziger immer am Mikrofon, wenn auch in anderen Funktionen. 2007 hatte er einen Kurzauftritt im Musikvideo *Vom selben Stern* von Ich und Ich. 2008 spielte er in der Serie *Torpiraten* des TV-Senders Nickelodeon mit. Beim österreichischen Privatsender ATV war der Torschützenkönig von 1996 dann Experte für Bundesligaspiele, bevor er als Sportdirektor erst mit seinem Freund Krassimir Balakov nach Burgas/Bulgarien und dann zum VfB Stuttgart wechselte.

87. GRUND

Weil er eine Talentschmiede mit Knigge hat

Der VfB hat eine der erfolgreichsten Talentschmieden in Deutschland. Sechs Prozent aller aktuellen Spieler in der ersten und zweiten Liga sind in Stuttgart ausgebildet worden. Das ist nationale Spitze, sogar knapp vor dem FC Bayern. Viele Eigengewächse sind Nationalspieler geworden wie zum Beispiel Kevin Kurányi, Mario Gomez, Timo Hildebrand oder Serdar Taşçi. Alle überzeugen nicht nur mit Leistung auf dem Platz, sondern auch mit gutem Benehmen in der Öffentlichkeit.

Das hat seinen Grund. Beim VfB gibt es ein Verhaltens-ABC für Jugendspieler, eine Art Fußball-Knigge. Frieder Schrof, der langjährige Leiter der Nachwuchsabteilung, und Jugend-Koordinator Thomas Albeck haben auf zwei DIN-A4-Seiten 20 Benimm-Paragrafen entwickelt und sie jedem Talent ausgehändigt. Andy Hinkel, der auch schon den Bundesadler auf der Brust trug, sagt: »Ich habe gelernt, dass es ohne Disziplin, Konzentration und die Bereitschaft, sich in den Dienst der Mannschaft zu stellen, nicht geht. Das war eine gute Schule für das Leben als Profi.«

Die Regeln schreiben unter anderem vor: Jeder erwachsene Mitarbeiter des Vereins ist zu grüßen. Die Haare dürfen nicht so lang sein, dass sie Hilfsmittel wie Stirnband oder Zopf erfordern, um ohne Beeinträchtigung Fußball spielen zu können. Unnatürliche Haarfärbungen sind nicht erlaubt. Die Benützung von Handys auf dem Sportgelände und bei den Fahrten im Bus ist verboten. Zur eigenen und der Sicherheit der Mitspieler darf bei Spiel und Training kein Schmuck (Ohrringe, Halsketten, größere Ringe) getragen werden. Das Trikot ist beim Training und im Spiel in der Hose zu tragen. Damenbesuche im Jugendzentrum werden nicht geduldet.

»Ohne Disziplin und Ordnung funktioniert das Zusammenarbeiten in Gruppen nicht«, sagt Initiator Schrof, inzwischen mit Albeck zu RB Leipzig gewechselt. »Es geht auch um das Erscheinungsbild des VfB. Wer gegen unsere Regeln verstößt, muss mit Suspendierungsmaßnahmen rechnen. Wer es nicht begreift, muss den Verein verlassen – und sei er noch so gut. Wir haben die Erfahrung gemacht, dass sich eher diejenigen als Profis durchsetzen, die Talent und ein hohes Maß an Disziplin auf sich vereinen.«

Der Stuttgarter Fußball-Knigge ist ein anerkanntes Erfolgsrezept. Die DFL hat die Nachwuchsschulung in dieser Art wiederholt mit drei Sternen, der höchsten Auszeichnung, bewertet. Matthias Sammer meinte, als er noch DFB-Sportdirektor war: »Das Persönlichkeitsbild eines Spielers, sein Charakter, spiegelt sich auf dem Platz wider. Wenn wir es deutschlandweit schaffen, Grundwerte wie Ordnung, Disziplin und Respekt verstärkt zu vermitteln, dann wird unser Fußball qualitativ besser.« Diese Philosophie wird in Stuttgart nicht nur von den Jugendlichen vorbildlich umgesetzt. Auch bei den Profis gibt es keine Langhaarigen mehr. Gutes Benehmen wird großgeschrieben. »Bei uns herrscht eine Atmosphäre ausgesuchter Höflichkeit«, sagt Vorstandsmitglied Stefan Heim.

88. GRUND

Weil die »Jungen Wilden« Europa eroberten

Von Ralf Rangnick und Rainer Adrion wurden sie ausgebildet, von Felix Magath ins kalte Wasser geworfen – die legendären »Jungen Wilden« des VfB Stuttgart. Eine Maßnahme mehr aus der Not geboren. Der Verein war hoch verschuldet, konnte sich keine neuen Stars leisten und setzte konsequent auf den eigenen Nachwuchs. Das Unternehmen wurde ein voller Erfolg.

Der Begriff »Junge Wilde« war eine Erfindung der Marketing-Abteilung. Die sieben Jungs waren alle zwischen 19 und 24 Jahre alt. Im Tor der talentierte Timo Hildebrand. Der schnelle Andy Hinkel auf der rechten Abwehrseite. In der Mitte verteidigte Timo Wenzel, im Mittelfeld wirbelte das Allroundtalent Christian Tiffert. Den offensiven Part hinter den Spitzen spielte Aleksandr Hleb, der brillante Techniker. Auf dem linken Flügel stürmte Ioannis Amanatidis, in der Mitte Kevin Kurányi.

Anders als oft in der Musikbranche handelte es sich hier nicht um einen zusammengewürfelten Haufen, sondern um echte Kumpels, die schon als 15- oder 16-Jährige zusammen spielten. Hildebrand ist im VfB-Jugendhaus groß geworden. »Wir kannten uns lange, waren im gleichen Alter, hatten ähnliche Interessen. Wir waren jung, aber nicht aufmüpfig«, erklärt er. Nach dem Training blühte der Flachs. In der Kabine wurden schon mal Hosen versteckt oder nasse Socken in die Schuhe gelegt. Dass die Gute-Laune-Truppe nicht zu übermütig wurde, dafür sorgten die erfahrenen Spieler wie Kapitän Zvonimir Soldo, Fernando Meira oder Marcelo Bordon.

Felix Magath packte die Jungs im Training hart an, ließ ihnen aber sonst viele Freiheiten. Der Trainer hatte den VfB 2001 als Tabellenvorletzten übernommen und in letzter Minute den Abstieg verhindert. Danach führte er Stuttgart Schritt für Schritt nach oben, 2003 mit seiner Boygroup sogar bis in die Champions League.

Im selben Jahr gesellte sich Philipp Lahm dazu, mit 19 der Jüngste der »Jungen Wilden«. Der Außenverteidiger war bei Trainer Hermann Gerland bei den Bayern-Amateuren in die Lehre gegangen und wurde an den VfB ausgeliehen, um dort seine Gesellenprüfung zu machen. Der Powerfloh entpuppte sich auf Anhieb als große Verstärkung. Magath war des Lobes voll über seinen Neuen aus der dritten Liga: »Er ist immer im Bilde. Lernbegierig wie Andy Hinkel. Bei ihm kommt nie ein Ton der Klage übers Training. Er wird sich schnurstracks weiterentwickeln.« Schweren Herzens musste der VfB nach zwei Jahren Lahm wieder zu den Bayern ziehen lassen. Längst ist er einer der besten Abwehrspieler der Welt.

Der VfB beendete die Saison 2003/04 als deutscher Vizemeister. In der europäischen Königsklasse schaffte die Rasselbande aufsehenerregende Erfolge wie das 2:1 gegen Manchester United, das 1:0 gegen die Glasgow Rangers oder die beiden Siege gegen Panathinaikos Athen (2:0, 3:1). Im Achtelfinale fehlte nur ein Quäntchen Glück gegen Chelsea London (0:1, 0:0) zum Aufstieg unter die besten Acht von Europa.

Nichts ist so alt wie die Zeitung von gestern, heißt es. Das geflügelte Wort lässt sich genauso gut auf Fußballmannschaften übertragen. In den folgenden Jahren fiel das erfolgreiche Team auseinander, mit den Champions-League-Millionen wurden neue Stars geholt. Hleb ging zu Arsenal London, dann weiter zum FC Barcelona. Er wurde zurück zum VfB, nach Birmingham und Wolfsburg ausgeliehen, spielte kurz bei Samara in Russland und kehrte zu seinem Stammverein Bate Borissov zurück. Wenzel wechselte nach Kaiserslautern, zum FC Augsburg, Omonio Nikosia, Kerkyra in Griechenland und ließ seine Karriere in Elversberg in der dritten Liga ausklingen. Schalke angelte sich Bordon und Kurányi, der danach für Dynamo Moskau stürmte. Tiffert zog es nach Salzburg, Duisburg, Kaiserslautern und Seattle in den USA, schließlich zum FC Erzgebirge Aue in die zweite Liga. Hinkels Stationen hießen Sevilla, Celtic Glasgow und SC Freiburg. Jetzt ist er Regionalliga-Trainer beim VfB. Amanatidis trug die Trikots von Fürth, Eintracht Frankfurt (zweimal) und Kaiserslautern. Für Hildebrand begann nach dem Gewinn der Meisterschaft 2007 eine unglückliche Odyssee über Valencia, Hoffenheim, Sporting Lissabon bis zum Happy End auf Schalke.

89. GRUND

Weil Rot gegen Blau eine Glaubensfrage ist

Die beiden Chefs haben sich immer prima verstanden. Wenn sich Gerhard Mayer-Vorfelder und Axel Dünnwald-Metzler trafen, übten sie den Schulterschluss. Etwa bei den Promispielen. Dafür kreierten sie extra ein rot-blaues Trikot mit den Wappen beider Klubs, dem verschnörkelten roten VfB und dem blauen K mit den drei Sternen, die für Könner, Kämpfer, Kameraden stehen. »Unsere Brust ist breit genug dafür«, meinte MV und legte den Arm jovial um die Schulter seines Duz-Freunds ADM. Wenn sich Rot und Blau auf dem Rasen gegenüber standen, ging es selten so freundschaftlich zu. Bei den Derbys trafen sich Erzrivalen zum Glaubenskrieg wie Dortmund gegen Schalke, Real Madrid gegen FC Barcelona, Boca Juniors gegen River Plate. Am 2. Mai 1992 ging es in der Bundesliga für den VfB um die Meisterschaft, für die Kickers um den Klassenerhalt. Ein Schicksalsderby, nichts für schwache Nerven.

Bis zur 70. Minute führten die Kickers 1:0. Titel ade für den VfB? Dann kam Sammer, der Feuerkopf, und die Blauen gingen unter. Vorlage Sammer zu Fritz Walter – 1:1. Sammer an den Pfosten. Sammer zu Frontzeck – 2:1. Walter 3:1. »Es ging um unsere Ehre«, sagte Matthias Sammer. Die Kickers mussten sich zum zweiten Mal nach 1989 nach einem nur einjährigen Gastspiel im Oberhaus wieder verabschieden. Auf der Tribüne tröstete MV seinen Kickers-Kollegen ADM: »Axel, ich wünsch dir, dass ihr sofort wieder aufsteigt.«

Die Kickers schafften es nicht. Im Gegenteil. Es ging weiter abwärts, 2001 sogar in die vierte Liga. Der Tiefpunkt in der Vereinsgeschichte. Elf Jahre brauchten sie, um diese Schmach mit dem Aufstieg in die dritte Liga zu tilgen.

Dabei spielten die »blauen Götter«, wie sie liebevoll von ihren Fans genannt werden, bis zum Ende des Zweiten Weltkriegs auf Augenhöhe mit dem VfB. Auch danach sorgten sie mit dem 100-Tore-Sturm Conen, Jahn, Sing, Schaletzki und Kronenbitter deutschlandweit für Furore. Erst als der VfB 1950 Deutscher Meister wurde und die Kickers in die zweite Liga Süd abstiegen, drehten sich die Kräfteverhältnisse endgültig Richtung Cannstatt. Es dauerte 25 Jahre, bis sich die beiden Lokalrivalen 1976 wieder einmal in derselben Spielklasse duellierten – in der zweiten Liga, in die der VfB abgestiegen war. Die Kickers gewannen 2:0.

Seit die Blauen 1992 in die Tiefen unterer Ligen abgetaucht sind, gibt es kaum noch Berührungspunkte zwischen den beiden Klubs. Außer, dass die zweite Mannschaft des VfB ihre Punktspiele in der Kickers-Arena auf der Waldau austragen musste, weil ihr eigenes Stadion nicht drittligatauglich ist. Das wäre damals, als bei den Derbys noch die Funken sprühten und der ehemalige Kickers-Trainer Wolfgang Wolf sagte: »Bei diesen Spielen steckt das Messer im Schienbeinschützer« undenkbar gewesen. Nicht umsonst bezeichnete VfB-Zeugwart Jochen Seitz die Spielstätte in Degerloch als »Golan-Höhe«. Umgekehrt verhöhnte Metzgermeister Seeger den VfB mit seinem Standardspruch: »Was tun mir die Augen weh, wenn ich den roten Brustring seh!« Die Rivalität ging bis vors Gericht. 1956 lief Rolf Geiger zum VfB über. Kickers-Präsident Philipp Metzler rächte sich mit einer Selbstanzeige beim DFB. Er beschuldigte seinen Verein, monatlich 320 Mark an den Spieler gezahlt zu haben. Der DFB ahndete den Verstoß gegen die Amateur-Statuten mit einer Geldstrafe für die Kickers und neun Monaten Sperre für Geiger.

Es gab auch geräuschlosere Farbenwechsel von Rot zu Blau, von Blau zu Rot. Guido Buchwald, Jürgen Klinsmann, Walter Kelsch,

Karl Allgöwer, Fredi Bobic, Horst Haug, Demir Hotic oder Andreas Merkle verstärkten nach Lehrjahren beim kleinen Bruder den VfB. Der umgekehrte Weg war mit weniger Ruhm gepflastert: Elser, Stadler, Schlotterbeck, Jäger oder Ralf, der jüngere Bruder von Allgöwer, hießen die Grenzgänger . Größeres Aufsehen erregten Georg Wurzer und Jürgen Sundermann, die beiden Erfolgstrainer des VfB, als sie ihre späte Liebe zu den Kickers entdeckten.

10. KAPITEL

NOCH MEHR ANEKDOTEN

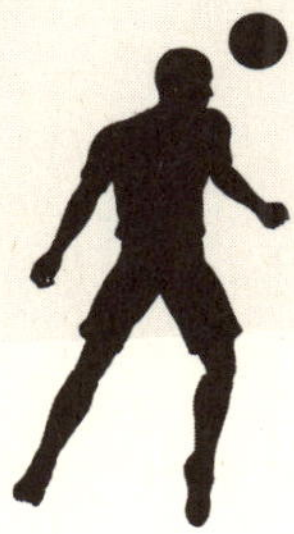

90. GRUND

Weil der Nikolaus für'n Arsch war

Ein Türke, Käufer der 10.000. Dauerkarte der Saison 1991/92, durfte zur Belohnung an der internen Weihnachtsfeier der VfB-Profis im »Weinstädtle« in Großheppach teilnehmen. Auf dem Heimweg war er sich nicht mehr so sicher, ob er auf der richtigen Veranstaltung gewesen war. Von besinnlicher Weihnachtsfeier keine Spur.

Unfrieden stiftete ausgerechnet der Nikolaus. Er kam mit Sack und Rute. Kein Roter, auch wenn er einen roten Mantel trug. Sondern ein Student, der in der Weihnachtszeit von Feier zu Feier zog und aus einem großen Buch fast immer die gleichen selbst verfassten Texte vortrug. Nur die Namen tauschte er aus. Einiges war witzig, anderes beleidigend für die Spieler, Trainer Daum, Manager Hoeneß. Über die Zwillingsbrüder Nils und Olaf Schmäler sagte er zum Beispiel: »Wenn sie schon nicht mit Leistungen glänzen, dann wenigstens mit ihren Autos.« Und über Daum: »Manche finden ihn zum Kotzen.« VfB-Direktor Ulrich Ruf war pikiert: »Das Ganze war als Spaß gedacht, aber der gute Mann hat sich ein paar Mal vergaloppiert. Seine Frechheiten waren nicht mehr zu ertragen.«

Den Gipfel der Peinlichkeiten leistete sich der Zoten-Nikolaus mit der Beleidigung der Präsidentengattin. Über Margit Mayer-Vorfelder – attraktiv, gepflegt, sexy und schlank – schwafelte er, sie habe ein Hinterteil wie ein Ackergaul. »Unglaublich«, empörte sich die First Lady des Vereins und verließ mit ihrem Mann, dem Finanzminister von Baden-Württemberg und VfB-Boss, umgehend den Saal. Der Skandal war perfekt, die Feier im Eimer. Entsetzt schnitten die Veranstalter dem Zoten-Nikolaus das Wort ab und warfen ihn hinaus. Noch am Tag danach war MV geschockt: »Der Auftritt war eine Riesenpanne, die Texte eine Katastrophe. Unterste Schublade. Das war so ein typischer Stammtisch-Nikolaus. Den kannst du für einen kleinen Kaninchenzüchter-Verein verpflichten, aber nicht bei uns. Alle Sponsoren waren da. Stuttgarts High-Society.« Den Organisatoren hielt er vor, dass sie mit dem Mann vorher nicht gesprochen und die Texte nicht durchgelesen hatten.

Der Student war in aller Eile verpflichtet worden, nachdem der vorgesehene Sepp Maier, Spaßvogel und Ex-Nationaltorwart des FC Bayern, kurzfristig abgesagt hatte. Ihm war die Tragweite seiner Entgleisungen offenbar gar nicht bewusst. So wunderte er sich über die Pfiffe und »Aufhören«-Rufe. Meinte: »Bei anderen Festen kam ich immer gut an.«

91. GRUND

Weil sich Legat an Negersaft verschluckte

Im Kraftraum hing ein Poster. Es zeigte den dunkelhäutigen Pablo Thiam, wie er sich gerade den Inhalt einer Trinkflasche ins Gesicht schüttet. Auf der weißen Flasche mit dem blauen Etikett hatte jemand mit grünem Filzstift das Wort »Negersaft« gekritzelt. Rassenhass gegen den Diplomatensohn aus Ghana?

Große Empörung beim VfB. Wer konnte so etwas getan haben? Der Täter sollte sich innerhalb eines Tages melden. In der Mannschaft keine Reaktion. Einige verdächtigten Thorsten Legat. Der gab sein Ehrenwort: »Ich war's nicht.«

Doch der VfB traute ihm nicht. Legat war schon einmal als Lügner überführt worden und galt seitdem als Enfant terrible. In der Silvesternacht 1996/97 hatte er in Bochum einen Opel-Arbeiter getreten und geschlagen. Der Mann musste im Krankenhaus mit acht Stichen genäht werden. Legat schwindelte Präsident Mayer-Vorfelder damals an: »Ich schwöre bei Gott, dass ich unschuldig bin. Ich war gar nicht in Bochum, ich habe Silvester in Baltmannsweiler gefeiert.« Vor Gericht kam die Wahrheit heraus. Legat wurde verurteilt und musste 90.000 Mark Strafe zahlen.

Nun also die Geschichte mit dem »Negersaft«. Der Verein engagierte einen Schriftexperten. Jeder Spieler musste das Wort »Negersaft« auf eine Folie schreiben, die dann über den Schriftzug auf dem Poster gelegt wurde. Bei Legat stimmten drei Buchstaben überein. Er war überführt, der Bundesligaskandal perfekt. Dem VfB blieb 1999 keine andere Wahl, als den damals schon abgemahnten Spieler fristlos zu entlassen.

Später zeigte Legat Reue. In dem Magazin *11 Freunde* schilderte er, wie es dazu kam: »Ich war nach einem halben Jahr Reha zurück im Training, wollte wieder ins Team. Der Pablo und ich haben uns gekabbelt. Man gönnt ja dem anderen nichts, schließlich geht es um einen Stammplatz. In der Kabine ging es verbal weiter. Dann habe ich den Bogen überspannt, nicht nachgedacht, und dieses Wort auf Pablos Flasche geschrieben. Ein dummer Witz. Es tut mir immer noch von ganzem Herzen leid.«[7]

Es war nicht der einzige Ausraster in der Karriere dieses Modellathleten, der sich selber als »Kultfigur« bezeichnete. Warum sich Legat abseits des Platzes oft nicht im Griff hatte, begründet er so: »Ich bin auf der Straße groß geworden. Man hat mich gehänselt, als »asozial« und »Penner« beschimpft. Hermann Gerland, mein Trainer in Bochum, hat mir die Leviten gelesen und zu mir gesagt: ›Wenn du nicht zurück willst auf die Straße, dann musst du kämpfen, kämpfen, kämpfen.‹ Das habe ich immer getan.«

Nach dem Rausschmiss in Stuttgart war Legat, der 1993 Deutscher Meister mit Werder Bremen geworden war, drei Monate arbeitslos. Dann hat ihn Rudi Assauer nach Schalke geholt. Legat: »Er hat mir eine neue Chance gegeben, er war wie ein Ziehvater für mich. Dafür werde ich ihm immer dankbar sein.«

92. GRUND

Weil vor Wut eine Brille zertrampelt wurde

Für kleine und große Vergehen gibt es beim VfB einen Strafen-Katalog. Wer Regeln nicht beachtet oder über die Stränge schlägt, muss zahlen. Ob einer das falsche T-Shirt trägt, zu spät zum Frühstück kommt oder bei der Besprechung das Handy klingeln lässt, keiner kommt ungeschoren davon. Selbst »Doc« Thomas Frölich wurde zur Kasse gebeten, als er beim Winter-Trainingslager 1997 auf Teneriffa fünf Minuten zu spät zum Essen kam, weil er sich mit der Behandlung eines Spielers etwas länger Zeit gelassen hatte. Der Mannschaftsrat kannte kein Pardon: 100 Mark in die Mannschaftskasse!

Ein Rätsel blieb allerdings, warum ausgerechnet der Kapitän damals als einziger unbehelligt blieb. Dabei war sein Vergehen von ungleich größerer Tragweite. Denn Frank Verlaat, sonst ein lockerer Holländer, zweifacher Familienvater und für jeden Spaß zu haben, rastete gegen einen Kollegen von der *Stuttgarter Zeitung* aus. Was war passiert?

Jürgen Löhle hatte einen Artikel über den Spieler geschrieben, durchaus mit positivem Trend, in dem er den langhaarigen Libero als netten »Softie« bezeichnete. Nicht ahnend, was er damit bewirkte. Was als Kompliment gemeint war, bekam Verlaat in den falschen Hals. Der Begriff »Softie« hat in den Niederlanden eine andere, zweifelhaftere Bedeutung als bei uns. Prompt wurde Verlaat von den Mitspielern auch noch dafür gehänselt. Das muss ihn zusätzlich angestachelt haben.

An jenem Nachmittag drehten die Spieler auf dem Trainingsplatz ihre Runden, beobachtet von einer Handvoll Journalisten am Rande der Laufbahn. Plötzlich scherte Verlaat aus dem Läuferpulk aus. Wutentbrannt ging er auf den arglosen Zeitungsmann los, riss ihm die Brille von der Nase und warf sie auf den Boden. »Tut das ein Softie?« giftete der Holländer und zertrampelte das gute Stück vor den Augen seines Trägers. Löhle war sprachlos. Ohne seine Augengläser war er hilflos und musste von Kollegen ins Hotel zurückgebracht werden – bei einer Sehschwäche von 3,75 Dioptrien war er dazu allein nicht mehr fähig.

Am Abend nach dem Ausraster vermittelte Trainer Jogi Löw ein Versöhnungsgespräch unter vier Augen im Mannschaftshotel »Mediteraneo«. Nach einer Viertelstunde gab der Geschädigte Entwarnung: »Frank hat sich entschuldigt. Ihm seien einfach die Nerven durchgegangen. Für mich ist damit die Sache erledigt.« Nicht ganz: Um wieder den richtigen Durchblick zu bekommen, brauchte er eine neue Brille. Und die bezahlte der reuige Sünder.

93. GRUND

Weil Giovane den Schiri verELBERte

Giovane Elber ist in Stuttgart als großartiger Stürmer und als Scherzkeks in Erinnerung geblieben. Er hatte immer einen Spaß auf Lager, wusste aber auch, dass er im Spiel ernst und konzentriert sein musste. Nur einmal überspannte er den Bogen und bezahlte dafür mit der Roten Karte.

1997 im Spiel gegen 1860 München (1:1) sah er wegen Meckerns die Gelbe Karte. »Völlig unberechtigt«, schimpfte Jogi Löw. Der Trainer war sauer auf seinen Torjäger, weil die Verwarnung unnötig war.

Zur zweiten Halbzeit erschien Elber mit einem roten Pflaster, das er sich demonstrativ über den Mund geklebt hatte. Für seinen Freund Fredi Bobic war's eine lustige Nummer: »Es gibt eh zu wenig Spaß in der Bundesliga.« Schiedsrichter Frank Fleske fand es weniger witzig. Er fühlte sich »ver-elbert«. »Von dem lasse ich mich nicht verarschen«, zischte er so laut, dass Elber die Ohren spitzte.

Als Fleskes Hand schon Richtung Brusttasche ging, riss sich der Brasilianer blitzschnell das Pflaster vom Mund.

Das Spiel ging weiter, doch Fleske hatte die deutliche Provokation nicht vergessen. Als hätte er nur darauf gewartet: Nach einer ungeschickten Aktion gegen Manni Schwabl, die selbst in der TV-Zeitlupe nicht als gelbwürdiges Foulspiel auszumachen war, flog Elber vom Platz. Stuttgart heulte auf. Die Zuschauer sprangen von den Sitzen, drohten mit den Fäusten. Elber giftete: »Der Schiri hat gut gepfiffen, allerdings nur für die andere Mannschaft.«

Vor seinen Streichen war niemand sicher. Im Winter-Trainingslager in Portugal trieb er seinen Schabernack mit Thomas Frölich. Im Flugzeug zog der »Doc« seine Schuhe aus und schlief ein. Elber stibitzte einen Schuh und versteckte ihn in der Ablage. Nach der Landung saßen schon alle Spieler im Mannschaftsbus, nur Frölich noch nicht. Grinsend verfolgten sie durch die Fensterscheiben, wie Frölich im Flieger immer noch hektisch hin und her flitzte. Bis der arme »Doc« endlich fündig und von der Mannschaft mit großem Hallo empfangen wurde.

Im Trainingslager war Frölich als Mannschaftsarzt für das Essen verantwortlich. Heimlich legten einige Spieler – natürlich angestiftet von Elber – einen Topf abgenagter Knochen, Orangenschalen und sonstiger Abfälle zwischen das Kalte Buffet. Als erster »empörte« sich Thomas Berthold: »He Doc, was ist das denn!« Dann mischten sich andere Spieler ein und spielten ebenfalls die Entrüsteten.

Thomas Frölich bekam einen roten Kopf. Aber als sich die Spieler vor Lachen die Bäuche hielten, machte er gute Miene zum bösen Spiel und lachte einfach mit. Erst recht, als Giovane Elber mit Unschuldsmine beteuerte: »Ich war's nicht, ich war in Baltmannsweiler.« Eine Anspielung auf Thorsten Legat, der mit genau diesem Satz tagelang bestritten hatte, an Silvester in Bochum einen Arbeiter verprügelt zu haben.

»Ich war immer mehr der Spaßvogel«, beschrieb Elber seine Rolle im Mannschaftsgefüge. »Ich hatte stets etwas parat, wenn es schlecht lief. Ich habe in der Kabine nie den Mund gehalten, sondern immer was erzählt. Es war mein Part, den Mitspielern die gute Laune zu bringen und sie zu halten. Ich glaube, das habe ich gut gemacht.«

Wie gut, belegt einer seiner besten Witze: Das »Magische Dreieck« sitzt beim Kaffeetrinken. Sagt Elber: »Sachen gibt's. Meine Frau hat Schneewittchen und die sieben Zwerge gelesen, und sieben Kinder bekommen.« Meint Balakov: »Kenn ich. Meine Frau hat Jim Knopf und die wilden 13 gelesen, und 13 Kinder bekommen.« Da springt Bobic auf und ruft voller Entsetzen: »Meine Güte, meine Frau liest gerade Ali Baba und die 40 Räuber!«

94. GRUND

Weil ein Fakir-Trick die Bayern besiegte

Siege gegen den Erzrivalen FC Bayern werden in Stuttgart ähnlich groß gefeiert wie eine Meisterschaft – weil sie so rar sind. Absoluten Seltenheitswert haben zwei »Dreier« in einer Saison wie das 1999/2000 der Fall war. In München gewann der VfB 1:0 durch ein Elfmetertor von Krassimir Balakov. Beim 2:0 zu Hause half der sogenannte Fakir-Trick.

Am Vorabend des Spiels bekamen die Stuttgarter Besuch im Mannschaftshotel. Trainer Ralf Rangnick hatte Jürgen Höller engagiert. Der Psychologe aus München arbeitete erfolgreich mit Christoph Daum zusammen und verblüffte immer wieder mit außergewöhnlichen Motivationsübungen. So ließ er Daums Leverkusener Spieler über heiße Kohlen laufen oder sie auf ein mit Nägeln gespicktes Brett legen.

Diesmal brachte Höller ein Moniereisen vom Bau, 1,40 Meter lang und dick wie ein Finger, mit. »Wetten, dass es jeder von uns schafft, diese Stange allein mit der Halsmuskulatur zu verbiegen?« sagte er und blickte in ungläubige Gesichter.

Franz Wohlfahrt wollte es als erster wissen. Der österreichische Torwart faltete einen Zehnmarkschein zusammen, drückte die Stange an den Hals und schob den Schein als Puffer dazwischen. Das sollte vor Verletzungen schützen. Wohlfahrt gegenüber setzte sich der Psychologe die Stange ebenfalls an den Hals. Mit angespannter Muskulatur gingen die beiden aufeinander zu – und tatsächlich: Das Eisen verbog sich! Wohlfahrt: »Wahnsinn! Die ganze Energie konzentriert sich auf diesen einen Punkt. Mit den Händen hätte ich es nicht geschafft, das Eisen zu verbiegen.«

Nun wurden auch die anderen mutig. Der Rumäne Viorel Ganea machte sogar drei Stangen krumm. Thomas Kies meinte: »Ich war nachher so aufgekratzt, dass ich bis zwei nicht schlafen konnte. Ich hätte in der Nacht rausgehen und gleich gegen die Bayern spielen können.«

Der Psychologe erklärte den Sinn dieser Übung: »Die Leute sollen mit Mut und Selbstvertrauen ihre Ziele erreichen, Unmögliches möglich machen. Wer die Mutprobe übersteht, schafft Dinge, von denen er vorher nicht glaubt, dass er sie beherrscht.« Er sollte recht behalten. Der Fakir-Trick wirkte auch noch am nächsten Nachmittag um halb vier. Mit Entschlossenheit und Leidenschaft schlug der VfB die großen Bayern sensationell durch Tore von Krassimir Balakov und Krisztián Lisztes.

Ermutigt durch diesen Erfolg ließen sich Ralf Rangnick und sein Co-Trainer Peter Starzmann weitere Kniffe einfallen. In einer Halbzeit explodierte in der Kabine plötzlich ein Feuerwerkskörper. Erklärung Rangnick: »Ich wollte die Spieler aufwecken.« Nach einem Sieg gegen Hansa Rostock stürmte Starzmann mit einer Totenkopf-Piratenflagge in die Kabine. Tanzte wie ein Irrwisch und rief: »Hansa-Kogge versenkt!«

95. GRUND

Weil »Rolli« den Schwaben-Test machte

Ein Kohlenpott-Urgestein aus Gelsenkirchen im Schwabenland – das war Rolf »Rolli« Rüssmann, der Anfang 2001 für zwei Jahre Sportlicher Leiter beim VfB war. »Das einzige, was mich bisher mit dieser Region verband, war mein Mercedes«, bekannte er. Trotzdem stellte sich der Westfale bei Amtsantritt tapfer dem ultimativen Schwaben-Test von *Bild.*[8]

Erste Frage: Wie heißt die schwäbische Nationalhymne?«
Rüssmann: »Au backe, ich kenne das *Badner Lied*. Aber das wir ja hier nicht gerne gehört.« Nach einer kurzen Denkpause doch die richtige Lösung: »*Auf de Schwäb'sche Eisebahne.*«

Was bedeutet Malamalamale?
Rüssmann: »Da kann mich mir absolut nichts drunter vorstellen.« Richtige Lösung: »Male einmal ein Männchen.«

Nennen Sie drei schwäbische Erfindungen.
Rüssmann: »Das erste vernünftige Auto. Spätzle.« Sorry, das waren nur zwei. Unter anderem hätte er nennen können: Zeppelin, Mundharmonika, Kehrwoche.

Über der Untertürkheimer Kurve schaut eine Grabkapelle auf das Stadion. Wie heißt der Berg, auf dem sie steht?
Rüssmann: »Die Leser lachen sich tot, aber ich muss passen.« Lösung: Der Württemberg, nach dem das Land genannt ist.

Übersetzen Sie ins Hochdeutsche: Fiedle, Grombir, Lällabäbbel.
Rüssmann: »Fiedle, sind das Nudeln? Bei Grombir tippe ich auf Wasenbier. O je, mir bricht der Schweiß aus.« Lösung: Fiedle = der

Allerwerteste, Grombir = Kartoffel, Lällabäbbel = einer, der geistig nicht ganz auf der Höhe ist.

Nennen Sie drei schwäbische Nationalgerichte.
Rüssmann: »Flädlesuppe. Schupfnudeln.« Wieder nur zwei. Wie wär's außerdem mit Maultaschen, Sauren Kutteln, Rostbraten, Kässpätzle?

Was geht in Stuttgart im Dreifarbenhaus ab?
Rüssmann: »Ist da die Regierung drin?« Lösung: Im Dreifarbenhaus wird Sex gegen Bezahlung gemacht.

Was ist ein Gaisburger Marsch?
Rüssmann: »Mann, Sie erwischen mich aber auf dem völlig falschen Fuß. Ich kaufe morgen alle Zeitungen auf, damit ich nicht so blamiert bin.« Lösung: Ein Eintopf aus Ochsenfleisch mit kräftiger Brühe, Kartoffelschnitzen und Spätzle.

Der Schwabe gilt als besonders sparsamer Mensch. Was sagt ein Familienvater auf die Frage, was er seinen Kindern zu Weihnachten schenkt?
Rüssmann: »Keine Ahnung.« Lösung: Er sagt: »I soich ehne a Schleifez vors Haus« – er pinkelt ihnen eine Rutschbahn vors Haus.

Letzte Frage an den Stadionexperten: Wie hieß das Stuttgarter Stadion bei seiner Eröffnung 1933?
Rüssmann: »Neckarstadion.« Die Lösung ist falsch. Damals war es die Adolf-Hitler-Kampfbahn.

Fazit: »Rolli« hatte sich wacker geschlagen, musste aber noch viel üben, um als Schwaben-Experte durchzugehen. Dazu hatte der Ex-Nationalspieler allerdings nur knapp zwei Jahre Zeit, bis er von Felix Magath in Doppelfunktion als Trainer und Manager abgelöst wurde. Rüssmann starb am 2. Oktober 2009 kurz vor seinem 59. Geburtstag an einer unheilbaren Krankheit.

96. GRUND

Weil Adhemar sang wunderbar

Bass, Tenor, Alt – im Amtszimmer des Landrats von Waiblingen hatte sich ein bunt gemischter Männerchor eingefunden. Amtschef Horst Lässing stellte einen brasilianischen Wimpel auf seinen Schreibtisch. Die fünf Anwesenden erhoben sich von ihren Sitzen. Legten die Hände an die Hosennaht und machten feierliche Gesichter wie bei einem Staatsakt.

Dann stimmte Lässing die brasilianische Nationalhymne an. Adhemar, die für 3,5 Millionen Mark verpflichtete neue Sturmhoffnung, und sein Dolmetscher Ephraim Link sangen aus Leibeskräften mit. Sportdirektor Jochen Schneider, damals die rechte Hand von Sportchef Karlheinz Förster, und der dienstbare VfB-Geist Alexander Wagner, beide des Portugiesischen nicht mächtig, summten dazu. Auf diese ungewöhnliche Weise besiegelte das Gesangsquintett die Arbeitserlaubnis für den Stürmer vom Zweitligisten San Caetano, den sie in Brasilien den »Sauerkraut-Bomber« nannten. Ohne sie wäre für ihn in der Bundesliga keine Torjagd möglich gewesen. Schneider und Wagner waren vorher vergeblich von Pontius zu Pilatus gelaufen, bis VfB-Freund Lässing mit einer Vorab-Zustimmung den Fall unkonventionell löste.

Für die rasche Hilfe bedankte sich Adhemar auf seine Art. In seinem ersten Spiel am 3. Februar 2001 fegte der kleine Wirbelwind wie ein Tornado durch die Lauterer Abwehr und steuerte drei Treffer zum 6:1-Sieg bei. Bei jedem Tor lupfte er sein Trikot und zeigte, bei wem er sich für seinen sensationellen Einstand zu bedanken hatte. »Gott ist treu« stand auf dem weißen T-Shirt des gläubigen Christen. Wenn der nur 1,68 Meter große Spaßfußballer traf, dann richtig. Den VfL Wolfsburg erlegte er fast im Alleingang – beide Tore zum enorm wichtigen 2:1 im Kampf gegen den drohenden Abstieg. »Adhemar Wunderbar« trug im Verlauf der Rückrunde

2000/2001 mit seinen Toren entscheidend dazu bei, dass der zweite Sturz in die Zweitklassigkeit nach 1975 verhindert werden konnte. Danach hatte er sein Pulver verschossen. Der Vertrag wurde nicht verlängert. Adhemar kehrte mit seiner Frau und den beiden Kindern in die Heimat zurück. Ohne Gesang. Aber mit viel Wehmut.

97. GRUND

Weil Wohlfahrt spurlos verschwunden war

Erst brachte Franz Wohlfahrt in Leverkusen die Bayer-Stürmer zur Verzweiflung, dann die Ärzte im Klinikum Leverkusen-Schlebusch … 40 Minuten lang hielt der österreichische Nationaltorwart alles, was auf seinen Kasten kam: Einen Seitfallzieher von Kirsten, einen Hammerschuss von Kovač, Volley-Knaller von Meijer und Beinlich. Weltklasse, Note eins! Bis er heftig mit Leverkusens Stürmer Ulf Kirsten zusammenrasselte. Meijer bekam den Ball, hatte fünf Meter vor der leeren Kiste nur noch einen auf dem Boden krabbelnden Torwart vor sich – und verstolperte die Riesenchance.

Wohlfahrt aber blieb regungslos liegen. Der Mannschaftsarzt eilte herbei – Verdacht auf Gehirnerschütterung. Er veranlasste Wohlfahrts Transport ins Krankenhaus. Dort sollte der Verletzte eine Nacht unter ärztlicher Beobachtung verbringen. Der Ösi-Torwart wurde durch »Ebbo« Trautner ersetzt. Der hielt das 0:0 bis zum Schluss. Die Mannschaft fuhr ohne ihre Nummer eins nach Stuttgart zurück. Im Klinikum Schlebusch nahm Wohlfahrt im Wartezimmer Platz, weil der Stationsarzt noch andere Patienten zu versorgen hatte. Als er endlich aufgerufen wurde, war Wohlfahrt spurlos verschwunden. War er so benommen, dass er nicht mehr wusste, was er tat? Vielleicht irrte er schon hilflos in der Stadt umher.

Die Aufregung war riesengroß. Im Krankenhaus begann eine Suchaktion in allen Abteilungen. Sogar die Polizei wurde eingeschaltet. Auch deren Kollegen in Stuttgart, die bei Wohlfahrts Familie recherchieren sollten, ob er sich vielleicht dort schon gemeldet hatte.

Plötzlich tauchte Wohlfahrt wieder im Wartezimmer auf. Er nahm seelenruhig Platz und verstand den ganzen Wirbel nicht. Leicht grinsend klärte er auf: »Ich habe den ganzen Tag nichts gegessen und war nur mal kurz in der Kantine.« Am nächsten Vormittag kehrte er wohlbehalten mit einem Freifahrschein der Ärzte nach Stuttgart zurück: Keine Gehirnerschütterung, nur eine Prellung.

98. GRUND

Weil in Alfdorf ein rotes Denkmal steht

Es gibt kaum jemand, der keine Macke hat. Bei einem ist sie kleiner, beim anderen größer. So wie die von Julius Weller. Die Macke von Julius Weller hieß VfB Stuttgart. Der Versandarbeiter aus dem Örtchen Alfdorf bei Schwäbisch Gmünd war der allergrößte Fan der »Roten«.

Kein Prolet, der mit der Bierflasche in der Hand grölend durch die Stadien zog. Eher ein Stiller im Lande. Bescheiden, genügsam, zurückhaltend. Und dennoch in der Liga bekannt wie ein bunter Hund. Sein Markenzeichen: Ein schon leicht vergilbtes weißes Trikot mit dem roten Brustring, auf der Vorderseite die Aufschrift: »Besucher von xxx Bundesliga-Spielen«. Die aktuelle Zahl nähte er von Spiel zu Spiel mit Ziffern aus weißem Stoff auf den roten Untergrund.

Julius Weller hielt einen einsamen Rekord. Seit dem 23. April 1966 hatte er kein einziges Pflichtspiel seiner Mannschaft versäumt, über 2000 Partien live gesehen. Er begleitete den VfB damals in die zweite Liga nach Baunatal oder Trier wie in der Bundesliga nach Bremen oder Berlin, im Europacup nach Reykjavík in Island oder

Tatabanya in Ungarn. Krankheitsbedingte Ausfälle? »Gibt es nicht«, versicherte Weller, der über seine Spiele und Reisen peinlichst genau Buch führte.

In fast fünf Jahrzehnten reiste er mit dem VfB 30-mal um die Erde. Er opferte dafür seinen ganzen Urlaub. Das Fahrgeld hat er sich vom Mund abgespart. Zu den Heimspielen in der Mercedes Benz Arena – Stammplatz: Block 15, Reihe 3, Platz 1 – fuhr er bei schönem Wetter die 40 Kilometer oft mit dem Fahrrad.

In Alfdorf hat er seinem geliebten Verein ein Denkmal gesetzt. Das geerbte Haus, das der Junggeselle mit Mutter und Schwester bewohnte, hatte er in den Klubfarben weiß-rot verputzt, ein 1,20 Meter großes VfB-Wappen sowie alle Meisterschaften und Pokalsieg drauf gemalt. Die Tapeten in den Wohnzimmern waren Sonderdrucke mit allen Spielen, die der VfB siegreich beendete.

2012 ist Julius Weller verstorben. Das rote Denkmal in seiner Heimatgemeinde erinnert nach wie vor an den Treuesten der Treuen. Für ihn gab es nichts, was ihn jemals abhalten konnte, ein VfB-Spiel zu besuchen. »Höchstens meine eigene Beerdigung«, pflegte Weller zu sagen, bis seine spaßige Bemerkung traurige Wirklichkeit wurde. Die Ultrafans in der Cannstatter Kurve ehren ihren Julius heute noch mit einer speziellen Fahne.

99. GRUND

Weil es noch mehr zu lachen gab

In der Meisterschaft blieb der VfB 2013 hinter den Erwartungen zurück, im Singen erreichte er Champions-League-Niveau. An Weihnachten setzten sich die Profis Nikolaus-Mützen auf und drehten ein Musikvideo. Mit *Jingle Bells* sandten sie einen originellen Weihnachtsgruß an die Fans. Überzeugend waren vor allem die Tanzkünste von Antonio Rüdiger.

Die Sangesfreude setzte sich vor dem Pokalfinale gegen die Bayern fort. Die Spieler versammelten sich in der Fankurve und schmetterten »Berlin, Berlin, wir fahren nach Berlin!« in die Videokamera. Martin Harnik hatte die Lacher auf seiner Seite, als er selbstironisch ins Mikrofon tönte: »Stuttgart international kann man nur besoffen seh'n.« Genau das hatten die Fans an einem lausigen Stuttgarter Euro-Abend gesungen.

*

Seit dem »Magischen Dreieck« sind Giovane Elber und Fredi Bobic Freunde fürs Leben. Wenn sie telefonieren, begrüßt der heutige »Rinderbaron« aus Brasilien den VfB-Macher immer mit »Hey, du Bratwurst, wie geht's?« Den Kosenamen bekam Bobic als er in Frankfurt einmal den Schiedsrichter als »blinde Bratwurst« beschimpfte und dafür gesperrt wurde.

*

Felix Magath joggte mit seinen Jungs oft rund um den Bärensee bei Stuttgart-Büsnau. Einmal stellte sich eine ältere Dame mit ausgebreiteten Armen in den Weg. »Halt! Sie laufen jetzt nicht weiter«, rief die weißhaarige Oma mit schneidender Stimme. Sie packte Magath am Ärmel und hielt ihn fest. Grund: Ihr Auto war von einem VfB-Kleinbus zugeparkt. Magath warf seinem Co-Trainer Seppo Eichkorn den Autoschlüssel zu und rannte weiter. Eichkorn fuhr das Bussle ein paar Meter weiter, doch die Oma schaffte es trotzdem nicht aus der Parklücke. Laut schimpfend stieg sie wieder aus. Sie riss die Wagentür auf und zerrte so lange am Trainingsanzug, bis Eichkorn noch ein Stückchen weiterfuhr. Im Wegfahren droht die resolute Dame: »Das sage ich dem Mayer-Vorfelder!«

*

Aus Sundermanns Zeiten stammte die Anweisung: Jeder Spieler, der für die Anfangsformation vorgesehen war, hat sich in kurzen Hosen warm zu machen. Egal, ob bei 20 Grad plus oder minus. Das galt auch für den Torwarttrainer. Jochen »Goalie« Rücker hielt sich viele Jahre lang an die Vorgabe und saß immer 90 Minuten in kurzen Hosen auf der Bank. Was im Winter oft zur belächelten Mutprobe wurde. Doch J. R. versichert glaubhaft, dass die Kälte seiner Männlichkeit nie geschadet hat.

*

Ausgelassen feierte der VfB am 17. April 1998 im Hotel »Olympic Penta« den Einzug ins Europapokal-Finale der Pokalsieger nach einem 1:0 bei Lok Moskau. Gerhard Mayer-Vorfelder kam verspätet zum Bankett. Der Präsident musste erst ausgiebig duschen, denn mitten im ARD-Interview mit Waldemar Hartmann hatte ihn Thomas Berthold mit einer Pulle Sekt übergossen. MV nahm's mit Humor. In seiner Tischrede sagte er: »Ich erteilte Thomas Berthold die Genehmigung, dass er eine Flasche Schampus über mich ausleeren darf, wenn wir das Endspiel gewinnen. Champagner ist trockener als der klebrige Krimsekt.« Doch dazu kam es nicht. Der VfB verlor gegen Chelsea 0:1.

*

Der VfB reiste mit der Bahn nach Gelsenkirchen. In Brühl blieb der Zug stehen – Oberleitung abgerissen. Dieter Hoeneß telefonierte mit dem Busfahrer, der mit den Mannschaftskoffern auf der Autobahn unterwegs war, und dirigierte ihn nach Brühl. Dort hatten es sich die Spieler inzwischen im Gasthaus »Zum Anker« gemütlich gemacht. Mit dabei: Zwei Sängerinnen aus der »Münchner Kindl Show«, die am Abend in Herne auftreten sollten. Hoeneß konnte ihrem Charme nicht widerstehen. Unter dem Gejohle der Spieler lud er sie ein, bis Herne mitzufahren. Zwei junge Damen in der Tabuzone Mannschaftsbus, das hatte es bis dahin noch nie gegeben.

*

Als vor einem Spiel in Düsseldorf Anfang der Neunzigerjahre die Mannschaftsaufstellungen bekannt gegeben wurden, ging ein Geraune durchs Rheinstadion. »Mit der Nummer 15 Dieter Hoeneß«, sagte der Stadionsprecher. Der damals 38-jährige Manager hatte sein letztes Bundesligaspiel 1987 bestritten. Statt sich warm zu laufen, nahm Hoeneß mit hochgeschlagenem Mantelkragen auf der Ersatzbank Platz. Die Düsseldorfer waren sauer. Trainer Ernst Hickersberger über das Verwirrspiel seines Kollegen Christoph Daum: »Für so was nehme ich meinen Beruf zu ernst.« Torwart Jörg Schmadtke: »Wir sind doch hier nicht beim Karneval.« Dafür grinste Daum nach dem 4:0-Sieg umso breiter: »Ich wollte mit der Nominierung von Hoeneß unsere Stürmer unter Druck setzen. Das ist mir gelungen.«

*

Nationaltorwart Eike Immel kassierte 1988 in Hannover ein Tor, über das ganz Deutschland lachte. Anstoß für die Niedersachsen. Grillemeier zu Reich. Der sieht, dass Immel etwas zu weit vor dem Kasten steht. Reich zieht ab. Im hohen Bogen fliegt der Ball über Freund und Feind hinweg. Immel läuft rückwärts, verschätzt sich. Über seine Fingerspitzen senkt sich die Kugel ins Netz. Ein Tor aus 51 Metern. Guido Buchwald frotzelt: »In Zukunft werden wir wohl schon beim Anstoß eine Mauer bilden müssen.« Am Ende lachte trotzdem der VfB – 3:1 gewonnen.

*

Die Stimmung war gelöst vor dem letzten Spieltag 1984. Der VfB stand schon als Meister fest. Günther Schäfer alberte mit einem Markstück herum. Er warf es ein paar Mal hoch und fing es wieder auf. Plötzlich ein Stoß von hinten und die Münze landete im offenen Mund. Bevor »Günne« richtig begreifen konnte, was passiert war, hatte er das Geldstück schon verschluckt. Die Mark durchwanderte den Darm und liegt wahrscheinlich noch heute auf dem Grund einer Kläranlage.

*

Wenn die Spieler in der Saison 1986/87 zum Training kamen, lag in der Regel einer schon auf der Massagebank und schlief: Leo Bunk, die Neuerwerbung von Blau-Weiß Berlin. »Löwe« Bunk wohnte in Zusamtaltheim bei Augsburg. Aus Liebe zu seiner Frau nahm er sich in Stuttgart kein Zimmer, sondern fuhr täglich hin und her, 370 Kilometer mit seinem alten 190er-Diesel. Mit Staus war auf diesem viel befahrenen Autobahnabschnitt immer zu rechnen. Deshalb musste Bunk ganz früh losfahren, um zum Trainingsbeginn nicht zu spät zu kommen. Der »Löwe« ließ viel Energie auf der Straße liegen. Er war mit der Empfehlung von 27 Toren gekommen. Für den VfB traf er nur ein einziges Mal und wurde nach Aachen abgeschoben.

*

Roland Hattenberger, dem Österreicher, saß wie seinem Landsmann »Buffy« Ettmayer der Schalk im Nacken. Mit Vorliebe trieb er seine Späßchen im Flugzeug. Einmal wurde nach der Landung nur der vordere Ausgang geöffnet. Ganz hinten stand »Hatte«, formte die Hände zu einem Trichter und rief mit der hellen Stimme einer Stewardess: »Bitte nur den hinteren Ausgang benutzen!« Die Passagiere machen kehrt – und standen vor verschlossener Tür.

*

Als im UEFA Cup 1974 die Viertelfinal-Hürde Vitória Setúbal in Portugal erfolgreich genommen war, wurde zünftig gefeiert. Kapitän Reinhold Zech trat halb nackt vor die portugiesische Presse und verkündete stolz: »Der VfB ist eine europäische Spitzenmannschaft, das haben wir hier bewiesen.« Kurz nach Mitternacht hissten Hermann Ohlicher und Willi Entenmann das Trikot von »Charly« Handschuh. Bis zum Rückflug am nächsten Tag flatterte die Rückennummer 10 am Fahnenmast des Hotel »Do Mar« in Sesimbra.

*

Theo Hoffmann und »Buschi« Höller waren unzertrennlich. Zwei dicke Freunde, die es faustdick hinter den Ohren hatten. Eines Morgens zur Faschingszeit kamen sie Arm in Arm zum Training, unrasiert, mit glasigen Augen und einer Fahne, die jede Blutprobe überflüssig machte. »Riegel-Rudi« Gutendorf schickte die beiden Faschingshansel umgehend zum Ausschlafen nach Hause und verlängerte ihre »Ruhephase« bis zum übernächsten Spiel.

*

1950 holte der VfB die Meisterschale zum ersten Mal nach Cannstatt. Wohin mit dem wertvollen Stück? Ein Klubhaus gab es damals noch nicht. Die Geschäftsstelle war ein schlichtes Zimmerchen in einem Mietshaus. Geschäftsführer Karl Ruof packte die Schale unter den Arm und nahm sie kurzerhand mit nach Hause. Dort schob er sie wie einen Nachttopf unter sein Bett. Das hatte einen so tiefen Rost, dass keiner drunter kriechen konnte. Meisterschale sicher verstaut!

*

Publikumsliebling Cacau wohnt in einem Haus mit Garten in Korb im Remstal. Vor einer dreiwöchigen Urlaubsreise mit seiner Familie nach Brasilien hatte sich der Hausherr zur besseren Pflege seines Rasens einen solarbetriebenen Rasenmäher angeschafft. Großer Schock nach der Rückkehr: Der Rasen, sein ganzer Stolz, war total zerstört. Bei strahlendem Dauer-Sonnenschein hatte der kleine Roboter ganze Arbeit geleistet.

100. GRUND

Weil ein Tankwart seine Anzeige fallen ließ

Elf Jahre nach seinem Abgang als Spieler zu Rekordmeister Bayern München kehrte Dieter Hoeneß 1990 nach Stuttgart zurück. Diesmal als Sportdirektor, erst drei Jahre an der Seite von Trainer Christoph Daum, danach zwei Jahre mit dessen Nachfolger Jürgen Röber. »Hier habe ich mich immer wohlgefühlt«, sagte er. »Selbst in den Jahren, in denen ich mit den Bayern nach Stuttgart gefahren bin, habe ich viel menschliche Wärme gespürt. Bei den Leuten war ich stets beliebt.«

Wie beliebt er war, mag das Verhalten eines Tankwarts belegen.

Nach einem wichtigen geschäftlichen Termin in Nürnberg fuhr Hoeneß über die Autobahn an Ansbach, Heilbronn und Ludwigsburg vorbei nach Stuttgart zurück. Es war schon weit nach Mitternacht und der Zeiger der Benzinuhr in seinem silbergrauen Porsche 993 bewegte sich in Richtung Reserve. An der Raststätte Degerloch, die längst der Großkreuzung Echterdinger Ei zum Opfer gefallen ist, betätigte er den Blinker und scherte rechts raus.

Volltanken für die restlichen Kilometer nach Aichtal, wo für den gestressten Manager das lang ersehnte Bett winkte. Endlich zu Hause angekommen, traute er seinen Augen nicht. Die Villa war hell erleuchtet. Davor ein Polizeiwagen mit Blaulicht. Seine Frau und die beiden Jungs, zitternd vor Kälte und Aufregung, standen auf der Straße. Ein Schreck durchzuckte seine Glieder.

»Was ist passiert?«, fragte er mit bebender Stimme. Gegenfrage des Polizisten: »Ist das Ihr Auto?« Hoeneß: »Ja, warum?« Polizist: »Haben Sie vor etwa zwanzig Minuten an der Raststätte Degerloch Super getankt?« Hoeneß, immer noch völlig ratlos, nickte. Erst dann klärte ihn der Beamte auf: »Sie haben eine Rechnung von 112 Mark gemacht und sind gleich weitergefahren. Eine Videokamera hat den Vorgang festgehalten. Der Tankwart hat uns das Kennzeichen durchgegeben und Sie angezeigt.«

Hoeneß hatte in der Eile vergessen, zu bezahlen. Er fuhr unverzüglich zur Tankstelle zurück, entschuldigte sich und beglich die offene Rechnung. Legte noch ein sattes Trinkgeld drauf. Außerdem versprach er dem Tankwart zwei Freikarten für das nächste Heimspiel. Der VfB-Fan bedankte sich überschwänglich. Die Anzeige hatte sich damit erledigt.

11. KAPITEL

NOCH MEHR GANZ WICHTIGE DINGE

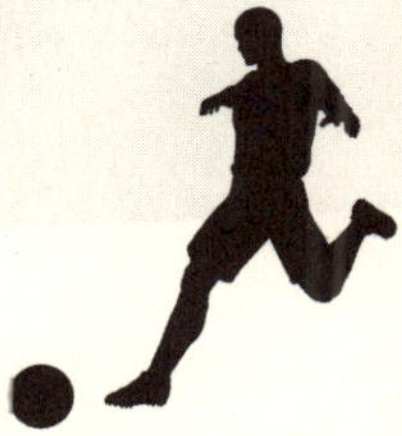

101. GRUND

Weil die Zweite oft im »Ausland« spielt

Die »Zweite« hat ein Handicap, das einmalig ist in den drei Profiligen Deutschlands: Sie muss alle ihre Heimspiele auswärts austragen. Der VfB verfügt zwar mit dem Robert-Schlienz-Stadion gleich neben der großen Fußballarena über eine eigene Spielstätte mit einem Fassungsvermögen von 6000 Zuschauern. Aber sie erfüllt bei Weitem nicht die Vorschriften des DFB, zum Beispiel in Sachen Sicherheit. Es gibt keine Tribüne, nur Stehwälle. Deshalb müssen die »kleinen Roten« seit Gründung der dritten Liga in der Saison 2008/09 wohl oder übel auf ihren Heimvorteil verzichten.

Erschwerend fällt ins Gewicht, dass sie meistens ausgerechnet ins Stadion auf der Waldau, der Heimat der Stuttgarter Kickers, ausweichen müssen. Für viele eingefleischte Cannstatter sind die Blauen ein rotes Tuch und der Gang über den Neckar hoch nach Degerloch ein Schritt ins »feindliche Ausland«. Für die Mannschaft sei das inzwischen kein Problem mehr, sie habe das Kickers-Stadion für sich angenommen, versichert Helmar Müller, seit 1977 ununterbrochen mitverantwortlich für die Amateurabteilung.

Trotz dieses vermeintlichen Nachteils spielten die Stuttgarter unter den zweiten Mannschaften der Bundesligaklubs die erste Geige. Als einziger Erstligaverein war der VfB mit der »Zweiten« bis zum Abstieg 2016 in die Regionalliga immer in der dritten Spielklasse präsent und belegte stets einen gesicherten Mittelplatz.

Der Klub legt viel Wert auf einen stabilen Unterbau als Sprungbrett für Talente und als Auffangbecken für alle, die den Übergang von der Jugend in den bezahlten Fußball nicht auf Anhieb schaffen. Der Etat von Jugend- und Amateurabteilung ist verzahnt und beläuft sich auf eine respektable Summe zwischen sechs und sieben Millionen Euro im Jahr. Dass unterstreicht, wie viel Wert der Verein auf seine Talentschmiede legt.

Die VfB-Amateure wurden 1951 aus der Taufe gehoben. Damals stemmte Franz Seybold (»Kaiser Franz«) den Laden praktisch im Alleingang, war Trainer, Geschäftsführer und Betreuer in einer Person. Zur Not hätte er bei Bedarf sogar noch den Mannschaftsbus gefahren. Nach zwei Jahren außer Konkurrenz in der A-Klasse Stuttgart, in der die VfB-Amateure völlig unterfordert und zuletzt mit 55:1 Punkten Meister waren, durften sie ab 1954 endlich in der zweiten Amateurliga mitspielen. Fünf Jahre später folgte der Aufstieg in die höchste Amateurklasse, 1960 der Gewinn der württembergischen Meisterschaft, 1963 der Einzug ins Finale der deutschen Amateurmeisterschaft.

Gegner VfL Wolfsburg war der Favorit. Die Norddeutschen stürmten, der VfB machte das Tor. Talpay entschied die Partie mit einem 25-Meter-Schuss in der 39. Minute. Als die siegreiche Mannschaft vom Stuttgarter Hauptbahnhof im Autokorso zum Clubhaus fuhr, wurde sie von einer unübersehbaren Menschenmenge bejubelt. Die Meistermannschaft, die fast komplett zusammenblieb: Silbernagel im Tor, Kocher, Pfeifer, Reichert, Grau, Seifert, Talpay, Böhringer, Röhm, Schäffler, Weiß.

In den Siebzigerjahren prägte dann Willi Entenmann das Geschehen im Amateurlager. Als Spieler erreichte er 1971 mit dem VfB das Endspiel in Würzburg gegen den SC Jülich, das 0:1 verloren ging. Als Trainer führte er den VfB 1980 ein zweites Mal zum Deutschen Meistertitel – 2:1 gegen den FC Augsburg.

Noch ein Paukenschlag der »kleinen Roten«, vielleicht ihr größter: In der ersten Runde des DFB-Pokals 2000/01 warfen sie die Profis von Eintracht Frankfurt mit einem sensationellen 6:1 aus dem Wettbewerb. Dirigiert von einem genialen Aleksandr Hleb schossen Amanatidis (2), Vujević (2), Vaccaro und Schmiedel die Tore. Pech, dass die Helden in der zweiten Runde gegen die eigenen Profis ausgelost wurden und ihnen mit 0:3 den Vortritt lassen mussten. Mit demselben Ergebnis scheiterten die »Großen« dann im Halbfinale an Schalke 04.

102. GRUND

Weil »Eisen-Günne« Kinder glücklich macht

Günther Schäfer ist beim VfB eine lebende Legende. Der eisenharte Verteidiger absolvierte 331 Bundesligaspiele für die Roten und war zweimal Deutscher Meister. Eine unvergessene Szene unterstreicht seine hohe Einsatzbereitschaft und seinen Ruf als ehrlicher Arbeiter auf dem Platz: Die Rettungsaktion mit akrobatischem Fallrückzieher auf der Torlinie beim Titelgewinn 1992 in Leverkusen.

Nach dem Karriere-Ende schrieb »Eisen-Günne« eine neue Erfolgsgeschichte. Als Sportlicher Leiter der VfB-Fußballschule, die 2008 von den Sportmanagern Jochen Schneider und Horst Heldt ins Leben gerufen wurde, vermittelte er mit seinem Trainerteam bis 2015 Kindern zwischen fünf und 14 Jahren Spaß am Fußball. Kindgerecht, aber dennoch gezielt werden in Wochenend- und Feriencamps sportliche Inhalte umgesetzt. In sechs oder zwölf Trainingseinheiten geht es um Dribblings, Passspiel, Schusstechnik, Schulung der Koordinationsfähigkeit sowie Spiel- und Turnierformen.

Der Slogan heißt »Trainieren wie die Profis«. Dazu Schäfer: »Wir schauen uns die Trainingsarbeit der Profis immer wieder genau an, ebenso die Methodik unserer Jugendabteilung. Daraus leiten wir die passenden Inhalte für die Camps ab. Wir verweisen aber auch auf beliebte Vorbilder wie Lionel Messi, Bastian Schweinsteiger oder Cristiano Ronaldo. Vormittags steht in Kleingruppen das Training in Schwerpunkten an, nachmittags folgen kleine Wettbewerbe oder Turniere, in denen die Kinder das Erlernte umsetzen können.«

Doch es geht nicht nur um Fußball. »Werte wie Disziplin, Teamfähigkeit, Fairness, Respekt oder Hilfsbereitschaft sind uns sehr wichtig, das Sozialverhalten auf und neben dem Platz. Dabei drücke ich auch kein Auge zu«, sagte Schäfer. Er hat schon Kinder, die aus der Reihe tanzten, nach Hause geschickt. Störenfriede sind jedoch die absoluten Ausnahmen. »Alle ziehen mit und gehen bis an ihre Leistungsgrenzen. Das ist richtig geil.« Die Projekte »Fußball trifft Kultur« und »kicken&lesen« sind weitere soziale Komponenten der Fußballschule. Hier steht der Bildungsgedanke im Vordergrund.

Die Kosten der Camps, die sich über ganz Baden-Württemberg bis ins Saarland erstrecken, tragen die Eltern – 149 Euro. Als Gegenleistung gibt es zusätzlich zur Schulung eine ganze Garnitur mit Trainingsanzug, T-Shirt, Shorts, Stutzen und Ball. Essen und Trinken werden ebenfalls kostenlos zur Verfügung gestellt. Werden die Camps auf dem VfB-Gelände ausgetragen, gibt es gelegentlich Kontakt zu den Idolen. Dann stehen die Kids nach dem Training der Profis Spalier und die Stars verteilen fleißig Autogramme.

2013 feierte die Fußballschule ihr fünfjähriges Bestehen. Die Anzahl der Camps ist jährlich gestiegen, von anfangs 20 auf 50 mit zwischen 2500 und 5000 Teilnehmern im Jahr. Im Juli konnte »Günne« das 10.000. Kind begrüßen. Eine beeindruckende Zahl mit einem erfreulichen Nebeneffekt für den VfB: Über die Fußballschule gewinnt der Verein das eine oder andere Talent für seine eigene Jugendabteilung.

Unter Trainer Alexander Zorniger, der nur ein kurzes Gastspiel geben durfte, rückte Schäfer zum Teammanager auf. Die Fußballschule setzte unter neuer Leitung ihre Arbeit fort. Der Chef heißt nun Michael Gühring. Repräsentant ist Ex-Nationaltorwart Timo Hildebrand.

103. GRUND

Weil ein Rekordsprinter den Jungs Beine macht

Für Tobias Unger ist es eine ganz neue Erfahrung. Der Rekordsprinter aus Kirchheim/Teck macht als Athletik-Trainer die 15- bis 19-jährigen Fußballer des VfB Stuttgart fit. »Das ist ein Traumberuf für mich«, schwärmt der »Schwabenpfeil« von seinem Fulltime-Job, den er am 1. Juli 2013 angetreten hat.

Die Ausbildung junger Fußballer wird immer vielfältiger, immer vollkommener. »Wir wollen auch im Athletik-Bereich eine einheitliche Philosophie, was die Inhalte betrifft«, sagt Ralf Becker, Leiter Junioren und Scouting beim VfB. »Mit Tobias Unger haben wir einen absoluten Spezialisten auf diesem Gebiet gewonnen. Er passt sowohl menschlich als auch fachlich sehr gut zu uns.«

Tobias Unger bringt die Erfahrung seiner fast 20-jährigen Sportlervita als Sprinter in sein Training ein. Er macht mit den Jungs Schnelligkeits- und Ausdauertraining, Koordinationsübungen und vieles mehr, alles in Absprache mit Dr. Christos Papadopoulos, dem Konditions- und Reha-Cheftrainer der Profis, und den Jugendtrainern. Dass Unger nie selber Fußball im Verein gespielt hat, spielt dabei keine Rolle. »Ich bin fußballaffin, hoch motiviert und versuche, immer Vollgas zu geben. Ich bringe meine eigenen Ideen ein und werde im Laufe der Zeit hoffentlich mit der Aufgabe wachsen«, sagt er.

Auch wenn er nicht unmittelbar aus dem Fußballlager kommt, ist er für den Nachwuchs ein Idol. Unger war der beständigste deutsche Sprinter des vergangenen Jahrzehnts, 19-mal Deutscher Meister über 100 und 200 Meter sowie in der Staffel, 200-Meter-Europameister 2005 in der Halle, Siebter und damit bester weißer Sprinter bei den Olympischen Spielen 2004 über 200 Meter. Noch immer hält er mit 20,20 Sekunden den deutschen Rekord auf dieser Strecke. Seine Bestleistung über 100 Meter steht bei 10,14 Sekunden.

Trotz der neuen beruflichen Tätigkeit und einer Wettkampfpause 2013 nach einer Sehnenoperation am Knie will Tobias Unger 2014 noch einmal angreifen. Sich für die Europameisterschaft in Zürich zu qualifizieren ist das letzte große Ziel seiner glanzvollen Karriere als Kurzstreckenläufer. »Es wäre doch schön, wenn ich beweisen könnte, dass man trotz normalem Arbeitsleben schnell sein kann. Das Laufen macht mir Spaß, das ist mein Leben. Ich will selbst bestimmen, wann Schluss ist«, sagt er. Die Rückendeckung seines Vereins, dem er sich 2011 angeschlossen hat, hat er dafür.

104. GRUND

Weil vier Läufer als Europameister grüßen

Beim VfB wird auch Hockey, Tischtennis und Faustball gespielt. Aber die dicksten Schlagzeilen nach den Fußballprofis produzierten immer mal wieder die erfolgreichen Leichtathleten des Vereins.

Vor dem Krieg war Richard »Molly« Schauffele ein bekannter Allrounder, vielfacher württembergischer Meister im Kugelstoßen und Diskuswerfen. Nach ihm ist die Sporthalle hinter dem Stadion benannt. Er war bei den Olympischen Spielen 1936 dabei – als Obmann für die Wurfdisziplinen. Bis ins hohe Alter schleuderte Gustav Marktanner, 1947 Deutscher Meister mit 42,60 Meter, die Diskusscheibe.

Die erste olympische Medaille für den Verein erkämpfte Helmar Müller 1968 in Mexiko City: Bronze mit der 4x400-Meter-Staffel. Ein Umsteiger, der 1957 mit Fußball anfing, württembergischer »Vize« mit der A-Jugend wurde und sich erst während seines Studiums in Tübingen auf das Laufen konzentrierte. Müller war Studenten-Weltmeister mit der Staffel und zweimal deutscher Hallenmeister. Er blieb dem VfB bis heute als Organisator und Betreuer der Fußball-Amateure treu.

In seine großen Fußstapfen auf den 400 Metern trat Karl Honz. Der Läufer mit dem schwarzen Wuschelkopf gab sich immer bis zur Erschöpfung aus und wurde 1972 mit dem Europarekord von 44,7 Sekunden belohnt. Eine Zeit, von der die deutschen Spitzenläufer auch über vier Jahrzehnte später nur träumen können. 1974 gewann Honz in Rom den Titel des Europameisters.

Für eine faustdicke Überraschung sorgte Herbert Wursthorn 1981 in Grenoble mit dem Gewinn der Europameisterschaft über

800 Meter. Mit seiner Bestzeit von 1:46,5 Minuten würde er heute immer noch Spitzenplätze belegen. Unerreicht: Mit Hans Allmandinger, Mathias Assmann und Andreas Baranski war er von 1982 bis 1986 fünfmal hintereinander Deutscher Meister in der 4x800-Meter-Staffel. Die Mittelstrecke blieb eine Spezialität beim VfB. Den nächsten EM-Titel über 800 Meter erkämpfte Sabine Zwiener 1988 in der Halle des Budapester Nep-Stadions. Zwei Jahre später folgte Silber in Glasgow.

Wursthorn ist heute stellvertretender Leiter des Olympiastützpunkts Stuttgart. 1994 holte er Dieter Göggel, der vorher zehn Jahre in Feuerbach tätig war, als Abteilungsleiter zum VfB. Gemeinsam führen sie die Erfolgsgeschichte weiter, geschrieben von Namen wie Yvonne Buschbaum, Kim Bauermeister oder Werner Holl. 2011 gesellte sich die Sprintergarde von Kirchheims Trainer Micky Corucle dazu. An ihrer Spitze der 20-malige Deutsche Meister und Rekordhalter Tobias Unger. Der »Schwabenpfeil« war nach Honz, Wursthorn und Zwiener der vierte Europameister (2005 in der Halle) im roten VfB-Trikot.

Der Umbau des Stadions in eine reine Fußballarena führte zum Wegfall der Laufbahnen – und damit zum Verzicht auf Großveranstaltungen wie der Europameisterschaft 1986 und der Weltmeisterschaft, das Sommermärchen 1993. Das hat den Leichtathleten im Land sehr weh getan. Inzwischen haben sich die Wogen geglättet, die Betroffenen mit der neuen Situation abgefunden. Zumal die Stadt versprochen hat, das Stadion Festwiese so auszubauen, dass bald wieder nationale Meisterschaften möglich sind. Mit einem Sportfest unter dem Motto »20 Jahre nach der WM« haben die Mannen um Dieter Göggel bereits einen vielversprechenden Anlauf unternommen, ihre Sportart in Stuttgart aus der Talsohle herauszuführen.

105. GRUND

Weil das Stadion ein Schmuckkästchen ist

Wer während des Spiels einen dringenden Harndrang verspürt, der braucht in Stuttgart keine Angst zu haben, ein Tor zu verpassen. Beim jüngsten Umbau des Stadions wurden in die Toiletten Fenster eingelassen, die beim »G'schäftle« freie Sicht auf das Spielfeld gewähren. Zum Start der Saison 2011/12 wurde die neue Arena nach zweijähriger Bauzeit mit dem Spiel gegen Schalke 04 eröffnet. Beim Stadionbau wurden erstmals die Fans mit eingebunden. Sie brachten ihre Wünsche vor und wenn es machbar war, wurden diese erfüllt. Das WC mit Durchblick war einer davon.

Das städtische Stadion hat eine wechselvolle Geschichte mit zahlreichen Höhepunkten hinter sich. Die »Adolf-Hitler-Kampfbahn« wurde 1933 anlässlich des Deutschen Turnfests ihrer Bestimmung übergeben. Der zweite große Event vor der beeindruckenden Kulisse von 65.000 Zuschauern war ein Jahr später der K.-o.-Sieg von Boxidol Max Schmeling gegen Adolf Heuser.

Mit 103.000 Fußballfans platzte das inzwischen in »Neckarstadion« umbenannte weite Rund beim ersten Länderspiel der deutschen Nationalelf nach dem Krieg aus allen Nähten. Burdenski verwandelte einen Elfmeter zum viel umjubelten 1:0-Sieg gegen die Schweiz. Acht Aschenbahnen im Innenraum ermöglichten 1965 die Premiere des Europapokals der Leichtathleten und vier Jahre später den Erdteilkampf Europa gegen USA.

Danach wurde die Arena aufwendig WM-reif gemacht – neue Haupttribüne, Gegengerade überdacht. 1974 erlebte Stuttgart die Gruppenspiele mit Italien, Argentinien, Polen und Haiti. Danach fand das erste Open-Air-Festival mit den Rolling Stones in einem Fußballstadion statt. Zum Schutz des Rasens wurde das gesamte Spielfeld mit PVC-Belägen abgedeckt. Für die Leichtathletik-EM 1986 installierte die Stadt in der Untertürkheimer Kurve die erste

Vollmatrix-Videotafel in einem Stadion. 300.000 Menschen sahen die Titelkämpfe und sorgten mit La-Ola-Wellen für südländische Begeisterung. Stuttgart erhielt dafür den Olympic Cup des IOC.

Der große Erfolg wurde mit dem Zuschlag für die Leichtathletik-WM 1993 belohnt. Wieder rückten die Bagger an. Die Betonschüssel wurde mit einem Membrandach überspannt, die meisten Steh- in Sitzplätze umgewandelt. Nachbar Daimler gab zehn Millionen Mark für den Umbau. Als Gegenleistung wurde das »Neckarstadion« in »Gottlieb-Daimler-Stadion« umgetauft.

Neuer Name, alte Aktivitäten. Schon wieder beherrschten Bauarbeiter die Szene. Zwischen 1999 und 2003 modernisierten sie Haupttribüne und Gegengerade, bauten 44 Logen ein. Damit waren die Voraussetzungen geschaffen, um 2006 den Zuschlag für das WM-Spiel um Platz drei zu bekommen. Deutschland gewann gegen Portugal 3:1 und die Fans waren aus dem Häuschen.

Nur die Leichtathleten trauerten. Unmittelbar nach der WM wurde der Umbau des Stadions in eine reine Fußballarena beschlossen. Die Laufbahnen wurden entfernt und mit ihnen verschwand eine traditionsreiche Sportart von der Stuttgarter Bildfläche. Oberbürgermeister Dr. Wolfgang Schuster: »Es war eine Entscheidung für den Fußball. Ich bedaure, das Kapitel Leichtathletik beenden zu müssen.« Nicht ganz: Das Stadion Festwiese wurde erneuert, mit acht Laufbahnen versehen und bietet nun wenigstens für den Breiten- und Schulsport mehr Möglichkeiten.

Das Spielfeld des Daimler-Stadions wurde 1,30 Meter tiefer gelegt, damit weitere Sitzreihen der Haupt- und Gegentribüne dichter an den Rasen rücken konnten. Dann wurde die Untertürkheimer Kurve abgerissen und steiler wieder aufgebaut. Im Untergeschoss versteckt sich eine schmucke Sporthalle für 2000 Zuschauer, in der jetzt Volleyball und Handball gespielt, geturnt und gefochten wird. Im Stockwerk drüber befindet sich die Soccer Lounge mit Freiterrasse, in der die dritte Halbzeit in gediegener Atmosphäre und mit Blick auf den Württemberg genossen werden kann.

Die Cannstatter Kurve wurde wie die gegenüberliegende Untertürkheimer Kurve zu einer Geraden, auf der Ultrafans ihr Team getreu dem Kultspruch »Sitzen ist für den Arsch« von Stehrängen aus leidenschaftlich unterstützen. Eine weiß-rote Wand. Bei internationalen Spielen sind aber nur Sitzplätze erlaubt. Was tun? Schwäbische Tüftler erfanden den »Stuttgarter Fahrstuhl«: 4000 ergonomisch geformte Sitze, die dank eines Klappmechanismus bei Bundesligaspielen ohne großen Aufwand in 8000 Stehplätze verwandelt werden. Eine Weltneuheit, die sich der VfB patentieren ließ. Sollte das geniale Konzept in anderen Stadien kopiert werden, bekommt der Verein auch noch Geld dafür.

Ebenfalls fanfreundlich sind die extra dünnen Ballnetze – an einer Schnur aufgehängt und unten zwei Meter offen, damit die Spieler nach einer erfolgreichen Partie abgeklatscht werden können. Als die Architekten ein schließbares Dach im Sinn hatten, legten die Fans ihr Veto ein. »Fußball ist eine Freiluftsportart«, argumentierten sie und bekamen recht. Das alte Stadiondach bekam eine zweite Ringkonstruktion, damit ist für die ersten Sitzreihen endlich Regenschutz gegeben.

Der Name des Stadions hat sich schon wieder geändert. Bis zur Konzernzentrale von Daimler sind es nur wenige Hundert Meter. Kein Wunder, dass der Automobilhersteller schon seit vielen Jahren gemeinsame Sache mit dem Fußballverein macht. Im Sommer 2008 sicherte sich die Firma für 27 Millionen die Namensrechte für die nächsten 30 Jahre. Aus Gottlieb-Daimler-Stadion wurde nun die Mercedes-Benz-Arena. »Das erste Stadion mit einem Frauennamen im Titel«, stellte Daimler-Vorstandschef Dieter Zetsche mit einem Schmunzeln fest. Außerdem wurde die ursprünglich bis 2012 geltende Liaison des VfB mit dem Konzern um weitere fünf Jahre ausgedehnt. Sie umfasst die Nutzung einer VIP-Loge, die Namensrechte für die Stadion-Lounge, das Branding auf dem Trainingsplatz, auf der Mittelkreisplane und auf dem Steg zwischen Parkhaus und Arena. »Besser kann die tiefe Verbundenheit von Daimler mit dem VfB und der Region kaum Ausdruck finden«, betonte Dr. Joachim Schmidt, Mitglied der Geschäftsleitung von Mercedes und bis 2015 Vorsitzender im Aufsichtsrat des VfB.

106. GRUND

Weil er ein Ehestifter ist

In Stuttgart gibt es 22 Orte, an denen sich verliebte Paare das Ja-Wort geben können. Tierfreunde können sich in der Wilhelma trauen lassen, Autoliebhaber im Mercedes-Museum, Kunstbeflissene auf dem Theaterschiff, Zugromantiker im Bahnhofsturm, Leseratten in der Stadtbibliothek. Seit 2011 bietet der VfB für Fußballfans auch die Heirat in der umgebauten Mercedes-Benz-Arena an. Auf Wunsch nimmt ein Beamter des Standesamts Bad Cannstatt die Trauung in der Soccer Lounge in der Untertürkheimer Kurve mit exklusivem Blick auf das Spielfeld vor. Mit einer Sondergenehmigung der Stadt kann neuerdings sogar auf der Terrasse unter freiem Himmel geheiratet werden. Das ist in Stuttgart sonst nur noch am Le-Corbusier-Haus auf dem Killesberg möglich.

Eine junge Frau wollte am 11.11.11 um 11 Uhr unbedingt die Erste sein, die von dem Angebot Gebrauch machte. In einer E-Mail an den Verein schrieb sie, sie habe ihre große Liebe 2009 beim VfB-Spiel im Camp Nou in Barcelona kennengelernt und möchte nun im heimischen Stadion den Bund fürs Leben schließen. Der VfB willigte ein. Zur Feier des Tages stellten sich Ex-Präsident Erwin Staudt und der Erste Bürgermeister der Stadt, Michael Föll, als Trauzeugen zur Verfügung. Als alles perfekt organisiert war, meldete sich die Dame erneut. Sie müsse absagen, sie und ihr Partner hätten sich wieder getrennt. Die Liebe hatte die Bauzeit des Stadions nicht überstanden.

Der Reinfall zum Auftakt blieb die Ausnahme. Inzwischen werden in der Arena fleißig Partnerschaften fürs Leben gegründet.

»Unsere Termine sind ausgebucht«, erzählt Vorstandsmitglied Stefan Heim. »Ein VfB-Pärchen ist zur standesamtlichen Trauung sogar aus Hamburg angereist. Es ist kaum zu glauben, wie sehr sich die Leute mit dem Verein identifizieren. Sie kommen im dunklen Anzug und tragen ein VfB-Trikot darunter.« Ein gutes Omen für die frisch Vermählten. Wer dem Verein so die Treue hält, obwohl die Mannschaft oft so wankelmütig ist, sollte es auch dauerhaft in der Ehe schaffen.

107. GRUND

Weil die neue Hymne unter die Haut geht

Endlich müssen sich die VfB-Fans die Ohren nicht mehr zuhalten, wenn Zuschauer aus Freiburg im Stadion das Badener Lied anstimmen. Sie haben eine neue eigene Hymne, die unter die Haut geht und zum Mitsingen animiert. *Für immer VfB* wird gespielt und gesungen von der schwäbischen Rockband *Die Fraktion*. Hier schon mal der Refrain zum Üben für die Fans:

Wir werden immer zu dir stehn,
wir werden niemals untergehn.
Wir schreiben heut Geschichte,
wir lassen unsere Fahnen wehn.
Wir tragen unseren Brustring.
Für immer VfB!

Den Text hat Philipp Schmid, der Sänger des Quartetts, geschrieben. Die weiteren Bandmitglieder sind: Marc Lory (Gitarre), Ralph Rieker (Bass) und Simon Schmid (Schlagzeug/Synthesizer). Alle vier sind Schwaben, die in Berlin leben, weil sie dort eine Werbeagentur betreiben. Und alle vier drücken dem VfB in der Bundesliga die Daumen. Philipp Schmid hat schon einmal bei den VfB-

Jugendtagen vorgespielt – mit dem Ball, versteht sich. Er ist sogar ein zweites Mal eingeladen worden. Doch zu einem Wechsel von seinem Stammverein TSV 07 Stuttgart auf den Wasen kam es nicht. Die Eltern schoben aus Sorge, seine schulischen Probleme könnten sich noch verstärken, einen Riegel vor.

Die Suche nach dem beliebtesten VfB-Lied lief über die komplette Rückrunde 2013 bei den Heimspielen in der Mercedes-Benz-Arena. Acht Bands standen zur Auswahl. Nach der Auswertung verschiedener Parameter – Downloadzahlen im Internet, Verkaufszahlen der CD, Befragung auf VfB Direkt, Zuschauerreaktionen – landete der Song *Für immer VfB* mit Abstand ganz vorn. Unterstützt wurde die Band bei ihren Aufnahmen von dem zehn Sänger und Sängerinnen umfassenden Chor »Die Exil-Schwaben«, ebenfalls in Berlin lebende Württemberger.

»Eigentlich sind wir eine Rockband«, sagt Schmid. »Vor sieben Jahren haben wir schon einmal einen Stadion-Song aufgenommen. *VfB ein Leben lang* entsprach mehr unserem Rock'n'Roll-Stil. Jetzt wollten wir eine Hymne machen, die mehr Gänsehaut auslöst.« Die ist so gut gelungen, dass Die Fraktion sogar die berühmtere Band Fools Garden mit ihrem Titel *König der Liga* hinter sich lassen konnte. Ihren ersten Auftritt vor den Fans des VfB hatte Die Fraktion im April beim Heimspiel gegen Borussia Dortmund, das in Unterzahl knapp 1:2 verloren ging. Beim Pokalfinale in Berlin gegen Bayern München brachte die Band mit ihrem Auftritt im Vorprogramm die 21.000 mitgereisten Stuttgarter in Stimmung.

Für Mario Gomez, den Bayern-Torjäger, ein Stück Erinnerung. Als er noch für den VfB stürmte, hat ihm Die Fraktion einen eigenen Titel gewürdigt. *Mario Gomez und der Ball geht rein* hieß der Song. »Doch der wird nicht mehr gespielt, seit Mario im falschen Verein ist. Erst, wenn er zurückkommt«, versichert Schmid.

Der neue Stadion-Song tritt an die Stelle von *Stuttgart kommt!*, der 1997 in Berlin beim Bankett zum DFB-Pokalsieg gegen Energie Cottbus seine Uraufführung erlebte, aber auch künftig im Stadion zu hören sein wird. Komponiert und vorgetragen wurde die offizielle VfB-Hymne damals von dem viel zu früh verstorbenen Schwabenrocker Wolle Kriwanek. Eine Kostprobe:

Wer spielt für uns in Weiß und Rot? VfB! VfB!
Wer macht den wilden Süden heiß? VfB! VfB!
Wer macht es jedem Gegner schwer? VfB! VfB!
Wo kommt im Land die Power her? VfB! VfB!

108. GRUND

Weil der VfB in Steine für Beine investiert

Der VfB steht für nachhaltig erfolgreiche Jugendarbeit. Ein starker Nachwuchs gehört zum Verein wie der rote Brustring. Seit gut einem Jahrzehnt haben sich die »Jungen Wilden« als Markenzeichen etabliert. Rund sechs Millionen Euro lässt sich der VfB seine Talentschmiede jedes Jahr kosten. Und die Investitionen tragen hohe Zinsen. Mit zehn A-Junioren- und acht B-Junioren-Meisterschaften ist der VfB deutscher Nachwuchs-Rekordmeister, sogar noch vor dem FC Bayern. Wer hätte das gedacht? Derzeit sind mehr als hundert Spieler in den höchsten Ligen Europas aktiv, die auf dem Cannstatter Wasen ausgebildet wurden. »Das soll nicht nur so bleiben, wir wollen alles dafür tun, damit wir für talentierten Nachwuchs noch attraktiver werden«, sagt Vorstandsmitglied Stefan Heim.

Deshalb hat sich der VfB entschlossen, für zwölf Millionen Euro ein neues Jugend-Leistungszentrum zu bauen. Ende 2012 wurde das Baugesuch eingereicht. »Das war für uns ein großer Meilenstein«, betont Heim. Dabei besteht im Carl-Benz-Center neben dem Stadion bereits eine Jugendakademie mit 18 Unterbringungsplätzen und einem Kunstrasenplatz auf dem Dach, der sogar mit Flutlicht ausgestattet ist. Aber die Raumsituation im alten Clubgebäude, an das die Trainingsplätze angrenzen, ist sehr beengt – nicht alle Jugendteams haben eine eigene Kabine. Das hat sich mit dem Neubau geändert. Bei der Planung holten sich die Strategen des VfB beim FC Barcelona und beim FC Arsenal, bei zwei Großen des europäischen Fußballs, Anregungen für den Bau. Es entstand ein Funktionsgebäude mit Umkleide- und Behandlungsräumen, Gymnastik- und Kraftraum, Saunen, Büros und Ruhebereich auf drei Stockwerken, in dem alle Jugendmannschaften und der VfB II untergebracht sind. Das Bundesligateam blieb im alten Trakt, der für 3,4 Millionen großzügig saniert wird.

Mit dem neuen Nachwuchszentrum will der VfB nicht nur weitere Top-Talente für sich gewinnen, sondern auch im baden-württembergischen Vergleich mit dem SC Freiburg und der TSG Hoffenheim punkten. Heim: »Bei beiden Vereinen wird die Jugendarbeit ebenfalls großgeschrieben. In Zuzenhausen wohnen die jungen TSG-Spieler in einem Schloss, das ist allein schon ein großer Anreiz. Auch in Freiburg werden große Anstrengungen unternommen – im Bundesligakader des Sportclubs stehen zahlreiche Eigengewächse. Wir werden das Rad nicht neu erfinden. Aber wir wollen es noch besser machen, als die anderen.« Anreize für künftige VfB-Stars gibt es genug. Allein schon der Blick auf die Arena und die Trainingsplätze der Profis wird die Jungs motivieren. »Wir haben darauf geachtet, dass man das durch die Fenster immer sehen kann, was die Vorbilder machen«, sagt Heim. Bruchsichere Lampen und Fensterscheiben werden im Gymnastikraum installiert. Im langen Flur wird sogar eine Tartanbahn gelegt, damit die Jungs immer kicken können, wenn sie Lust dazu haben. Spatenstich war im Juni 2013, fertiggestellt war das Projekt im Oktober 2014. Das Geld dafür kommt als Darlehen von der Bank. Heim verspricht: »Wir werden alles dafür tun, damit wieder mehr Spieler aus unserer Jugend in der Bundesligamannschaft ankommen. Wir investieren in Steine für Beine.«

109. GRUND

Weil die Fans ein Leben lang Fans sind

Die Cannstatter Kurve, seit dem Umbau der Mercedes-Benz-Arena eine Gerade, ist Standort der Bekenntnis für die treuesten Fans. Sie tragen rot-weiße Schals und Mützen. Ausgefranste und verwaschene Jeanswesten mit den aufgenähten Abzeichen befreundeter Fanclubs über den Trikots mit dem roten Brustring. Sie ballen die Fäuste, wenn ihnen etwas missfällt. Oder sie brechen einen Atemzug später in grenzenlosen Jubel aus, wenn der VfB ein Tor geschossen hat.

Sie haben einen zweifelhaften Ruf und ihr Umgangston ist rau. Aber umso herzlicher. Keine Chorknaben und keine Klosterschülerinnen. Sie werfen schon mal Böller und Raketen aufs Spielfeld wie beim Europacup-Spiel in Kopenhagen, was den VfB viel Ärger und Geld kostet. Aber sie stehen bedingungslos hinter ihrer Mannschaft. Die Cannstatter Kurve ist ihre Ehrentribüne. Stehplatzbereich, Blöcke 31 bis 37. Eintritt nur für Gleichgesinnte.

Spieler kommen und gehen. Trainer werden geheuert und gefeuert. Fans sind immer da, oft ein Leben lang. Sie sorgen für einen Heimvorteil, begleiten ihre Mannschaft zu den Auswärtsspielen. Sie kommunizieren durch Gesänge, die ein Vorsänger koordiniert. Verbreiten Botschaften durch selbst gemalte Transparente – aufmunternd, fordernd, kritisch. Wie beim Zwist über den umstrittenen Ticketpartner Viagogo, gegen den im Stadion mit Aufschriften wie »Viago-go home« oder »No go! Viagogo« protestiert wurde.

In Italien sind es »Tifosi«, in England »Supporters«, in Spanien »Aficionados«. In Deutschland werden die Schlachtenbummler »Fans« und in der Steigerungsform »Ultras« genannt. Sie sind das Herz des Vereins und deshalb gilt ihnen die besondere Aufmerksamkeit.

Beim VfB sind drei Fanbeauftragte die Bindeglieder zu den Fans und deren Gruppierungen: Christian Schmidt, Ralph Klenk und der ehemalige Profi Peter Reichert. Sie haben ihr Büro im Carl-Benz-Center und sind damit ganz nah bei ihrer Klientel. Im selben Gebäude, das an das Stadion angrenzt und dessen Außenfassade in den Vereinsfarben gehalten ist, spielt sich das ganze Leben rund um den VfB ab: Sportshop, Mitgliederverwaltung, Ticketing, medizinische Abteilung, Reha-Welt, Marketing, Jugendakademie auf dem Dach mit einem eigenen Kunstrasenplatz. Ein Fanservice der besonderen Art sind die Lagermöglichkeiten für große Fahnen und Transparente mit einer eigenen Werkstatt, in der die ganzen Choreografien vorbereitet werden können. Eine zentrale Anlaufstelle für die Fans mit allem, was sie mit dem Verein verbindet.

Rund 17.000 Anhänger sind in offiziellen Fanklubs in ganz Baden-Württemberg und in angrenzenden bayerischen Gebieten organisiert. Einer sogar in München, mitten in der Höhle des Löwen. Der größte OFC sind die »Rot-Weißen Schwaben Berkheim« mit bis zu 900 Mitgliedern. Selbst im Ausland gibt es VfB-Fanklubs, etwa »Azteca Rot-Weiß Queretaro« in Mexiko, die »American Fans Cambridge« oder »Commando Dubai«. Mit allen Klubs herrscht reger E-Mail-Verkehr. Einmal im Jahr dürfen sich einige deutsche Fanklubs auf den Besuch einer ihrer Stars freuen.

Neben den offiziellen Fanclubs gibt es die Ultragruppierungen wie das »Commando Cannstatt«, mit über 1000 Anhängern die größte, oder den »Schwabensturm«. Auch sie sind in einem 13-köpfigen Fanausschuss vertreten, der sich unter dem Vorsitz von Christian Schmidt regelmäßig trifft, um Sorgen und Nöte zu besprechen und Anregungen für eine bessere Zusammenarbeit mit der Vereinsspitze zu geben. In dieser Runde sitzen auch die Delegierten des »OFC Stuttgarter Mädle«, des »Schwul-Lesbischen Fanklubs« oder der Behinderten, um die sich der VfB besonders intensiv kümmert. Ihr Ansprechpartner ist Peter Reichert, der sie bei den Spielen in der Untertürkheimer Kurve an Tor 17 in Empfang nimmt. Einige

Freiwillige, das »Team Barrierefrei«, geleiten die Rollstuhlfahrer zu ihren Plätzen, besorgen ihnen Essen und Getränke und helfen ihnen beim Gang zur Toilette.

30 Plätze sind für Sehbehinderte frei gehalten. Sie genießen einerseits das Live-Erlebnis im Stadion und haben andererseits die Reportagen von zwei SWR-Moderatoren, die nur für sie das ganze Spiel übertragen, auf dem Ohr. Ein einmaliger Vorgang.

Wer will, kann die VfB-Spiele in einem der 27 offiziellen Fantreffs in Stuttgart und Umgebung im Fernsehen erleben. Diese VfB-Gaststätten, in denen sich Gleichgesinnte auch unter der Woche treffen, sind durch ein Messingschild mit dem VfB-Logo am Eingang und VfB-Devotionalien im Gastraum gekennzeichnet.

Im Schnitt pilgern rund 50.000 Zuschauer zu den Spielen in die Arena. Die Zahl der Anhänger ist noch wesentlich größer. Atmosphärische Störungen zwischen ihnen und dem Verein im Umgang und in Fragen des Stils können da nicht ausbleiben. Wie etwa der Streit über das DFL-Sicherheitspapier. Über die von vielen Fans geforderte Rückkehr zum alten Wappen. Über die Musik vor Heimspielen. Oder über den immer stärkeren Drang zur Mitsprache und Teilhabe. »Es kann nicht alles super reibungslos klappen. Aber im Vergleich zu anderen Klubs herrschen bei uns im Großen und Ganzen gute Verhältnisse«, stellt Christian Schmidt den VfB-Fans ein ordentliches Zeugnis aus. Fügt aber gleich hinzu: »Wir dürfen uns nur nicht darauf ausruhen.«

110. GRUND

Weil »Kaiser Franz« ein Schwabe war

Rudi Völler war die »Tante Käthe«, Gerd Müller der »Bomber der Nation«, Hannes Bongartz der »Spargel-Tarzan«, Jürgen Kohler der »Kokser«. Es war schon immer verlockend, Fußballstars Übernamen zu geben. Die Liste der originellen Spitznamen ließe sich beliebig fortsetzen: »Ente« Lippens, »Kobra« Wegmann, »Titan« Kahn, »Heintje« Möller, »Lutscher« Frings, »Tiger« Effenberg, »Boss« Rahn, »Terrier« Vogts, »Bulle« Roth, »Kugelblitz« Aílton, und so weiter. Was auffällt: Die Ulknamen stammen vorwiegend aus früheren Jahren. Sie sind heutzutage seltener. Hat es damit zu tun, dass der Fußball sachlicher und erfolgsbezogener geworden ist? Ist der Sinn für derartige kreative Spielereien verloren gegangen?

Dieser Trend ist auch beim VfB Stuttgart zu beobachten. Im momentanen Kader gibt es kaum Spieler mit Spitznamen. Georg Niedermeier ist einer der Wenigen. Wegen seiner kompromisslosen Spielweise nennen sie ihn »Niederstrecker«, obwohl er ein ganz feiner Kerl ist. Sven Ulreich ist der »Ulle«, Martin Harnik der »Manni«. Allerdings nur bei Insidern – sein Berater Gerd Milewski hat einst mit Manfred »Manni« Kaltz beim HSV gespielt. Deshalb. Ja, und dann gibt es noch Cacau. Dem hat der Schweizer Kollege Ludovic Magnin nach der Einbürgerung und der folgenden Nominierung für die Nationalmannschaft scherzhaft den typisch deutschen Namen »Helmut« verpasst.

Blättern wir einige Jahre zurück. Da war Thomas Schneider, der heutige B-Juniorentrainer, der »Schniedel«. Torjäger Sean Dundee stand für Filmheld »Crocodile Dundee«. Ludwig Kögl kam als »Wiggerl« aus München. Wegen seiner enormen Schusskraft wurde Karl Allgöwer »Knallgöwer« getauft. Der isländische Vorname von Sverrisson (Eyjólfur) war zu kompliziert, deshalb riefen ihn alle nur »Jolly«. Rudi Lorch war der »Lurchi«. Hansi Müller wird ewig der »Hansi« bleiben. Zum schlanken Dieter Schwemmle passte das »Handtuch«, zum Kopfballtorpedo Dieter Hoeneß der »Schwabenpfeil«. Der harte Verteidiger Günther Eisele war der »Gipser«.

Warum Johannes Ettmayer von seinem tschechischen Trainer Leopold Šťastný »Buffy« getauft wurde, verrät seine Figur. Buffy heißt Dickerchen. Guido Buchwald schaltete im WM-Finale 1990

Maradona aus, wartete dabei mit einem aufsehenerregenden Übersteiger auf, der ihm den Übernamen »Diego« einbrachte. Herbert Höbusch galt wegen seiner vornehmen Spielweise als »Lord«. Torwart Gerhard Heinze ging als »Flieger« in die VfB-Annalen ein. Otto Schmid, Meistertorwart der Fünfziger, war der »Gummi-Schmid«. Sturmtank Hartmut Weiß von Bernhausen auf den Fildern wurde als Kontrast zum dribbelstarken Flügelflitzer von Real Madrid scherzhaft »Filder-Gento« genannt.

Auch die Trainer blieben nicht verschont, wobei die Grenzen zwischen Pseudonym und Künstlername fließend waren. Ralf Rangnick hatte den Spitznamen »Fußball-Professor« weg, nachdem er im ZDF-*Sportstudio* einmal an der Taktiktafel doziert hatte. Joachim »Jogi« Löw ging beim VfB als »der nette Herr Löw« in die Geschichte ein. Der redselige Otto Barić war »Otto Maximal« oder der »Dampfplauderer«, Kurt Baluses dagegen »Der Schweiger«. Rudi Gutendorf ist zeitlebens der »Riegel-Rudi« geblieben. Der kantige Urschwabe Albert Sing war »Der Eiserne«, der verbindliche Hermann Eppenhoff einfach »Kumpel Herrmann«.

Bei den Amtsträgern vereinte der große Vorsitzende Gerhard Mayer-Vorfelder eine ganze Sammlung von Spitznamen auf sich: »Schlitzmayer-Ohrfelder«, »Mayer-Vorstopper«, »Mayer-Vorderlader« und nach einer launigen Bankettrede vor dem UEFA-Cup-Spiel gegen das isländische Vestmannaeyjar »Mayer-Vorfeldersson«, um nur einige zu nennen. Über allem steht das Kürzel MV. Ein Zeichen für den Respekt, der ihm bei aller Kritik entgegengebracht wird. Seine rechte Hand Ulrich Schäfer, einst Bürgermeister, war »Der Schultes«. MV-Vorgänger Hans Weitpert wurde wegen seiner gefärbten Haare als »Lila Hans« verspottet. Ex-Schatzmeister Eberhard Haaga wackelte beim Stadtlauf hinterher, schon war er der »Waggele«. Und bereits vor Franz Beckenbauer gab es einen Spieler, Trainer, Geschäftsführer und Leiter der Amateurabteilung in einer Person, den sie »Kaiser Franz« nannten. Weil Franz Seybold auf dem Wasen wie ein kleiner Kaiser regierte.

111. GRUND

Weil eine Jahrhundert-Elf unschlagbar wäre

2012, 100 Jahre nach der Fusion der beiden Urvereine Cannstatter FC 1890 und FV Stuttgart 1893 zum VfB Stuttgart, wählten 25.000 Anhänger die Jahrhundert-Elf ihres Vereins. Ein schwieriges Unterfangen, standen doch unzählige Leistungsträger aus verschiedenen Generationen zur Auswahl, von denen viele einen Stammplatz in dieser Mannschaft verdient hätten. Die Frage bei solchen Abstimmungen ist immer: Wie ordnet man die Stars von früher ein, die die meisten entweder gar nicht mehr erlebt oder nur in vager Erinnerung haben? Einen »Gummi-Schmid« im Tor? Einen Ernst Blum, Nationalspieler der Zwanzigerjahre? Den eisernen Verteidiger Erich Retter? Oder Kalli Barufka, den überragenden Mittelfeldspieler der Meistermannschaften der Fünfziger?

Immerhin hat es einer von ihnen in die Auswahl geschafft: Robert Schlienz, der Einarmige. An der weiß-roten Legende kam kaum einer vorbei, als es galt, ein Team zu bilden, das leider so nie in der Mercedes-Benz-Arena auflaufen kann.

Die meisten Stimmen für die Position des Torwarts bekam Timo Hildebrand (1999 bis 2007), der erheblichen Anteil am Gewinn der Meisterschaft 2007 hatte. Danach verließ er den VfB, womit er sich keinen Gefallen tat. In Valencia, Hoffenheim und Lissabon wurde er nicht glücklich. Erst bei Schalke glänzte Timo wieder wie in Stuttgart. Ihm im VfB-Ranking dicht auf den Fersen blieben Eike Immel, Günther Sawitzki, Helmut Roleder und Franz Wohlfahrt.

Bei der Zusammenstellung einer Dreierkette in der Abwehr entschieden sich die Fans für Karlheinz Förster, Günther Schäfer und Marcelo Bordon. Der Brasilianer spielte von 1999 bis 2004 in Stuttgart, bevor er Felix Magath nach Schalke folgte. Der jüngere der beiden Förster-Brüder (1975 bis 1986) brachte es als unerbittlicher Vorstopper auf 81 Länderspiele und ließ seine glanzvolle

Karriere bei Olympique Marseille ausklingen. Günther Schäfer (1980 bis 1997), der unermüdliche Kämpfer, leitet heute die VfB-Fußballschule. Gewählt worden wäre sicher auch Philipp Lahm, der Kapitän der Nationalmannschaft, wäre er nicht zum FC Bayern zurückgekehrt. Lahm war ausgeliehen und ist zwischen 2003 und 2005 in Stuttgart unter den Trainern Felix Magath und Matthias Sammer zu einem Weltklasse-Verteidiger gereift. Weitere Kandidaten für die Hintermannschaft: Dragan Holcer, Frank Verlaat, Slobodan Dubajić, Klaus-Dieter Sieloff, Bernd Förster, Bernd Martin, Michael Frontzeck, Hans Eisele, Andy Hinkel.

Überragende Mittelfeldstrategen hatte der VfB immer im Überfluss. Als Nummer eins neben Robert Schlienz stuften die Wähler Krassimir Balakov (1995 bis 2003) ein. Der 92-fache bulgarische Nationalspieler konnte alles: rennen und kämpfen, Regie führen, Freistöße zelebrieren, Tore schießen. Ein kompletter Fußballer. Für seinen knallharten Schuss hätte Karl Allgöwer (1980 bis 1991) eigentlich einen Waffenschein gebraucht. Er ist mit 129 Toren der erfolgreichste VfB-Schütze aller Zeiten.

Für den defensiven Part im Mittelfeld würden sich Guido »Diego« Buchwald (1983 bis 1994), Sami Khedira (2006 bis 2010) und Pável Pardo (2006 bis 2009) anbieten. Der kampf- und kopfballstarke Buchwald kam auf 76 Einsätze in der Nationalmannschaft und war der bisher einzige Weltmeister des VfB. Khedira, jetzt bei Juventus Turin, hat sich schon in jungen Jahren in der DFB-Auswahl unverzichtbar gemacht. Pardo war Rekord-Nationalspieler in Mexiko.

Auf einer Stufe mit diesen fünf Topstars stehen die drei »Zehner« Ásgeir Sigurvinsson, Hansi Müller und »Buffy« Ettmayer, alles ausgezeichnete Techniker, ausgestattet mit einem guten Schuss. Natürlich auch der »deutsche« Kroate Zvonimir Soldo, »Feuerkopf« Matthias Sammer, Aleksandr Hleb und von der älteren Generation Rolf Geiger. Nicht zu vergessen Hermann Ohlicher, Willi Entenmann, Charly Handschuh, Maurizio Gaudino, Gerhard Poschner, »Jolly«

Sverrisson, Thomas Hitzlsperger und aus der aktuellen Mannschaft Christian Gentner.

Den Drei-Mann-Sturm der Jahrhundert-Elf bilden Mario Gomez (2001 bis 2009), Jürgen Klinsmann (1984 bis 1989) und Giovane Elber (1994 bis 1997). Alle drei wechselten später vom VfB zum FC Bayern. Gomez wies mit 0,52 Treffern pro Einsatz den besten Torschnitt aller VfB-Stürmer auf, dicht gefolgt von Blondschopf »Klinsi« mit 0,5 und vom eleganten Brasilianer mit 0,47.

Fritz Walter brachte es auf einen Schnitt von 0,48 und führt gemeinsam mit Kevin Kurányi (2001 bis 2005) und Fredi Bobic (1994 bis 1999)die Reihe der Einwechselspieler für die Jahrhundert-Elf an. Weitere Kandidaten: Georg Volkert, Ludwig Kögl, Erwin Waldner, Horst Köppel, Walter Kelsch, Dieter Hoeneß, Gilbert Gress, Simon Terodde und Daniel Ginczek.

Die Wahl des besten Trainers fiel auf Joachim »Jogi« Löw (1996 bis 1998), der mit dem VfB 1997 den DFB-Pokal und damit seinen ersten Titel gewann. 2006 löste er Jürgen Klinsmann als Bundestrainer ab. Noch erfolgreicher mit den »Roten« war allerdings Georg »Schorsch« Wurzer mit zwei Deutschen Meistertiteln 1950 und 1952 sowie den DFB-Pokalsiegen 1954 und 1958. Helmut Benthaus hieß der Meistertrainer 1984, Christoph Daum gelang dieses Kunststück 1992 und zum vorläufig letzten Mal holte der VfB unter Armin Veh 2007 die Meisterschale. In die Phalanx der besten Trainer gehören auch Jürgen Sundermann und Felix Magath. »Sund« führte den VfB 1977 ins Oberhaus zurück und dort gleich in die Spitzengruppe. »Quälix« erreichte mit den legendären Jungen Wilden 2003 als Vizemeister die Champions League.

12. KAPITEL

DIE BONUSGRÜNDE

WAS SEITDEM GESCHAH

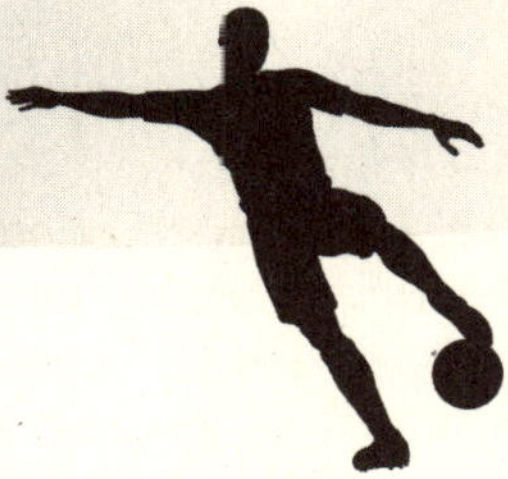

BONUSGRUND 1

Weil Teil III der Erfolgsstory läuft

Ob beim Fernsehen, im Kino oder in der Literatur – bei Erfolgsgeschichten heißt es in aller Regel: Fortsetzung folgt. Das betrifft auch die Story der »Jungen Wilden« beim VfB Stuttgart. Nach ihrer Uraufführung 2003 und der Wiederaufnahme 2007 lief Teil III auf dem Cannstatter Wasen.

Die hoffnungsvollen Nachwuchsdarsteller hießen Timo Werner, Timo Baumgartl, Arianit Ferati, Odisseas Vlachodimos, Mart Ristl, Max Besuschkow, Marvin Wanitzek oder Borys Tashchy, alle zwischen 18 und 22 Jahre alt. Talente, die für eine erfolgreiche Zukunft des VfB standen. In der jüngeren Vergangenheit wurden im Verein auch Antonio Rüdiger, Joshua Kimmich und Rani Khedira ausgebildet. Aber ihnen wurden woanders bessere finanzielle oder sportliche Perspektiven geboten, und sie waren nicht zu halten. Schade für die Roten. Hohe Ablösesummen waren nicht mehr als Trostpflaster für den Verlust dieser Top-Talente.

Der Begriff der »Jungen Wilden« tauchte erstmals auf, als Trainer Felix Magath mit einer Handvoll Grünschnäbel in die Champions League stürmte und sogar Manchester United putzte. Mit den Erfolgen stiegen auch die Begehrlichkeiten. Die Mannschaft fiel in der Folgezeit auseinander. Trainer Armin Veh und Sportdirektor Horst Heldt bastelten dann an der zweiten Generation von »Jugend forsch« mit Mario Gomez, Sami Khedira, Christian Gentner, Serdar Taşçı und Andy Beck. Sie schrieben 2007 das schwäbische Sommermärchen, wurden Deutscher Meister.

Dann also junge Wilde, Kapitel drei. Die Personifikation der neuen Rasselbande war Timo Werner. Ein dunkelrotes Eigengewächs. Von der U9 durchlief er alle Teams des VfB, später auch die des DFB, bis er 2014 einen Profivertrag unterschrieb. Bundesligaluft schnupperte der wieselflinke Stürmer schon ab 17. August 2013, sein erstes Tor im Oberhaus schoss er gegen Eintracht Frankfurt. Mit 17 war er der jüngste VfB-Torschütze in der Clubhistorie. Wenig später gegen SC Freiburg auch der jüngste Doppelpacker.

Timo ist ein Musterprofi, aufgeweckt gewissenhaft, ausgestattet mit guten Umgangsformen, viel Talent und Potenzial. Sein Vater Günter Schuh, ein ehemaliger Amateurspieler und Trainer, ist sein großer Förderer. Die Eltern, die Personen aus dem privaten Umfeld, die Mitspieler – sie alle seien sehr wichtig für seine Entwicklung, sagt er. »Wenn man im Haifischbecken Bundesliga alleine gelassen wird, kann man schnell untergehen.« Inzwischen ist Werner bei RB Leipzig gelandet und in der Nationalelf angekommen.

Ein ähnliches Toptalent ist der andere Timo im Team, Timo Baumgartl. Der Sohn der ehemaligen Sindelfinger Handball-Nationalspielerin Michaela Baumgartl kam mit 15 vom GSV Maichingen über den Umweg SSV Reutlingen zum VfB. Thomas Schneider, heute Assistent von Bundestrainer Jogi Löw, nahm den damals 17-Jährigen erstmals mit ins Trainingslager der Profis nach Südafrika. Als 1,90 Meter großer Innenverteidiger schaffte es Baumgartl auf Anhieb ins Bundesligateam. Was selbst Nachwuchschef Rainer Adrion verblüffte: »Ich wusste, dass Timo großes Potenzial besitzt. Dass es aber so schnell gehen würde, dass er gleich so abgeklärt spielt, hat mich doch überrascht.«

Zwei Timos, zwei Beispiele für die erfolgreiche Nachwuchsarbeit, auf die der Verein so viel Wert legt. Schon aus rein finanziellen Gründen ist er darauf angewiesen, möglichst viele Bundesligaspieler in der eigenen Talentschmiede zu formen. Denn im Gegensatz zu den ganz Großen der Branche ist der VfB nicht auf Rosen gebettet. Deshalb wird es nach jeder Erfolgsgeschichte mit einer neuen Generation der »Jungen Wilden« auch in Zukunft heißen: Fortsetzung folgt.

BONUSGRUND 2

Weil Retter Stevens zweimal »huubte«

Die Alarmglocken schrillten auf dem Cannstatter Wasen. Nach nur zwei Punktgewinnen aus zehn Spielen unter dem Trainer-Novizen Thomas Schneider drohte zum zweiten Mal nach 1975 der Abstieg. Sportdirektor Fredi Bobic wählte die Nummer von Trainer Stevens, der gerade bei PAOK Saloniki entlassen worden war. »Huub, wir brauchen dringend einen erfahrenen Trainer wie dich.« Stevens ließ sich nicht zweimal bitten und machte sich am 10. März 2014 an die Arbeit. »Es ist eine Minute vor zwölf. Wir haben wenig Zeit, und es ist unheimlich viel zu tun«, sagte er bei Antritt seiner Herkulesaufgabe und fügte leise hinzu: »Meine Frau sagt, ich sei verrückt.«

Die Stimmung in Stuttgart war wochenlang extrem aufgeheizt. Viele der 150 Voll- und Teilzeitmitarbeiter im Verein bangten um ihren Job. Ex-Nationalspieler Karlheinz Förster sorgte sich um »seinen« VfB: »Ein Abstieg würde den Verein um Jahre zurückwerfen. Sponsoren würden abspringen, wichtige Spieler den Verein verlassen.«

Der Niederländer, wegen seiner oft mürrischen Art »Knurrer von Kerkrade« genannt, legte großen Wert auf Disziplin und strenge taktische Ordnung. »Die Null muss stehen«, war schon sein Credo, als er nach dem Gewinn des UEFA-Cups 1997 von den Schalker Fans zum »Jahrhunderttrainer« ernannt wurde. Er lebte eine sehr professionelle Einstellung vor. Morgens um acht war er stets der Erste, der auf dem Clubgelände erschien und sich mit seinem kompletten Stab zur Besprechung beim Frühstück traf.

Sein Einstand war vielversprechend: vier Punkte aus den ersten zwei Spielen. Die Hoffnung kehrte zurück. Als Schalke am viertletzten Spieltag 3:1 besiegt wurde, hatte der VfB ein komfortables Polster von vier Punkten auf die Abstiegsränge. Das reichte für den Klassenerhalt. Stuttgart atmete auf. Retter Stevens, der in seiner

Laufbahn noch nie abgestiegen ist, verabschiedete sich mit einer dicken Erfolgsprämie in der Tasche so schnell, wie er gekommen war, um neue Kräfte zu sammeln.

Es sollte nicht für lange sein. Kaum ein halbes Jahr später steckte der VfB wieder tief im Schlamassel. Nachfolger Armin Veh, vergeblich bemüht, die Stuttgarter Philosophie von einer offensiven Spielweise umzusetzen, hisste nach einer Reihe von Misserfolgen als Tabellenletzter entnervt die weiße Fahne. »Wir brauchen einen Trainer, der Erfahrung mit dieser Situation hat«, sagte Präsident Bernd Wahler. Also Stevens. Er, der Retter der vergangenen Saison, sollte es noch einmal richten. Am 25. November wurde er Nachfolger seines Nachfolgers und startete seine zweite Mission Klassenerhalt beim VfB.

Sie erwies sich auch diesmal als eine ganz zähe Angelegenheit – bis zum Schluss ein Tanz auf dem Drahtseil. Stevens tat erneut alles, was in seinen Kräften stand, musste aber erkennen: »Ich bin kein Messias. Auch ich kann mit Händen kein Eisen verbiegen.« Erst am allerletzten Spieltag schlug die monatelange Anspannung in grenzenlosen Jubel um. In Paderborn erlöste Daniel Ginczek das weiß-rote Lager mit dem Siegtor in der 74. Minute. Der VfB gewann 2:1 und war gerettet.

Huub Stevens hatte zum zweiten Mal innerhalb eines Jahres ein Wunder vollbracht. Der zweifache Retter ging noch kurz in die Gästekurve, wo 2.000 Stuttgarter Anhänger mit den Spielern feierten. Er winkte zum Abschied, diesmal auf Nimmerwiedersehen.

BONUSGRUND 3

Weil der Neue alte Tugenden weckte

Bundesligatrainer mit Stallgeruch hat es beim VfB schon etliche gegeben. Übungsleiter, die im Verein aufgewachsen und/oder groß geworden sind. Franz Seibold, Karl Bögelein, Willi Entenmann, Rainer Adrion, Ralf Rangnick, Jens Keller, Thomas Schneider – sie alle mussten erst mit dem Vorurteil fertig werden, dass der Prophet im eigenen Land nichts gilt. Manchen ist es gelungen, anderen nicht.

Dann also Jürgen Kramny. In Bad Cannstatt geboren, in Ludwigsburg aufgewachsen, zweifacher Familienvater. Ein Urgestein der Roten. Kam als 13-Jähriger zum VfB. Durchlief alle Jugendmannschaften, schaffte mit 19 den Sprung in den Profikader. Parallel dazu die DFB-Karriere: Nationalspieler in allen Jahrgängen von U15 bis U21. Der große Durchbruch blieb ihm allerdings verwehrt – auch der im Brustring-Trikot. In zwei Jahren brachte es der Mittelfeldmann auf 14 Einsätze ohne Torerfolg. Nach dem Gewinn der deutschen Meisterschaft 1992 ging Kramny auf Wanderschaft und landete nach fünf bewegten Fußball-Jahren mit abwechselnden Stationen wie Nürnberg, Saarbrücken, Mainz und Darmstadt erneut beim FSV Mainz 05. Dort endlich sein Aufstieg und zählbarer Erfolg: 218 Spiele, 30 Tore. Als mit 34 sein Spielervertrag nicht mehr verlängert wurde, beförderte ihn Jürgen Klopp zum U19-Coach. Der Beginn von Kramnys Trainerlaufbahn. Er ist seinem Freund und Zimmergenossen heute noch dankbar dafür.

2010 hieß es für das schwäbische Urgestein: zurück zu den Wurzeln. Ein Jahr trainierte er die U19 des VfB, ab 2011 die U23. Er tat es mit Akribie, Fleiß und taktischem Geschick. »Wenn sich die zweite Mannschaft stets in der dritten Liga gehalten hat, war das im Wesentlichen sein Verdienst«, sagt der frühere Jugendleiter Frieder Schrof. Daran erinnerte sich die Vereinsführung auf der Suche nach einem Nachfolger für Fehlgriff Alexander Zorniger. Sie ernannten Kramny erst zum Interimstrainer und beförderten ihn einen Monat später zum Chefcoach mit Vertrag bis zum Sommer 2017.

Im Gegensatz zu Zorniger, der im Testspiel gegen Manchester City (4:2) einen fulminanten Start hinlegte, startete der Neue mit einer 1:4-Schlappe in Dortmund. Es folgten zwei Unentschieden, und schon wurden die ersten Zweifel an der »Billiglösung« laut. Aber sie verstummten nach dem Einzug ins Viertelfinale des DFB-Pokals gegen Eintracht Braunschweig und dem ebenso überraschenden wie überzeugenden 3:1-Sieg gegen Champions-League-Teilnehmer VfL Wolfsburg. Kramny hatte mit einem frisch geschnürten Stabilitätspakt in der Defensive den bedingungslosen Hurrastil seines Vorgängers, der seine Spielweise »alternativlos« nannte, entscheidend verändert. Die Abwehr zu stärken und bei Balleroberung auf schnelle Konter zu setzen – der richtige Ansatz für einen erfolgreichen Verlauf der Rückrunde. Die Fans durften wieder vom Klassenerhalt träumen.

BONUSGRUND 4

Weil der Abstieg heilsame Wirkung hatte

Was sich schon über mehrere Jahre abgezeichnet hatte, wurde am Ende der Saison 2015/16 bittere Wirklichkeit. Nach 39 Jahren am Stück in der ersten Bundesliga musste sich der VfB zum zweiten Mal aus dem Fußball-Oberhaus verabschieden. Der erste Betriebsunfall hatte sich 1975 ereignet, wurde aber nach zwei Jahren in der zweiten Liga repariert. Diesmal war es die logische Konsequenz einer stetigen Abwärtsentwicklung bei den Schwaben. 2013 waren sie Zwölfte, 2014 Fünfzehnte, 2015 Vierzehnte und nun schließlich Siebzehnte und damit nicht mehr zu retten. Die Endstation eines vierjährigen Kampfes um den Verbleib in der Bundesliga.

Nach der schier unglaublichen Rettung im Vorjahr setzte der VfB auf den schwäbischen Landsmann Alexander Zorniger als neuen Trainer. Er sollte alles besser machen. Doch dessen Taktik der bedingungslosen Offensive erwies sich als Schuss in den Ofen. Der VfB kassierte Tor um Tor, aber viel zu wenig Punkte. Nach 13 Spieltagen standen lediglich zehn Zähler auf der Habenseite.

Alarmstufe eins! Das Präsidium reagierte, beurlaubte den gesamten Trainerstab und ernannte den bisherigen U23-Trainer Jürgen Kramny zum Cheftrainer.

Ein Glücksgriff, wie es schien. Der ehemalige Ligaspieler erwischte einen formidablen Start, blieb acht Spiele hintereinander ungeschlagen. Am 22. Spieltag hatte das Team 28 Punkte gesammelt. Schon träumten die ersten Fans von Fußballreisen quer durch Europa. Doch daraus wurde letztlich ein Albtraum. Die unerwartete Heimniederlage gegen Hannover 96 war der Auftakt einer Pleitenserie, an deren Ende der Abstieg stand.

Das Hauptproblem während der ganzen Saison war die Defensivleistung der Mannschaft. 75 Gegentore, darunter 14 durch Konter verursacht, bedeuteten negativen Vereinsrekord. Besonders die Innenverteidigung war der wunde Punkt. Die durchaus beachtliche Kreativabteilung mit Topscorer Daniel Didavi (13 Treffer) konnte die eklatanten Schwächen im Abwehrbereich nicht kompensieren. Alle positiven und negativen Eigenschaften dieser Mannschaft auf einmal offenbarten sich in den 90 Spielminuten in Leverkusen. Der VfB führte nach ausgezeichneten Angriffsleistungen mit 3:1, um in der Schlussphase noch einzubrechen und völlig unnötig 3:4 zu verlieren. Blamabel war die 2:6-Schlappe in Bremen, eine von sechs Niederlagen hintereinander in der Endphase der Saison. Treffend die Analyse von Sportdirektor Robin Dutt nach der abschließenden 1:3-Abfuhr in Wolfsburg: »Wir hatten in den letzten fünf Jahren eine Negativentwicklung, deren Tiefpunkt heute erreicht ist. Das ist der bitterste Tag meiner Karriere.« Auch angesichts eines Transparents, das die enttäuschten Fans in der zweiten Halbzeit im Gästeblock aufhängten: »Vereinsführung: keine sportliche Kompetenz, keine Perspektive, keine Aufarbeitung, keine Antworten.« Es folgte das große Stühlerücken im Verein. Präsident Bernd Wahler trat zurück. Dutt musste gehen. Kramny reihte sich dort wieder ein, wo er hergekommen war – beim VfB II.

BONUSGRUND 5

Weil der Betriebsunfall gleich repariert wurde

Die Schockstarre des Abstiegs währte nicht lange. Schon nach kurzer Zeit wuchsen wieder zarte Pflänzchen der Hoffnung, genährt durch neue Hoffnungsträger. An der Spitze des Vereins stand nun der frisch gewählte Präsident Wolfgang Dietrich. Jan Schindelmeiser, der kühle Blonde aus dem Norden, löste Robin Dutt als Sportlichen Leiter ab. Aufstiegsspezialist Jos Luhukay wurde als neuer Trainer verpflichtet. Und für die nötigen Tore zur sofortigen Rückkehr in die Bundesliga sollte Simon Terodde sorgen, den der VfB dem VfL Bochum abluchste.

Doch bereits nach vier Spieltagen musste Schindelmeiser wieder einen Trainer suchen. Luhukay hatte andere Vorstellungen über den Weg nach oben und trat nach Meinungsverschiedenheiten über Spielerverpflichtungen am 15. September 2016 zurück. Bis ein Nachfolger gefunden war, betreute Assistent Olaf Janßen für zwei Spiele die Truppe. »Wir standen damals vor der Frage, ob wir die DNA des Clubs ernst nehmen«, erinnert sich Schindelmeiser. Besagte DNA war und ist, Talente zu entwickeln und mit jungen Spielern guten Fußball zu spielen.

Seine Wahl fiel auf den 35-jährigen Hannes Wolf. Ein Risiko, denn der junge Mann aus Dortmund hatte keine Erfahrung im Profibereich. Er hatte bisher nur Juniorenteams bei Borussia betreut, jedoch drei Meistertitel in Folge erreicht. Aber Schindelmeiser war von Wolfs Qualitäten total überzeugt und wollte ihn unbedingt. »Ich hatte schon meinen Bundeswehr-Schlafsack im Auto und war darauf vorbereitet, so lange auf dem Grundstück von Hans-Joachim Watzke zu campieren, bis er Hannes freigibt«, sagte er mit einem Augenzwinkern.

Als der Neue in seinem dritten Spiel beim Aufsteiger in Dresden mit 0:5 sang- und klanglos unterging, meldeten sich die ersten Kritiker. Zweifel an der Reife des Trainers, aber auch an der Qualität des Kaders wurden laut. Doch im Verein verfiel niemand in blinden Aktionismus. Gestützt durch den Manager blieb Wolf seiner Art, Fußball zu vermitteln und das Team zu führen, treu. Er prägte eine neue Leistungskultur, verlangte den Spielern alles ab. Wer sich unter der Woche im Training anbot, spielte auch. Wolf scheute sich nicht, Nationalspieler auf die Tribüne zu setzen und Nobodys auf den Rasen zu schicken.

Einer, der das Vertrauen Tor um Tor zurückzahlte, war Simon Terodde, vom Boulevard auch »Tor-rodde« genannt. Er kam aus Bochum mit der Empfehlung von 25 Ligatoren, brauchte aber eine Zeit lang, um in die Spur zu kommen. Danach war der Instinkt-Torjäger nicht mehr zu halten. Mit seinem Selbstverständnis als Profi (»Messi oder Ronaldo können sich vielleicht auf Erfolgen ausruhen, alle anderen nicht«) wurde er nicht müde, Tore zu schießen. Beim Jubeln legte er stets die rechte Hand an die Stirn. Was wie Salutieren aussah, war ein Gruß an seine Frau Laura, die fast immer im Stadion zuschaute. Am Ende hatte ihr Simon wieder 25 Mal »salutiert« und zum zweiten Mal die Torjägerkanone der zweiten Liga gewonnen.

Mit seinen letzten beiden Einschüssen versetzte er das Schwabenland in einen emotionalen Ausnahmezustand. Das 4:1 gegen die Würzburger Kickers besiegelte die Rückkehr in die Bundesliga nach nur einem Jahr. »Ich habe Gänsehaut«, rief Terodde und mit ihm feierten 60.000 in der Mercedes-Benz-Arena den Wiederaufstieg.

BONUSGRUND 6

Weil die Ausgliederung frisches Geld brachte

Nach dem Aufstieg kam die Ausgliederung der Profiabteilung aus dem Gesamtverein in eine VfB Stuttgart 1893 AG. Präsident Wolfgang Dietrich hatte wochenlang dafür geworben. Als am 1. Juni 2017 bei der Hauptversammlung des Vereins 84,2 Prozent der Mitglieder für das Projekt stimmten, sagte er überglücklich: »Ich bin geplättet. Das ist ein historischer Tag für den VfB.«

Die Verantwortlichen des Vereins sehen mit dieser Entscheidung die geeignete Form, um wieder in die Erfolgsspur zurückzukommen. Sie und alle Fans haben genug vom jahrelangen sportlichen Existenzkampf im Tabellenkeller der Bundesliga. »Wir könnten uns diesem knallharten Wettbewerb nicht stellen, wenn wir diese Anschubfinanzierung nicht bekommen hätten«, meint Dietrich.

Die Ausgliederung spülte frisches Geld in die VfB-Kasse. Die Daimler AG übernahm für 41,5 Millionen Euro 11,75 Prozent der Anteile an der AG. Maximal 24,9 Prozent will der Klub veräußern und damit 100 Millionen Euro einnehmen. Mit der Investition von Daimler taxiert der VfB seinen derzeitigen Vereinswert auf mehr als 350 Millionen Euro. Dietrich weiter: »Wir wissen, welche Verantwortung wir hiermit übernommen haben. Mit der Ausgliederung haben wir noch lange nicht die Ziele erreicht, die wir uns gesetzt haben. Aber wir haben eine wichtige Grundlage, auf der wir aufbauen können.«

Dietrich versprach, mit den Geldern vernünftig umzugehen und sie ausschließlich in den sportlichen Bereich zu investieren – in den Profikader, die Jugend und Infrastruktur. So hat der Nachwuchsbereich großen Aufholbedarf. Auch das Scouting. »Wir können ganz anders mit Spielern sprechen. Diese Handlungsfähigkeit gibt dem Verein einen Riesenimpuls«, meint der Präsident. Christoph Daum, VfB-Meistertrainer von 1992, fügte hinzu: »Es können Infrastrukturmaßnahmen eingeleitet werden, die dringend notwendig sind. Es wird sich nichts verändern an dem ganzen Herzblut und der Tradition des VfB.«

Das »Commando Cannstatt 97«, die größte Stuttgarter Ultra-Vereinigung, und weitere Vereinsmitglieder waren da ganz anderer Meinung. Sie kritisierten deutlich die Alternativlosigkeit der Ausgliederung im Vorfeld der Mitgliederversammlung. Sie befürchteten eine Reduzierung der Einflussnahme durch die Mitglieder auf den Profifußball und missbilligten die »einseitige Meinungsmache mit billigen Wahlkampfslogans und materiellen Anreizen zur Teilnahme an der Mitgliederversammlung.« Jedes Mitglied, das zur MV ging, bekam ein Trikot geschenkt. Der Verein reagierte clever mit einer Gegenmaßnahme. Er installierte einen neunköpfigen Vereinsbeirat, der grundsätzlich allen Mitgliedern offensteht, und entkräftete damit die Vorwürfe der Kritiker. Den dreiköpfigen Vorstand der AG nach der Ausgliederung bilden Stefan Heim (Finanzen, Verwaltung, Operations), Jochen Röttgermann (Marketing, Vertrieb) und Michael Reschke (Sport) als Nachfolger des abgelösten Jan Schindelmeiser.

BONUSGRUND 7

Weil Dietrich ein Schlüssel zum Erfolg ist

Wolfgang Dietrich ist der achte Präsident des VfB Stuttgart seit Gründung der Bundesliga 1963. Seit 9. Oktober 2016 lenkt der ehemals erfolgreiche Unternehmer ehrenamtlich die Geschicke des Vereins. »Ich bin kein Revolutionär und kein Spalter, aber durchsetzungsstark und entscheidungsfreudig«, beschreibt er selber seinen Führungsstil.

Sein Start war holprig. Bei der Wahl stimmten nur 57,2 Prozent der anwesenden Stimmberechtigten für Dietrich, den einzigen Kandidaten. Das hatte Gründe. Eine Ultra-Gruppe von Fans kritisierte seine Rolle bei »Stuttgart 21«. Vier lange Jahre hatte er als Projektsprecher und Vorstandsvorsitzender für das höchst umstrittene Bahnprojekt gekämpft und sich damit nicht nur Freunde gemacht. Doch an jenem Abend im Verein siegte schließlich die Vernunft. Bei seiner Antrittsrede (»ich will weniger schwätzen, viel machen«) erhielt der neue Präsident auch reichlich Beifall. Besonders, als der Vater zweier Söhne versprach, ein Hauptaugenmerk auf die Jugendarbeit zu legen: »Wir wollen hier wieder die Nummer eins in Deutschland werden.«

Doch zunächst galt es, den sofortigen Wiederaufstieg und die Ausgliederung der Fußball-Abteilung in Angriff zu nehmen. Für Letzteres ging der Freund der Brüder Uli und Dieter Hoeneß auf eine Ochsentour. Wochenlang eilte er von Veranstaltung zu Veranstaltung, um für das Jahrhundertprojekt zu werben. Mit Erfolg. Dietrich – nomen est omen – war der Schlüssel zum Gelingen. Inzwischen hatten seine VfB-Jungs auch die Rückkehr in die Bundesliga perfekt gemacht und Dietrich konnte sein nächstes Vorhaben ins Blickfeld rücken: mit dem VfB wieder einmal ganz oben anzugreifen.

Die Mitarbeiter des Vereins beschreiben ihren Boss als machtbewusst, konsequent, einnehmend und fleißig. In seiner Art erinnernd an den dominanten Gerhard Mayer-Vorfelder, der 25 Jahre auf dem roten Präsidentenstuhl saß. »Mit ihm haben wir einen absolut professionellen und leidenschaftlichen Präsidenten bekommen, der uns die Dinge geordnet hat, die wir geordnet haben wollten«, sagt VfB-Aufsichtsrat Wilfried Porth.

Dietrichs Amtszeit wird mit Sicherheit die einige seiner Vorgänger überdauern. Die von Dr. Fritz Walter, der dem VfB von 1944 bis 1968 vorstand, für den 70-Jährigen allerdings eher nicht. Auch dessen Erfolgsbilanz wird kaum zu erreichen sein. Unter der Ägide des »Doktors« wurden die Roten je zweimal Deutscher Meister und Pokalsieger. Sein Nachfolger Hans Weitpert (»Lila Hans«) agierte weniger glücklich, fand sich am Ende in der zweiten Liga wieder. Dort übernahm Gerhard Mayer-Vorfelder, führte den VfB 25 Jahre mit starker Hand durch dick und dünn, heftete sich zwei Meistertitel ans Revers (1984 und 1992). MV hinterließ Manfred Haas (2000–2003) jedoch auch einen Schuldenberg von 15 Millionen Euro. Der frühere IBM-Chef Erwin Staudt konnte sich 2007 über die dritte deutsche Meisterschaft freuen. Der erste hauptamtliche »Präses« wurde 2011 Ehrenpräsident. Zwei kurze Intermezzi an der Spitze des Vereins gaben Gerd Mäuser (bis 2013) und Bernd Wahler, der nach dem zweiten Abstieg in der Saison 2015/16 die Brocken hinschmiss.

BONUSGRUND 8

Weil ein Bootsflüchtling die Fans verzückte

In den 52 Jahren seiner Bundesliga-Zugehörigkeit haben rund 370 Profis das Trikot mit dem roten Brustring getragen. Aber keiner, der eine so bewegte Vergangenheit hat, wie Chadrac Akolo.

Sie nannten ihn »Zizou«, wenn er stundenlang auf den staubigen Straßen von Kintambo, einem Stadtteil der Zehn-Millionen-Hauptstadt Kinshasa der Demokratischen Republik Kongo, mit seinen Freunden kickte. Zizou, das ist Zinedine Zidane. Der geniale französische Fußballer – Akolos Vorbild. Und weil er unter den Jungs mit dem zusammengeflickten Ball am besten umgehen konnte, war er eben »Zizou«.

In seinem Heimatland ist Bürgerkrieg. Es tobt ein brutaler Kampf um die wertvollen Bodenschätze, die im Kongo reichlich vorkommen. Täglich sterben Menschen und die Hoffnungen auf ein besseres Zusammenleben. Familie Akolo entschloss sich zur Flucht in ein besseres Leben.

Erst brach Chadrac mit seiner Mutter auf. Dann folgt der Vater, ein neuapostolischer Pfarrer, mit den zwei jüngeren Brüdern und Schwestern. Es ging im Boot übers Mittelmeer bis in die Westschweiz. Ein lebensgefährliches Abenteuer, über das Chadrac nur ungern spricht. Die Familie überstand die Strapazen unbeschadet und schloss sich im Flüchtlingsheim von Bex im Kanton Waadt wieder überglücklich in die Arme.

Das Leben nach der Ankunft war hart. Kein Geld, wenig zu essen. Dazu die ständige Furcht vor der Abschiebung. Besuche der Polizei standen auf der Tagesordnung. Chadrac verbrachte das bange Warten mit Fußball. Er kannte die Regeln nicht, beeindruckte die Verantwortlichen des FC Bex in der fünften Schweizer Liga aber mit seiner Ballfertigkeit und entwickelte sich sprunghaft. 2012 landete er beim FC Sion in der ersten Schweizer Liga. Nach dem Übergang in den Profibereich wurde Akolo in der Winterpause 2015/16 für ein halbes Jahr in die zweite Liga an Xamax Neuenburg ausgeliehen, um Spielpraxis zu sammeln. Im Sommer 2016 kehrte er nach Sion zurück, wo wenige Wochen später der schwäbische Fußballlehrer Peter Zeidler, einst Assistent beim VfB, als Cheftrainer verpflichtet wurde. Unter ihm gefördert nahm Akolos Karriere richtig Fahrt auf. Mit seinen 15 Saisontoren und fünf Vorlagen weckte er das Interesse des VfB. Nach einem Treffen mit Trainer Hannes Wolf und auf Anraten von Zeidler stand Akolos Entschluss fest: Für eine Ablösesumme von fünf Millionen Euro wechselte er 2017 nach Stuttgart, wo sich der Dribbelkünstler mit vier schnellen Toren auf Anhieb in die Herzen der Fans schoss. »Chadrac hat viel Potenzial, ist aber noch lange nicht fertig. Er muss sich weiter an das deutlich höhere Tempo und die Intensität in der Bundesliga anpassen«, meinte Schindelmeiser. Unter Wolfs Nachfolger Korkut fand sich Akolo deshalb vorübergehend auf der Auswechselbank wieder.

Aber der junge Mann aus dem Kongo ist lernwillig. Saugt alles auf, was ihm vorgegeben wird. Denn neben dem Stammplatz im Bundesligateam hat er ein weiteres klares Ziel vor Augen: »Ich will für meine Nationalmannschaft spielen.« Trotz der harten Vergangenheit fühlt Akolo immer noch eine tiefe Verbundenheit mit seiner Heimat.

BONUSGRUND 9

Weil eine Prügelei zu Tränen rührte

Tränen, schrieb einst der russische Schriftsteller Fjodor Michailowitsch Dostojewski, reinigen das Herz. Wer weint, spült Kummer und Scham von der Seele. Das Zulassen der Trauer befreit. Kevin Großkreutz wehrte sich nicht, als ihn die Gefühle übermannten. In seiner Stuttgarter Zeit als Fußballprofi kullerten seine Tränen bei zwei verschiedenen Anlässen.

Erst weinte der Abwehrspieler, der in der Winterpause 2015/16 von Galatasaray Istanbul an den Neckar gekommen war, als der Abstieg des VfB Stuttgart in die zweite Liga feststand. Zum zweiten Mal vergoss er Tränen bei seinem ungewollten Abschied nach kaum mehr als einem Jahr. Da saß er mit verheulten Augen vor den Journalisten und beichtete den Grund für seine vorzeitige Kündigung durch den Verein: eine Prügel-Nacht in der Nähe des Stuttgarter Rotlichtviertels.

In jener Nacht zwischen Rosenmontag und Faschingsdienstag kommt der Profi mit vier Jugendlichen im Alter zwischen 16 und 18 Jahren – drei von ihnen spielen in der U17 des VfB – von einer Oberstufenparty in der Nobel-Disco »Perkins Park«. Kurz nach zwei Uhr wird die Gruppe am Wilhelmsplatz von anderen Jugendlichen brüskiert. Großkreutz bekommt einen Faustschlag auf den Oberkörper. Er stürzt und erleidet eine klaffende Platzwunde am Hinterkopf und Verletzungen im Gesicht.

Bei der Verhandlung später vor dem Amtsgericht behauptet der Schläger, ein 18-Jähriger aus Esslingen, er sei selber provoziert worden. Der Spieler sei fuchtelnd auf ihn zugerannt, hätte ihn beleidigt (»du Hurensohn«) und geschubst. Als Großkreutz am Boden liegt, tritt ihn ein 17-Jähriger aus Geislingen an den Kopf. Bei allen Beteiligten ist reichlich Alkohol im Spiel. Der von der Polizei herbeigerufene Krankenwagen fährt den verletzten Fußballprofi in die

Notaufnahme des Katharinenhospitals, wo er knapp 24 Stunden später wieder entlassen wird.

Der Zwischenfall blieb nicht ohne fatale Folgen. Die beiden aggressiven Jugendlichen mussten ins Gefängnis, der Jüngere für zwei Jahre und neun Monate, der Ältere für ein Jahr und sieben Monate. Kevin Großkreutz kostete er den Job beim VfB. Erschwerend wertete der Verein die Tatsache, dass der frisch gebackene Familienvater Nachwuchsspieler des VfB in seinem Schlepptau hatte. Trotzdem stieß seine Kündigung bei vielen Fans auf Unverständnis. Denn der Weltmeister ist an sich ein netter Kerl und trotz seiner Eskapaden ungemein beliebt. Seine Schwäche: Der gebürtige Dortmunder lässt sich leicht provozieren und läuft dann Gefahr, aus der Rolle zu fallen. Wie seine alten Affären beweisen. Einmal pinkelte er in eine Hotel-Lobby, ein anderes Mal bewarf er seine Kritiker mit einem Döner.

BONUSGRUND 10

Weil ein Verlierer der große Gewinner war

Als Tayfun Korkut, der Nachfolger von Hannes Wolf, am 30. Januar 2018 beim VfB sein erstes Training leitete, herrschte unter den rund 250 Zuschauern geradezu beklemmende Stille. »Selten wurde ein Trainer so eisig empfangen«, titelte die *Welt*. Von vielen angefeindet wurde dem Neuen keine echte Chance eingeräumt. Schon die Statistik sprach gegen ihn. Sie wies lediglich 1,08 Punkte pro Erstligaspiel im Schnitt auf seinen Stationen Hannover und Leverkusen aus. Zu den schweigenden Fans auf dem Übungsgelände gesellte sich rasch ein Shitstorm im Internet. Einen »Tayfun der Empörung« machte die *Stuttgarter Zeitung* aus.

Nach wenigen Wochen waren die Kritiker restlos verstummt. Korkut schaffte das Kunststück, mit gelungenen Schachzügen aus einer verunsicherten Mannschaft wieder ein schlagkräftiges Team zu formen. Im Defensivzentrum vertraute er den beiden 21-jährigen Youngstern Benjamin Pavard und Timo Baumgartl. Der zuvor gesetzte zentrale Abwehrspieler Holger Badstuber rückte vor und bildete mit dem giftigen Santiago Ascacibar die »Doppel-Sechs«, die für zusätzliche Stabilität sorgte. Die Ergebnisse sprachen für sich: nur fünf Gegentore in acht Partien! Dabei war der VfB in seiner Abstiegssaison 2015/16 mit 75 kassierten Treffern noch die Schießbude der Nation. In der Offensive setzte der Trainer auf die wuchtige Doppelspitze Mario Gomez/Daniel Ginczek.

Korkut schickt seine Mannschaft traditionell nur mit den nötigsten Vorgaben ins Spiel. »Ich will die Spieler taktisch nicht überfrachten. Wir im Trainerteam konzentrieren uns nur darauf, deren Stärken auf den Platz zu bringen«, sagt er. Sportvorstand Michael Reschke, der den Trainer geholt hat, schwärmt: »Wie er die Jungs anpackt, ist klasse. Die Dinge sind klar erarbeitet und besprochen.« Seine Bewertung deckt sich mit der von Rudi Völler. Auch der Weltmeister spricht lobend vom ehemaligen Bayer-Trainer: »Ich weiß, dass auch bei uns damals niemand ›Hurra‹ geschrien hat, als wir ihn verpflichtet haben«, sagt der Leverkusener Sportdirektor. Aber trotz bescheidener Resultate (zwei Siege, sechs Remis, vier Niederlagen) habe er einen sehr guten Eindruck hinterlassen: »Die Art und Weise, wie er bei uns gearbeitet und sich hier den Gremien präsentiert hat, war top.«

Der Trainer kam als vermeintlicher Verlierer, am Ende stand er als großer Gewinner da. Das Saisonziel, den Klassenerhalt, hatte er bereits drei Spieltage vor Schluss mit 42 Punkten endgültig erreicht. Was Präsident Wolfgang Dietrich mit einem Sonderlob quittierte: »Toll, was er geleistet hat! Erstmals seit Jahren haben wir frühzeitig Planungssicherheit für die nächste Saison.« Und alle, die Korkut mit so viel Kritik empfangen hatten, mussten Abbitte leisten. Auch gegenüber Sportvorstand Michael Reschke, der für die Verpflichtung des Trainers heftige verbale Prügel eingesteckt hatte.

Die Fans dankten mit Massenbesuch. Mit einem Schnitt von 56.000 überbot der VfB seinen bisherigen Zuschauerrekord aus der Saison 1977/78 um 2000 pro Spiel.

BONUSGRUND 11

Weil der 125-jährige VfB immer jünger wird

Einst war der VfB Rekordmeister bei den A-Junioren. Doch im Laufe der letzten zwei Jahrzehnte ging diese Vormachtstellung peu à peu verloren. Andere Vereine wie die Münchner Bayern, Borussia Dortmund, die TSG Hoffenheim oder RB Leipzig waren bei der Ausbildung junger Fußballtalente erfolgreicher, überflügelten den früheren Primus. Der weiß-rote Nachwuchs fiel in den A- und B-Bundesligen ins Mittelmaß zurück.

Rechtzeitig zu seinem 125-jährigen Bestehen – offizieller Jubiläumstermin ist der 9. September 2018 – hat der Verein für Bewegungsspiele seiner Jugendarbeit neue Impulse gegeben. »Wir arbeiten hart daran, wieder in den Topbereich zu kommen«, betont Sportchef Michael Reschke. Dafür steht Thomas Hitzlsperger, der neue Chef des VfB-Nachwuchsleistungszentrums. Ein Mann mit Charisma und Ehrgeiz. »Hitz« war 2007 mit dem VfB Stuttgart Deutscher Meister und sagt: »Ich habe eine große Aufgabe übernommen, die mich sehr reizt.«

Im Leistungszentrum an der Mercedesstraße werden aktuell rund 170 Spieler in den Altersstufen U11 bis U21 gefördert. Der Verein lässt sich das etwa acht Millionen Euro jährlich kosten. »Wir haben ganz bewusst den Stellenwert der Jugendausbildung erhöht«, sagt Präsident Wolfgang Dietrich. Ihm ist wichtig, dass der Betrieb im Nachwuchsbereich künftig unabhängig von den Finanzen der Profis läuft. 60 Prozent des NLZ-Etats ist bereits von zusätzlichen Geldern gedeckt, obwohl sich die Firma Porsche mit Rücksicht auf

Hauptsponsor und Anteilseigner Mercedes als Jugendpartner zurückgezogen hat.

Um wieder zu einer Topadresse zu werden, bedurfte es einiger Umstrukturierungen und Rochaden. Die wichtigste neben dem neuen Leiter: Die zweite Mannschaft, die in der Regionalliga Südwest spielt, wurde entgegen ursprünglicher Planung nicht abgeschafft, sondern in eine U21 umgewandelt. Mit der Herabsetzung der Altersgrenze von 23 auf 21 Jahre wird die Verweildauer der Talente in VfB II verkürzt. Sie haben nun nur noch zwei Jahre Zeit, sich für die Profis zu empfehlen. Trainiert wird die Reservemannschaft vom ehemaligen NLZ-Leiter Marc Kienle, assistiert von Walter Thomae. Kienle löst zu Saisonende Andreas Hinkel ab, der beim DFB die Fußballlehrer-Lizenz erwerben will, um sich für neue Aufgaben zu rüsten. Der bisherige U17-Trainer Nico Willig übernimmt die U19 von Ex-Profi Heiko Gerber, der sich in Zukunft um die U16 kümmert.

Literatur

Oskar Beck und Hans Reski (Hrsg.): *Der VfB Stuttgart. Schwabenstreiche*. Kiepenheuer & Witsch, Köln 1989.

Oskar Beck, Martin Hägele und Ludger Schulze: *Stuttgart kommt … Der VfB*. Wero Press, Pfaffenweiler 1997.

Harald Jordan: *Mythos VfB. Aufstieg – Tradition – Erfolg*. VfB Stuttgart 1893 e.V., Stuttgart 2005.

Fritz Rahn: *Der schwäbische Mensch und seine Mundart*, Hans E. Günther, Stuttgart 1962.

Klaus Schlütter: *Lächeln mit dem VfB. 111 lustige Geschichten über den schwäbischen Fußballstolz*. Wero Press, Pfaffenweiler 2003.

Toni Schumacher: *Anpfiff*. Droemer Verlag, München 1987.

VfB Stuttgart 1893 e.V. und Hans Blickensdörfer (Hrsg.): *100 Jahre VfB*. GfU Verlag, Heilsbronn 1992.

Quellen

1 Zit. nach Gerd Krämer: »Die erste Meisterschaft«. In: VfB Stuttgart 1893 e.V. und Hans Blickensdörfer (Hrsg.): *100 Jahre VfB*. GfU Verlag, Heilsbronn 1992.
2 Zit. nach ebenda.
3 Zit. nach Gerd Krämer: »Zum zweiten Mal …«. In: VfB Stuttgart 1893 e.V. und Hans Blickensdörfer (Hrsg.): *100 Jahre VfB*. GfU Verlag, Heilsbronn 1992.
4 Zit. nach Oskar Beck und Hans Reski (Hrsg.): *Der VfB Stuttgart. Schwabenstreiche*. Kiepenheuer & Witsch, Köln 1989.
5 Zit. nach Harald Jordan: *Mythos VfB. Aufstieg – Tradition – Erfolg*. VfB Stuttgart 1893 e.V., Stuttgart 2005.
6 Zit. nach *Jahrbuch VfB*, Spielzeit 2012/2013.
7 Zit. nach Dirk Gieselmann: Fußballmagazin *11 Freunde*, Thorsten Legat, 2007.
8 Zit. nach Klaus Schlütter: »Dreifarbenhaus«, *Bild Stuttgart*, 2001.

Alle nicht gekennzeichneten Zitate stammen aus Gesprächen oder Interviews, die der Autor dieses Buches führte.

DER AUTOR

Klaus Schlütter, Jahrgang 41. Sportjournalist aus Leidenschaft mit einem großen Herzen für die »Roten«. Von 1965 bis 2006 hauptberuflich für BILD, danach als Freier für die WELT am Ball. Der Dino unter den VfB-Experten blickt vor und hinter die Kulissen des schwäbischen Renommierklubs.

Klaus Schlütter
111 GRÜNDE, DEN VFB STUTTGART ZU LIEBEN
Eine Liebeserklärung an den großartigsten Fußballverein der Welt
Aktualisierte und erweiterte Neuausgabe mit elf Bonusgründen

ISBN 978-3-86265-730-8
ZWÖLFTER MANN – Das Programm für Fußballfans von Schwarzkopf & Schwarzkopf | Die Reihe ZWÖLFTER MANN wird von Martin Brinkmann und Oliver Schwarzkopf herausgegeben | Aktualisierte und erweiterte Neuausgabe |

KATALOG
Schwarzkopf & Schwarzkopf Verlag GmbH
Kastanienallee 32, 10435 Berlin
Telefon: 030 – 44 33 63 00
Fax: 030 – 44 33 63 044

INTERNET | E-MAIL
www.zwoelftermann.de
www.schwarzkopf-schwarzkopf.de
www.facebook.com/schwarzkopfverlag
info@schwarzkopf-schwarzkopf.de